"一带一路"沿线国法律精要

奥地利　比利时　捷克卷

王贵国　李鋈麟　梁美芬　主编

浙江大学出版社
ZHEJIANG UNIVERSITY PRESS

图书在版编目(CIP)数据

"一带一路"沿线国法律精要：奥地利、比利时、捷克卷/王贵国,李鋆麟,梁美芬主编.—杭州：浙江大学出版社,2019.7

ISBN 978-7-308-18202-7

Ⅰ.①一… Ⅱ.①王… ②李… ③梁… Ⅲ.①法律－研究－奥地利②法律－研究－比利时③法律－研究－捷克 Ⅳ.①D910.4

中国版本图书馆 CIP 数据核字(2018)第 096326 号

"一带一路"沿线国法律精要：奥地利、比利时、捷克卷

王贵国　李鋆麟　梁美芬　主编

出 品 人	鲁东明
总 编 辑	袁亚春
丛书策划	张　琛　陈佩钰
责任编辑	蔡圆圆
责任校对	杨利军　黄梦瑶
封面设计	顼梦怡
出版发行	浙江大学出版社
	（杭州市天目山路 148 号　邮政编码 310007）
	（网址：http://www.zjupress.com）
排　　版	浙江时代出版服务有限公司
印　　刷	虎彩印艺股份有限公司
开　　本	710mm×1000mm　1/16
印　　张	17.5
字　　数	324 千
版 印 次	2019 年 7 月第 1 版　2019 年 7 月第 1 次印刷
书　　号	ISBN 978-7-308-18202-7
定　　价	88.00 元

浙江大学出版社市场运营中心联系方式　(0571)88925591；http://zjdxcbs.tmall.com

顾　问

（按中文姓氏笔画排序）

万鄂湘

全国人民代表大会常务委员会副委员长

国家高端智库武汉大学国际法研究所首席专家、名誉所长

王利明

中国人民大学常务副校长、博士生导师

"长江学者"特聘教授、"新世纪百千万人才工程"国家级人选

工振民

清华大学法学院教授、博士生导师

清华大学国家治理研究院院长

甘藏春

中国法学会副会长

司法部党组前成员

吕忠梅

中国法学会副会长

清华大学法学院双聘教授、博士生导师

任少波
浙江大学党委书记

沈德咏
第十九届中央委员、第十三届全国政协社会和法制委员会主任
中国政法大学特聘讲座教授、博士生导师

张文显
中国法学会党组成员、学术委员会主任
浙江大学、吉林大学资深教授

周谷平
浙江大学发展委员会副主席
浙江大学区域协调发展研究中心执行主任兼首席专家、中国西部发展研究院院长

贺一诚
澳门特别行政区立法会主席
全国人大第九、十、十一、十二及十三届代表、常务委员会委员

陶凯元
中国最高人民法院副院长、二级大法官
民进中央副主席

主　编

王贵国
浙江大学文科资深教授、国际战略与法律研究院院长
"一带一路"国际研究院院长（香港）

　　耶鲁大学法哲学博士，哥伦比亚大学法学硕士，比较法国际（海牙）科学院名誉院士、香港世界贸易组织研究中心主席、中国国际经济法学会副会长、中国国际经济贸易仲裁委员会仲裁员、香港国际仲裁中心仲裁员。先后任教于北京大学法学院、香港城市大学法学院和浙江大学光华法学院。在《中国法学》、*American Journal of International Law* 等国际和国内期刊发表论文百余篇。出版专著 20 余部，包括《世界贸易组织法》、《国际货币金融法》、《国际投资法》、《"一带一路"争端解决机制》（合编）、《"一带一路"的国际法律视野》（合编）、*Radiating Impact of WTO on Its Members' Legal System：The Chinese Perspective in Collected Courses of the Hague Academy of International Law*、*International Investment Law：A Chinese Perspective*、*Wang's Business Law of China* 等。

李銮麟
"一带一路"国际研究院副院长（香港）

　　2009 年担任香港历史悠久、规模最大的慈善团体东华三院总理，2013—2019 年先后担任东华三院副主席、主席、顾问。2011 年起任香港特区政府医疗辅助队长官联会副主席、中国人民政治协商会议北京市委员会委员、北京海外联谊会理事会理事、香港善导会副赞助人兼筹款委员会主席等。2012 年被香港特区政府委任为太平绅士（JP），2018 年获香港特区政府授勋铜紫荆星章（BBS）。代表作有《"一带一路"争端解决机制》（合编）、《"一带一路"的国际法律视野》（合编）等。

梁美芬

香港城市大学法学院副教授
"一带一路"国际研究院副院长（香港）

中国人民大学法学博士、法学硕士，全国人民代表大会常务委员会香港基本法委员会委员、香港立法会议员、香港立法会司法和法律委员会主席、国际经济贸易仲裁委员会仲裁员、香港执业大律师。2000 年当选"香港十大杰出青年"。2008 年起连续三届当选香港立法会议员。代表作有 China Law Reports（series）、*The Hong Kong Basic Law：Hybrid of Chinese Law and Common Law*、《法制改革》（编撰）、《"一带一路"争端解决机制》（合编）、《香港"基本法"的起草、理论与实践》（合编）、《"一带一路"的国际法律视野》（合编）等。

副主编

王 超

浙江大学国际战略与法律研究院副院长
浙江大学百人计划研究员、博士生导师

法学博士,浙江大学光华法学院副教授,博士生导师。耶鲁大学法学院访问学者。主要研究方向为国际法、国际经济法、国际争端解决等。近年主持国家社会科学基金、司法部、浙江省等国家和省部级课题若干项,在《法学》、《社会科学》、*Asia Pacific Law Review*、*Journal of East Asia and International Law* 等国内外刊物上发表中英文学术论文 20 余篇。兼任国际期刊 *Journal of International and Comparative Law* 编辑部主任及多个 SSCI 期刊审稿人。

程 乐

浙江大学外国语言文化与国际交流学院副院长、教授
浙江大学光华法学院双聘教授

哲学博士,浙江大学跨文化与区域研究所所长、当代中国话语研究中心主任、法律话语与翻译中心主任、网络空间国际治理研究基地副主任。主要研究方向为法学、法律话语与法律翻译、语言法律与规划、符号学。*International Journal of Legal Discourse*(ESCI)主编、*Semiotica*(SSCI/A&HCI)、*Social Semiotics*(SSCI)编委等。近年来在 SSCI、A&HCI 等国际权威期刊发表论文 40 余篇,在 Routledge、De Gruyter、Springer、Cambridge University Press、浙江大学出版社等出版专著及译著 40 余部。

董雪兵

浙江大学中国西部发展研究院常务副院长
浙江大学区域协调发展研究中心副主任

经济学博士,法学硕士,工学学士,教授,博士生导师,曾在国家发展改革委挂职一年,美国芝加哥大学访问学者。主要研究方向为区域经济学、发展经

济学与法律经济学。在《经济研究》、*The Social Science Journal* 等国内外期刊上发表学术论文 30 余篇;获多项省部级奖励;独著或参编著作、译著等近 10 部;主持或参与服务国家重大战略需求与决策的研究项目、国家社科基金重大和重点项目、教育部基地重大项目以及省社科基金项目等 30 余项。

"一带一路"国际研究院简介

"一带一路"国际研究院(以下简称研究院)成立于 2016 年 1 月,是香港首个有关"一带一路"倡议的研究机构,目的在于搭建一个国际性的学术与专业交流平台。研究院通过邀请"一带一路"沿线国法律、经济、金融、投资、政治、国际关系等领域的知名专家,就"一带一路"执行过程中可能涉及的问题进行研究、分析并提供意见和建议。研究院举办了四届国际论坛,编纂出版了涵盖 33 个国家和国际组织的《"一带一路"沿线国法律精要》《"一带一路"的国际法律视野》《"一带一路"与青年机遇》和《"一带一路"争端解决机制》(蓝皮书)等。

研究院组织国际专家起草的《"一带一路"争端解决机制》获国际社会的广泛认可,得到国家领导人的肯定性批示。基于研究院在"一带一路"争端解决机制方面的贡献和特长,其获邀代表香港作为中国国际经济贸易促进委员会发起的国际商事争议预防与解决组织的发起人。

研究院注重与国际社会和中国内地的广泛合作,先后与浙江大学国际战略与法律研究院、清华大学国家治理研究院等合办"一带一路"国际青年论坛,来自于数十个国家的青年先后两次积极参与。研究院还先后与最高人民法院"一带一路"研究中心、清华大学国家治理研究院、中国法学会学术交流中心等签订了合作协议。

研究院由浙江大学文科资深教授和美国杜兰大学 Eason-Weinmann 国际法与比较法讲座教授王贵国担任院长,李鋆麟博士及梁美芬博士担任副院长。研究院的国际顾问委员会由来自世界各地的 26 位专家学者组成。研究院另聘请 42 位国际专家为研究员和 7 位国际专家为副研究员。研究院以研究"一带一路"的相关议题和培养人才为己任,努力发挥杏港国际金融中心、运输中心和争端解决中心的优势,力争为"一带一路"的实施、全球经济发展与世界和平做出贡献。

浙江大学区域协调发展研究中心

　　浙江大学区域协调发展研究中心是国家高端智库建设培育单位和浙江省新型重点专业智库,主要依托中国西部发展研究院(以下简称西部院)并整合校内相关研究力量成立。西部院成立于 2006 年 10 月,由国家发展改革委与浙江大学共建,时任浙江省委书记习近平同志为西部院揭牌、奠基并作重要讲话。

　　经过十多年建设,中心凝练了"一核心两联动""三大研究方向""两大支撑平台"有机组合、开放交叉的研究格局。坚持以西部大开发研究为核心,通过浙江经验和长三角一体化提升促进东西互动,通过沿边开发开放联通"一带一路"沿线国家促进内外联动;围绕区域协调发展重大理论和实践问题,依托浙江大学多学科综合优势,以区域经济合作、社会民生改善、生态文明建设为三大研究方向,人才培养和数据资源库为两大支撑平台,形成以"经济"为主体、"法律"和"文化"为两翼的开放融通研究体系。

　　中心全力打造党和政府决策信得过、用得上的高端智库,先后参与一系列党中央、国务院重要文件的起草,一批咨询报告获党和国家领导人重要批示,承担 20 多项由国务院印发或批复的战略规划研究与编制,以及国家社科基金"一带一路"建设重大研究专项等一批重要课题,举办了二十国集团智库会议(T20)、国际展望大会(杭州·2018)等重要活动。

浙江大学国际战略与法律研究院简介

　　浙江大学国际战略与法律研究院成立于 2017 年 11 月,是浙江大学重点建设的校级科研单位和新型高校智库,聘请著名国际法学家、浙江大学文科资深教授王贵国担任创院院长。王超博士担任副院长。研究院座落于景色天成的百年老校园——浙江大学之江校区,以历史建筑白房作为永久驻地。

　　研究院依托浙大学科门类齐全、师资队伍精良且具有良好国际视野的优势,开展对当代国际政治、经济、外交、法律、科技等重大问题的跨学科交叉研究,当前研究重点包括"一带一路"、全球治理、网络安全等领域的国际战略与法律问题。研究院的目标是以一流科研成果服务国家战略、政府决策和经济与社会发展,同时以科研促教学,培养跨学科、复合型、具国际视野的一流专业人才和未来领导者。

　　自成立以来,研究院承担了国家社会科学基金重大项目、国家高端智库重点委托项目等一批重要课题的研究工作,推出了《"一带一路"争端解决机制》《"一带一路"沿线国法律精要》等研究成果,打造了"一带一路"国际青年论坛、纽黑文法理学派与国际法系列国际学术会议、国际战略与法律大讲堂等学术品牌活动,并与中国国际经济贸易促进委员会、国家法官学院、"一带一路"国际研究院(香港)等机构建立了良好的战略合作伙伴关系。

代　序

　　自 2013 年国家主席习近平正式提出"一带一路"倡议以来,该倡议得到国际上的广泛支持。"一带一路"的"一带"最初是指涵盖古丝绸之路沿线国的经济合作带,从中国到中亚,再到西欧。"一路"指 21 世纪海上丝绸之路,即以中国为出发点,经东南亚各国到印度、斯里兰卡、也门、埃及、希腊、意大利等沿线国家之间的经济合作。不难看出,"一带一路"倡议提出之初的主要目的是推动中国与欧亚、北非国家间的合作。

　　经国务院授权,国家发展和改革委员会、外交部和商务部于 2015 年 3 月发布了《推动共建丝绸之路经济带和 21 世纪海上丝绸之路的愿景与行动》,对"一带一路"倡议的发展方向和内容进行了宏观的阐述,然而文件并未明晰"一带一路"倡议到底包括哪些国家。随着"一带一路"倡议的不断推进,一些非洲和南美洲的国家提出希望加入此跨世纪的合作项目,中国政府其后明确表示"一带一路"倡议具有广泛的开放性,任何国家均可加入。到目前为止,与"一带一路"倡议相关的项目仍主要集中在前述沿线国。无论"一带一路"是限于初始的沿线国家还是向所有国家开放,相关国家的文化、历史、传统、宗教、政治和法律制度不尽相同是不争的事实。

　　从经贸合作的角度言,"一带一路"倡议的实施必然涉及人员、商品、服务、资本、技术等跨境流动,而这些活动、交易和交往都关乎沿线国家的法律和标准之适用。古人云:"入竟(境)而问禁,入国而问俗,入门而问讳。"(《礼记·曲礼上》)故此,明晰沿线国家的法律制度、规范、惯例和习惯等对于成功实施"一带一路"倡议至关重要。而这正是编纂本丛书——"'一带一路'沿线国法律精要"的目的。

出版本丛书的设想源于"一带一路"国际研究院于2016年在香港举办的一次研讨会。与会者均认为,对"一带一路"沿线国家的法律制度、法律规范、传统,特别是与贸易、投资、金融、劳工、环境等相关的法律研究对成功推进"一带一路"倡议必不可少。只有切实了解沿线国家在法律制度、法律条文、法律的执行和不执行等方面之异同,才能顺利进行跨境贸易、投资、金融等商事活动。也只有在此基础上,相关国家才能共同制定一个法律架构,规范政府、企业和个人间的交易与交往。

基于前述,在筹备编辑本丛书之初,我们便确定了以国家为单位自成篇章,每一篇均涵盖与跨境商业活动、交易有关的法律制度、法律规范等方面的内国法,包括海关法、外贸法、外国投资法、货币与银行法、基础设施和建筑相关法律、劳工法、环境法,以及争端解决机制等。在写作方面,丛书的作者不仅关注法律法规的书面规定,而且更注重相关法律法规的实际执行情况,包括不执行的个案。遇有某项法律法规未获有效执行的情形,作者会从国内外的政治、经济、社会等维度分析其成因。

当今高度全球化世界的一个显著标志是多边和双边条约并存。这些多边和双边条约从国际层面规范了贸易、投资、金融等方面的交易与交往,同时亦直接影响到相关国家的内国法,包括立法和执法。基于此,对欧盟和东盟的研究被纳入本套丛书,目的在于了解这两个国际组织本身的制度及其成员间在法律及执行等方面的内在关联。我们希望通过对欧盟和东盟合作模式的研究,使"一带一路"倡议之实施受益。

如前所述,在"一带一路"倡议提出之初,美国和日本并不在沿线国之列。鉴于美日两国在国际经济中的重要地位及"一带一路"倡议的特质,我们亦将之纳入了本套丛书。幸运的是,中国政府其后也表明"一带一路"倡议对所有国家和地区开放。

对作者提交的文稿之编辑,我们坚持的原则是尽量保持作者的写作风格和专业判断。易言之,我们的编辑主要限于语言文字和格式等方面。在英文版出版之后,本丛书又以中文版的形式展现在世人面前。

我们相信,通过对沿线国家商事交易与交往的法律制度、规则及其执行之研析,《"一带一路"沿线国法律精要》将对"一带一路"倡议之推进与实施做出积极贡献。在此,我们向本套丛书的作者,参与本套丛书编辑、翻译的专家学者深表谢忱和敬意!

本套丛书的中文版翻译和编辑得到浙江大学国际战略与法律研究院、浙江大学区域协调发展研究中心、浙江大学中国西部发展研究院的大力支持。浙江大学出版社诸位同仁亦为出版此套丛书忘我工作、兢兢业业。在此我们向浙江大学的各位同仁表示衷心感谢!

香港旭日集团有限公司副董事长、香港制衣业总商会会长杨勋先生自本项目规划时起便鼎力支持,对杨勋先生的信任和支持我们深表谢意!

王贵国　李鋈麟　梁美芬
2018 年 3 月 18 日

目　录

奥地利

比利时

— 1 —

奥地利

Bea Verschraegen 教授
Florian Heindler 研究员

作者介绍

Bea Verschraegen 女士是维也纳大学(奥地利)的教授,也是比较法、统一法和国际私法系的负责人。

自 2014 年以来,Florian Heindler 一直担任奥地利一家大型银行的法律顾问。2009 年到 2013 年,他在维也纳大学(欧洲)国际和比较法系担任研究员和讲师。此外,他还曾在包括 Specht Bohm 和 CMS Reich-Rohrwig Hainz 在内的律师事务所工作。他曾在维也纳和莫斯科学习法律,并进行斯拉夫研究。他还在维也纳大学和布尔诺马萨里克大学讲学,并定期在会议和其他场合发表演讲。他曾撰写一本关于俄罗斯国际公司法和合伙企业法的专著,并与他人合著关于奥地利、德国和俄罗斯期刊的法律百科全书和文章。

概　述

　　1994 年,奥地利国民在一项全民公投中认为奥地利应成为欧盟成员国。因此,1995 年 1 月 1 日,奥地利接受了欧盟现行法,即条约和一般法律条款。根据条约,它的立法和行政的权力让渡到欧盟层面,奥地利宪法对此作了相应修改。当条约正式实施和欧元成为单一通用货币后,奥地利也成为申根国家和欧元区的完全成员。

　　欧盟法一般优先于国内法。然而,《欧盟基本权利宪章》、欧盟条约法、欧盟规定和指令与国内宪法、国家法、地区法和自治市法的交叉远比想象中复杂,因此适用国际法(直接或间接)也可能非常复杂。鉴于此,笔者主要观点如下:欧盟法限于特定领域。奥地利法律体系的传统结构,例如民法和公法相分离,与欧盟法权限的分离不相关。而且,欧盟法宽泛的解释权限会考虑对由本国立法者进行立法的地区的限制。由下文的内容可见,海关立法、对外贸易及货币和银行法,由直接适用的欧盟法决定,而劳动法、社会保障法、民法尤其是民事程序法,则主要由国内立法者制定,但受欧盟指令影响(例如,在消费者保护和劳动者自由流动方面)。

　　在成为欧盟成员国超过 20 年后,奥地利行政和司法已经具备了欧盟法律适用的相关性和重要性。欧盟事务已经在 1991 年被纳入奥地利公务员培训课程。奥地利法学院已经设立欧盟法系,欧盟法成为法学教育的一部分。

　　为了加强欧盟法的统一适用以及信息的惯常传递,欧盟委员会已经建立起覆盖数个国家机构的网络(如在能源、竞争方面)。另外,国家机构需要和欧盟机构在适用法律上进行合作(如在海关、财政监督方面)。合作领域从欧盟组织和机构的信息传递到共同行使监督和管理职责(如在金融市场监督方面)。

司法系统通过提交欧盟法院的初步判决申请积极参与到建立欧盟管辖权的工作中。民事和行政法院已经递交申请,很大一部分案件(甚至是地区和区域法院案件)已经移交欧盟法院审理,显示出奥地利司法工作者适用欧盟法律的意识。

奥地利已经数次未能按时实施欧盟指令了。这种情况下,企业面临着法律的不确定性的风险。根据欧盟的法律,只有在非移植指令足够准确和清晰地产生权利或义务、无附加条件且不会给成员国留有余地的情况下,个人和企业才可以援引这些指令。另外,实践中没有水平效力(也就是说,直接适用只有在对成员国直接提起诉讼的情况下才是可行的)。例如,最近,奥地利未能成功按时移植欧盟采购的指令。

由于欧盟法(其在本篇另有一章阐述)在成员国中发挥着重要作用,不仅在于为国内法提供立法材料,而且还通过直接适用欧盟法拓展一些法律原则和规则,因此(本部分内容)会提及作为国内法之补充的可直接适用的欧盟法。

第一章　海关制度与法律

奥地利的海关制度和法律在很大程度上取决于欧盟的规定。奥地利在1995年加入欧盟，包括欧盟关税联盟（形成于1968年的原欧洲共同体海关法令）。在加入欧盟关税联盟之时，奥地利加入了欧洲自由贸易联盟（EFTA），奥地利和欧洲经济共同体之间的自由贸易协定于1972年终止。

欧盟关税联盟取消了欧盟成员国之间的内部边界的关税，并对进口规定了共同的关税、共同的原产地规则和共同的海关估值。欧盟关税联盟的共同规则在欧盟外部边界的应用，维护了欧盟内部市场的运作，因此是欧盟的基石。欧盟法将在单独的一章中讨论，本章把重点集中在补充性国家立法和奥地利制度框架上。特别说明，关于自由贸易领域欧盟加入的大量国际条约，将在关于欧盟法的一章中讨论。欧洲经济区规定了欧盟成员国（包括奥地利）和冰岛、挪威之间的自由贸易规则。

一、机　构

欧盟关税联盟是欧盟的一个独立机构（第3节"欧盟的运作条约"）。[①] 然而，欧盟缺乏一个称职的机构来监督海关政策。因此，虽然基本的法律框架是由欧盟法确定的，但国家行政机构有能力实施并执行欧盟海关法和补充性国

---

① 《条约》第2条解释了专有权是：条约赋予联盟在一个特定领域的联盟专有能力，只有联盟可以立法和采用具有法律约束力的行为，成员国只有经联盟授权或者为了实施联盟法案，才能够这样做。

家海关法。很容易想象在欧盟关税法的适用中试图实现统一的困难。在这方面,Kathrin Limbach[1]注意到一些局限性:(1)对欧盟的外部边界的次优保护;(2)参差不齐的服务水平;(3)货物不统一分类;(4)不正确的数据;(5)收入损失;(6)贸易转移和海关套利;(7)昂贵的法律诉讼。虽然 Kathrin Limbach 的批评是有道理的,但对上述问题的解决需要法律思维方式、社会行为和其他诸多因素的一致性,以及在欧盟整合阶段不可能实现的因素,而且,该解决方案仍未达成统一的政策目标。

欧盟与成员国之间的立法和执行权限的划分是奥地利海关制度和法律的界定特征。

奥地利海关总署是奥地利财政部的一个分支。该国海关总署设有 9 个海关办事处,位于 15 个地点。为了支持这些活动,奥地利海关当局设有几个职能中心。这些中心回答技术问题,并提供有关法律和程序上的变化的信息。此外,职能中心是与其他欧盟成员国海关管理局进行沟通的桥梁。中央海关信息中心位于奥地利南部城市克拉根福。关于关税的信息由位于维也纳的关税信息中央办公室提供。[2] 奥地利海关负责:(1)海关立法的执行;(2)消费税的征收;(3)《1996 年烟草专卖法案》(Tabakmonopolgesetz 1996)的执行;(4)奥地利的废物存放费用征收;(5)有关市场上常见的包括某些出口退税奖励事项的执行。

根据《1958 年奥地利财政犯罪法案》(Finanzstrafgesetz 1958)的内容,奥地利海关获得授权实施刑事制裁行为。因此,它是一审财务刑事执法机关(施加刑事处罚)和行政刑事机关(施加行政处罚)。对奥地利海关当局的决定,可向奥地利联邦财政法院提起上诉。一般来说,由奥地利联邦财政法院做出的决定是最终的和不可上诉的。然而,如果某一决定违背宪法保护的人权或违反任何其他宪法性的规定,或者该决定的做出是基于疑似与法律抵触的某一国家条例,则可以向奥地利宪法法院提起诉讼。如果没有涉及宪法的规定,但有与法律有关的问题需要解决,则可向奥地利行政高级法院提起诉讼。奥地利联邦财政法院是一个专门处理税务、关税和海关事宜的行政法院。根据《奥地利联邦宪法法案》(Bundes-Verfassungsgesetz)87 条的规定,奥地利联邦财政法院的法官是独立的。

---

① Kathrin Limbach. *Uniformity of Customs Administration*. London:Bloomsbury Publishing,2015.

② Cf. OJ 2015/C 261/05.

二、法律来源

欧盟的基本海关立法包含在直接适用于奥地利的《欧盟海关法令》中（欧盟规定 952 / 2013）。《欧盟海关法令》在奥地利 1995 年加入欧盟时已适用于奥地利，它包括欧盟和欧盟以外的国家之间的货物贸易的共同政策措施。

国家立法对欧盟海关法进行了补充，其中主要是《1994 年欧盟委员会海关法执行之补充规定的奥地利联邦法案》（EU-Zollrechts-Durchführungsgesetz 1994）和《1961 年奥地利联邦财政法案》（Bundesabgabenordnung 1961）。

三、进口程序

奥地利法规定在某些情况下需要进口许可证，尤其是农产品的进口，由奥地利农业银行（Agrar Markt Austria）负责提供许可证。除农产品进口许可证以外，其他许可证可以由内政部或奥地利科学、研究与经济部授予。欧盟的关税（TARIC）数据库列出了需要获得许可证的商品，该数据库还设定了欧盟一体化关税。除了适用的关税、合并术语等关税措施以及额外的信息，这个数据库还显示关税、配额和自主停征关税（也就是说，根据国内法停止征收）的条件。关于农业产品，TARIC 包含对糖的额外关税、糖和面粉的含量以及家禽价格、水果和蔬菜的进口值/单价等信息。此外，TARIC 还提供禁止进口的商品、对某些商品的进口限制和数量限制的信息。

四、出口程序

海关出口程序只适用于货物在欧盟海关联盟领土外的流动，欧盟成员国之间的货物可以自由流动。因此，奥地利商品出口到其他欧盟成员国是免受海关出口程序约束的。此外，根据《欧盟海关法令》第 161 条的规定，外加工程序或运输程序可以免除出口管制。

出口程序包括：(1)出口报关的电子提交；(2)出口报告从海关输出办公室到海关出口办公室的转移；(3)海关出口办公室的文件及出口报告和经济运营

商的信息、海关输出办公室的规定。简化程序允许在经奥地利海关当局批准的货物的授权地点开出口报关单。①

出口监控措施起到监控出口限制和支付农产品出口退税的功能。关于基本和加工农产品的出口退税以及某些商品的出口禁令、某些商品的控制和数量限制的信息,可以在欧盟的 TARIC 数据库中找到。TARIC 数据库还提供有关出口货物流动的监测信息。

五、授权经济运营商

"授权经济运营商"的概念是由《欧盟海关法令》在 2005 年的修订中引入的。从 2008 年起,企业能够申请授权经济运营商身份(AEO 身份)。企业如果之前严格遵守海关规定、具有良好的会计系统、清算得宜并具有合适的安全标准,可获得国家海关当局授予的 AEO 身份。位于奥地利或受奥地利海关管辖的企业必须向责任申请人的住所或注册办事处区域的海关提出申请,而奥地利以外的企业必须向因斯布鲁克海关提出申请。企业一旦从国家机关获得 AEO 身份,在所有欧盟成员国也将同时获得承认。AEO 身份可使企业受益于简化的海关手续和与安全相关的海关管制以及更少的物理检查。②

六、电子清关

欧盟推出了一个电子海关倡议(决定 70/2008/EC),这一倡议的目的在于包含完全电脑化所有安全相关的程序和减少文书工作。倡议根据《统一海关条例》(改革的统一的海关编码影响电子报关系统)在 2016 年 5 月生效,预计欧盟将全面实现完成报关手续电脑化。

奥地利电子报关系统称为"e-zoll"。在企业使用电子报关前,必须经该企业住所地或注册所在地经管的海关总署批准。在这方面,地区办公室与客户

---

① 根据《1994 年对欧盟委员会海关法执行的补充规定的奥地利联邦法案》第 4 条第 2 节第 18 小节。
② 详情见税务和海关联盟总局 2016 年 3 月 11 日发布的《欧盟授权经济运营商指南修订》。

服务团队协作,共同处理"e-zoll"海关相关活动。授权地点需要特别的网络覆盖,以确保有效监测的卸载和控制设备等基础设施、有授权联系人的在场和经主管公务员的检查。如果"e-zoll"系统不能运行,将由传统的清关程序进行清关。

电子系统的作用是,监督检验主管决定是否放行货物或采取其他进一步的行动。如果检验主管决定不进行电子系统所要求的检查,该决定必须是合理的,决定的理由必须记录在电子通关系统中;如果电子系统提出不需要检查,相关命令检查期限到期而没有采取进一步的行动,那么检查员不进行检查的决定就不可再更改了。

七、海关飞地和免税

在加入欧盟关税同盟之前,奥地利海关飞地 Jungholz 和 Kleines Walser-tal 具有独特的地位。由于位于奥德边境,这些海关飞地在奥地利成为欧盟的一员前已经享受了德国的关税同盟待遇。今天,Jungholz 和 Kleines Walser-tal 的特殊地位反映在某些税率不同于奥地利当地的规定上。

八、小　结

奥地利海关制度和法律的特殊性仅限于奥地利海关当局的一些附带规则和制度结构。在这方面,这种结构和欧盟规则之间的相互作用是至关重要的。奥地利海关法律在很大程度上反映了欧盟统一海关法令在欧盟成员国的实施,以及在欧盟层面促进企业和主管海关当局之间的交流与合作的举措。

第二章　外贸体系和法律

一、综　述

现行的奥地利贸易法和制度在很大程度上受国际法和欧盟法的影响。虽然与内部市场有关的权限在欧盟及其成员国之间共享,但与关税同盟和共同的商业政策有关的权限已被完全授予欧盟管理。例如,反倾销或反补贴措施、保护措施或原产地规则等的贸易防御手段,都受直接有效的欧盟法律规定的管理。因此,国际贸易政策完全由欧盟管辖,而与其他欧盟成员国的贸易则由内部市场规范,货物、服务、资本和人才的自由流动是有保证的。当然,自由流动是限制在内部市场的,并由欧盟贸易法律规范。因此,直接有效的欧盟法律在很大程度上规范着奥地利的对外贸易体系。① 然而,仍有部分国家法也规定外国制度。例如,在欧盟指令成为国家法律的一部分后,有时欧盟立法授权政府采取伴随或指定的规定。此外,在履行国际法义务时,必须采取国家规定。

本章简要介绍了与对外贸易法最相关的国家法律渊源,以及与对外贸易法相关的一些附加的国家法律渊源。

---

① 详情参见欧盟法律章节。

二、国家对外贸易法的法律渊源概述

对外贸易法基本上规定了"与贸易有关的措施",特别是针对敏感的、涉及外国和安全政策利益的货物。这些与贸易有关的措施或限制性措施包括禁止、强制注册和授权要求。

《2011年奥地利对外贸易法案》(Außenwirtschaftsgesetz 2011,以下简称《2011年对外贸易法案》)是奥地利国家对外贸易法的核心。它规定了在对外国和安全政策的利益敏感的商品贸易的背景下的对外贸易相关措施。这些措施特别适用于国防相关产品、武器、可以被用来进行酷刑的物品以及化学品和细菌等物质。贸易相关的措施也适用于军民两用的物品,其通常用于民用目的,但也可能有军事用途。一般来说,对外贸易有关的措施在《2011年对外贸易法案》的背景下,应意味着禁止、强制注册和授权要求。《2011年对外贸易法案》的实施,是为了适应奥地利国家立法的强制性欧盟法律准则。这些立法包括《2011年对外贸易法案》《欧盟指令2009/43/EC欧盟内的国防相关产品》和《2008/944/CFSP对军事技术和设备的出口管理的一般定义规则》《428/2009出口、转移、交易和运输两用物品规定》。这些立法在成员国具有直接的影响,必须由国家来进行。

除了《2011年对外贸易法案》,还有一些国家法律规定了贸易相关措施,如《1977年奥地利战争物资法案》(Kriegsmaterialgesetz 1977)、《2010年奥地利制裁法案》(Sanktionsgesetz 2010)、《2010年奥地利药物输入法案》(Arzneiwareneinfuhrgesetz 2010)、《2001年奥地利军队法案》(Truppenaufenthaltsgesetz 2001)、《1997年在外国部署部队和个人合作及团结的奥地利联邦宪法法案》(Bundesverfassungsgesetzüber die Kooperation und Solidarität bei der Entsendung von Einheiten und Einzelpersonen in das Ausland 1997)、《2013年奥地利安全控制法案》(Sicherheitskontrollgesetz 2013)、《2008年禁止离子簇弹药联邦法案》(Bundesgesetzüber das Verbot von Streumunition 2008)、《1923年奥地利纪念碑保护法案》(Denkmalschutzgesetz 1923)、《1909年奥地利家畜流行病法案》(Tierseuchengesetz 1909)及《2006年奥地利的食品安全和消费者保护法案》(Lebensmittelund Verbraucherschutzgesetz 2006)。

本部分主要集中论述《2011年对外贸易法案》,上述一些立法来源只会被简要地提及。

必须提到履行国际法义务的措施,包括通过欧盟委员会在共同外交与安全政策框架(CFSP)下采取的措施和态度、欧洲安全与合作组织(OSCE)的决定以及有约束力的联合国安理会决议(特别是禁运)。联邦科学、研究和经济部长(经济部长)会做出实施该限制措施的规定。条例通常会决定哪个国家和哪个操作应服从授权、禁止或报告要求。类似的国际法义务也适用于武器控制和技术转移方面,例如《非扩散性核武器公约》。

贸易限制措施具有适当的法律依据。因此,只有依据现行有效的欧盟法律或者国内法律,特别是《2011年对外贸易法案》,才能采取贸易限制措施。

三、《2011 年对外贸易法案》

《2011年对外贸易法案》分为11章。法案以一般性条款开头,包括数条法律定义条文。第2章为授权性标准,规定本法案的一般授权标准。第3章规定货物交易限制和对第三方国家的技术支持,同时还包括对公共安全和秩序的限制。第4章规定在欧盟范围内与国防有关的货物的交易限制。第5章规定化学武器和生物武器公约实施的限制措施。第6章为限制措施的一般性规定,包括规定组织安全措施和正式事项。第7章为法案的监督措施。第8章和第9章规定关于欧盟法律和程序规则的补充条款。第10章规定制裁方式。第11章为最终条款。

本部分涉及的所有条款,除非另有说明,均为《2011年对外贸易法案》的条款。

(一)授权标准

《2011年对外贸易法案》第2章规定了一般授权标准。这些标准主要参考自《一般立场2008/944/CFSP》。然而,有些标准与《一般立场2008/944/CFSP》不同,导致了对标准的不同解释,并因此有了更大范围的应用。对于依据《2011年对外贸易法案》或者直接生效的欧盟法律授予的权力,经济部长需要检查第4～12条规定的标准。必须满足所有的标准,才能发放授权。一旦满足所有标准,经济部长无权否定授权。根据第3条,评估须着重关注以下事项:

(1)相关商品的性质和质量,或者相关技术知识的性质和范围;

(2)最终目的国;

(3)最终接收者；

(4)最终使用目的。

《2011年对外贸易法案》规定了9项授权要求(第4～12条)：

(1)遵守奥地利的国际义务；

(2)遵守国际军火出口控制机制；

(3)尊重人权和遵守国际人权法；

(4)防止对最终目的国的内政造成不良影响；

(5)保护区域和平、安全和稳定；

(6)防止对奥地利国家安全和对外关系,以及其他欧盟成员国的安全造成不必要的影响；

(7)防止恐怖活动和国际犯罪造成不良影响；

(8)防止因不良目的发生的转移；

(9)防止对可持续发展造成严重损害。

(二)对第三方国家关系的限制

《2011年对外贸易法案》第3章规定了货物交易限制和对第三方国家的技术支持。这些限制措施通常采取要求、报告要求和禁止的形式。

在欧盟法律没有直接规定的前提下,《2011年对外贸易法案》规定了与第三方国家操作的授权要求。[①]《2011年对外贸易法案》中的操作指进口、出口、运输、与第三方国家经济往来、在欧盟内交易、技术支持或其他合作形式。根据第14条第1款,下列操作形式需要得到联邦经济部长的授权：

(1)同第三方国家进口、运输和交易与国防相关的商品,必须得到联邦经济部长的授权。《2011年对外贸易法案》中"与国防相关的商品"指《欧盟军事清单》(欧盟一般军事清单,OJ 2014/C 107)中罗列的商品,以及经济部长认为属于该类商品的物品(第1条第4款)。

(2)进口、出口、运输和交易第1类化学物品。

(3)出口、运输和交易第2类化学物品。

(4)由于采取根据CFSP立法、欧洲安全与合作委员会(OSCE)框架决定、联合国安全理事会决议的限制措施而要求授权的行动。

《2011年对外贸易法案》并没有对进口进行定义,然而《战争物资法案》第

---

① 《2011年对外贸易法案》中的第三方国家指领土在欧盟海关领土外的国家(第1条第8款)。

1 条第 2 款将进口的路线定义为将货物运输至欧盟或者奥地利的海关边界。

第 1 条第 1 款第 11 项将"进口"定义为：

(1)从联邦边界将货物转让至《海关法令》第 259、269、270 条规定的第三方国家；

(2)通过电子媒介、传真、电话、电子邮件或者其他电子载体从联邦边界转让软件或者技术至第三方国家；

(3)从联邦边界提供电子形式的软件或者技术，或者通过法人、自然人、永久居民合伙人、在联邦领土有注册办公室的合伙人，向第三方国家的法人、自然人或者合伙人提供上述物资；

(4)在联邦领土口头(如果该技术在电话中阐述的话)转让技术至第三方国家。

第 1 条第 1 款第 13 项将"运输"定义为将货物通过欧盟的海关边界运输至第三方国家的最终目的地，条件是该货物未自由流通。

第 1 条第 1 款第 15 项将"在第三方国家之间交易"定义为：

(1)谈判或者安排从一个第三方国家购买、销售、供应商品至另一个第三方国家的交易；

(2)购买或者销售存放于一个第三方国家的商品，其目的是运输至另一个第三方国家；

(3)除了提供基本的协助，如运输、金融服务等，促成存放于一个第三方国家的商品转让至另一个第三方国家。

某些需要获得其他国内法授权的行动[《1977 年奥地利战争物资法案》《2001 年奥地利军队驻扎法案》《1997 年在外国部署部队及个人合作和团结的奥地利联邦宪法法案》《2013 年奥地利安全控制法案》《2008 年禁止离子簇弹药联邦法案》(第 91 条)]，不需要取得《2011 年对外贸易法案》的授权。

如果商品仅作个人使用(第 14 条第 2 款)，经济部长须根据第 14 条第 1 款规定，豁免授权要求。

只要不与欧盟立法冲突，经济部长有权颁布与第 14 条第 1 款不同的规定，并决定从个人或者所有第三方国家进口、出口、运输和交易商品的授权要求——只要这项措施是必要的(第 14 条第 3 款)：

(1)根据第 4 条完成国际法义务；

(2)出于奥地利国内外安全考虑；

(3)控制部分或全部出于第 5 条第 1 款所描述的目的的商品的转让；

(4)控制不属于第 3 款所规定的武器、弹药或爆炸物的流动，以及控制专门出于军事目的设计和改造的商品的流动；

（5）控制可能会被用作国内镇压、违反人权或者恐怖主义的商品的转让。

• 两用物资授权要求

第15条规定了出口、运输或者在第三方国家之间交易两用物资的授权要求。两用物资是指用于民事和军事目的的物资，包括可用作非爆炸用途和辅助生产核武器或其他核爆炸装置的方法（第1条第5段）。如果经济部长认为出口、运输或者在第三方国家之间交易两用物资需要授权（在第1节第1~3条规定），须在三天内通知出口商该操作需获得授权。

• 国内一般授权

第16条规定了经济部长对于第三方国家之间的出口、运输或交易两用物资的国内一般授权。这种一般授权适用于特定目的国和特定商品种类，只要授权不违反现行欧盟法律且不违反第2章规定的授权标准即可。

由于《一般立场2008/944/EC》规定禁止向与国防有关的产品发放授权，国内一般授权和欧盟一般授权只适用于两用物资。

只有按照《2011年对外贸易法案》注册的个人或者公司，才有资格获得一般授权。联邦经济部管理非官方的注册列表。在必要的时候，规定还可以决定遵守授权标准的要求。如果货物被用于或可能被用于第5~8条及第10条规定的目的，经济部长应通知出口商一般授权不能被用作第三方国家之间的出口、运输或者贸易。如果出口商、负责转让或进行贸易的人知道已获得一般授权的货物是被用作或可能被用于第5~8条及第10条规定的目的，他必须呈报经济部长并申请单独授权。

欧盟发放的一般授权依照直接生效的欧盟法，并且仅适用于两用物资。

• 全球授权

此外，《2011年对外贸易法案》规定经济部长有权发放临时全球授权（第17条第1款）。根据第17条规定，经济部长有权为一种或多种货物发放全球授权，该授权适用于一个或多个特定接收方（含特定类别的接收方）或者第三方国家，只要该授权可以简化管理程序并且节省成本和不违反第2章规定的授权标准。全球授权持有人须报告每年的交付数量。经济部长须就该报告做进一步的规定（第17条第2款）。

• 禁止行为

第18条就与第三方国家的货物转让的禁止行为进行了规定。

该条禁止：

（1）与非《化学武器公约》成员国进行进口、出口、运输和交易种类 I 和 II

的化学品(《化学武器公约》附录中附表Ⅰ和Ⅱ的化学品)。

(2)进口、出口、运输及交易《生物武器公约》第Ⅰ条的有毒物质、武器、装备和资源。

(3)操作违反《一般外国安全政策》的限制措施、欧洲安全合作组织框架决定、联合国安理会强制决议。经济部长有权就禁止行为的形式和内容做出进一步规定。

经济部长有权就与个人或者所有第三方国家进行进口、出口、运输或交易与第18条第1款规定不同的货物的禁止行为做出规定,如果:

(1)该做法对于履行第4条的国际法义务是有必要的;

(2)满足第5～12条规定的其他授权标准,并且授权要求不够。

• 报告义务

第19条规定报告义务。报告义务依据直接有效的欧盟法律或者国内法。第19条第1款规定报告必须在执行前向经济部长做出,如果是《一般外国安全政策》立法、欧洲安全合作组织框架决定、联合国安理会强制决议要求的,经济部长须发布界定此类报告义务内容和范围的规定。

报告义务并不仅限于这些情况。除了第一段规定的情况外,经济部长有权在其他情况下承担与第三方国家出口、进口、运输以及在贸易中引入报告的义务。最重要的是,如果没有可适用的欧盟报告的义务,经济部长有权将两用物资引入报告义务。

• 进口证书

第21条规定,根据申请并且满足授权标准,如果该证书是从第三方国家获得出口授权,或者从其他欧盟成员国转让至奥地利获得授权所需,并且最重要的是,授权符合授权标准,经济部长须依申请发放进口证书。

(三)技术支持限制

与第三方国家货物贸易的技术支持要么是受到禁止的,要么要遵守授权要求(第22、23条)。

根据第1条第1款第22项的定义,"技术支持"指包括口头支持、维修、发展、生产、安装、调试、维护或其他技术服务在内的技术支持。法条列举了授课、咨询、培训、实践知识和技能传授等例子。技术支持还包括下列深层要求:

(1)由奥地利公民、奥地利永久居民和居民、在奥地利有注册公司的企业提供的在欧盟以外的服务;

(2)在奥地利领土内提供,或者由奥地利永久居民或居民、在奥地利有注册公司的企业或者欧盟以外的企业提供。

· 禁止行为

第22条禁止违反国际法的,与化学或生物武器、核武器或其他核爆炸物和能够运载上述物品的导弹有关的技术支持。另外,如果违反《一般外国安全政策》立法、欧洲安全合作组织框架决定、联合国安理会强制决议的武器禁令,技术支持也将被禁止。

· 授权要求

并非所有的技术支持都是禁止的。如果有下列情况,经济部长有权对具有上述使用目的的技术支持进行授权:

(1)技术支持与《一般外国安全政策》立法、欧洲安全合作组织框架决定、联合国安理会强制决议或者其他国际法义务不冲突;

(2)技术支持不可能会导致违反授权标准。

· 出于公共安全和秩序限制企业股份

收购在奥地利有注册办公室的公司、收购股份或者取得在奥地利有注册办公室的公司的股权控制力通常是没有限制的,除非第25a条第2~11项有相反规定。

· 授权要求

只要欧盟法律和国际公约没有禁止限制,第2段规定的行动就需要从经济部长处获得授权,如果:

(1)在奥地利有注册办公室的公司受到《公司法案》会计规则的约束;

(2)该公司从事《欧盟运作条约》第52条和第65条第1款规定影响公共安全和秩序的业务;

(3)公司被个人收购,该个人不是欧盟公民、欧洲经济区公民,也不是瑞士公民;或者公司是被在瑞士和欧洲经济区国家之外的第三方国家有注册办公室的公司或企业法人收购。

第25a条第3款规定的是影响公共安全和秩序的行业。国防工业和安全服务对于国内外安全具有重大影响。能源供应、水供应、电信、交通、教育和继续教育领域的基础设施以及医疗影响公共安全和秩序,其中包括一般公共服务和危机预防。

然而,如果收购人在收购之后持有的投票权少于25%,第2段规定的授权要求范围内的公司股份收购将获得授权要求豁免(第25a条第4款)。当计算投票权的最终比例时,如果满足下列条件之一,第2款第3项下的其他自然人或法人及合伙人的投票权可以被算入收购人在收购后持有的投票权比例:

(1)收购人持有该自然人、法人或合伙人25%或以上的投票权;

(2)该自然人、法人或合伙人持有收购人25%或以上的投票权;

(3)第2段第3项的另一自然人、法人或合伙人持有该自然人、法人或合伙人25%或以上的投票权;

(4)收购人与另一自然人、法人或合伙人协商集体行使投票权。

而且,根据第2段的内容,如果第2段第3项下的自然人、法人或合伙人单独或集体行使其支配地位,获得支配地位需要获得授权,特别是:

(1)两名第2段第3项下的自然人、法人或合伙人订立协议,集体行使投票权,该投票权占总投票权的25%或以上;

(2)与另一自然人、法人或合伙人关于集体行使投票权的协议终止后,第2段第3项下的自然人、法人或合伙人持有至少25%的投票权(计算方法同上)。

如果有下列情况,经济部长有权要求在奥地利有注册办公室的公司在收购股份或者获得支配地位时获得授权:

(1)根据第2款第3项的要求(通过非欧盟/欧洲经济区/瑞士公民、法人或合伙收购,本身在欧盟/欧洲经济区/瑞士没有注册办公室);

(2)有充分证据证明该行为旨在规避授权要求;

(3)有充分证据证明该行为构成对《欧盟运作条约》第52条和第65条第1款下的公共安全和秩序的危害,包括一般服务和危机预防;

(4)第2款第1、2项规定的其他要求;

(5)限制授权程序不违反欧盟和国际法义务。

公司的真实商业性质和事实上造成的影响,在评估规避授权要求时应该是权威的(第25a条第11款)。

(四)在欧盟内转让与国防相关的产品

《2011年对外贸易法案》第4节关于在欧盟境内转让与国防相关货物的规定是从2009/43/EC指令移植过来的,这一做法使得对这方面的规定比以前大量增加。除非另有规定,否则第26条规定了在欧盟境内转让与国防相关货物的授权要求。然而,这一烦琐的要求可能因特定行动从授权要求中豁免而得以降低(参见第27条),多边行动适用一般授权,其中全球授权是比较常见的(第31条)。对在欧盟境内转让与国防相关货物的限制旨在处理违反授权标准从欧盟出口货物的现象。

(五)限制行为

• 授权要求豁免

第 27 条豁免转让与国防相关货物的授权要求需满足下列条件：

(1)转让是在灾难发生时出于人道主义目的或在紧急时作为捐助；

(2)货物在修理或维护后转让回东道国；

(3)货物在展览或陈列后转让回东道国。

如果符合欧盟法律并且确信受到豁免的行动不可能导致从欧盟的出口违反第 2 章规定的授权标准,经济部长有权对进一步的豁免做出规定。

• 一般授权

根据第 28 条,经济部长有权发放适用于在欧盟境内转让的一般授权,如果：

(1)供应商和接收方为政府机构；

(2)奥地利军方作为供应商；

(3)接收方是另一欧盟成员国的军队；

(4)接收方是第 1 条第 1 款第 21 项下的符合资格公司；

(5)转让的货物只能作为其他货物的组成部分使用。

《1996 年枪支控制法案》下的武器需要获得授权。

如果经济部长认为为了防止违反限制从欧盟出口的法规是必要的,则其有权决定使用一般授权的条件,特别是遵守出口限制方面的要求。

除了第 1 节规定的情形外,如果符合欧盟法律并且不违反授权标准,经济部长就有权在欧盟境内特定货物转让的授权上做出规定。

如果公司在另一欧盟成员国被吊销许可证,那么该公司获得的所有一般许可证也将会被吊销。如果经济部长在与相关欧盟成员国协商后,仍然有理由怀疑公司可能违反第 2 章规定的授权标准,则经济部长有权中止公司在另一欧盟成员国获得的许可。

• 全球授权

在欧盟境内从事与国防有关的货物贸易的法人、自然人和合伙人,如果不违反授权标准从欧盟出口,则将依申请获得全球授权。全球授权的有效期为三年,经申请可以延长。

• 单独授权

满足下列条件的,经济部长有权发放单独授权：

(1)申请单次贸易授权；

（2）已申请全球授权但不符合要求；

（3）为了防止违反第 2 章规定的授权要求从欧盟出口,单独授权只能按规定发放。

通常来说,单独或全球授权只有在不违反授权标准的前提下从欧盟出口,才能发放。要能够通过相关文书证明货物将要被送达另一欧盟成员国的接受者处并说明其目的。如果出口违反授权标准,全球或单独授权将要求相关货物禁止出口到特定第三方国家或第三方国家的特定类别的接收者。

（六）公司证明

如果满足第 36 条第 2～4 款的要求,经济部长可依申请发放通知,证明个人或企业的资质。凭借该证明,一般授权的证明持有者可以与另一欧盟成员国就与国防有关的货物进行交易。

法人、自然人或合伙人必须保证所有与第三方国家进行的与国防有关的货物的出口、运输或交易行为不违反授权标准,并遵守另一欧盟成员国制定的授权标准。

为了避免证明接收方因非法目的从其他欧盟成员国出口与国防有关的货物,根据公司的规模及货物的敏感性建立内部遵守机制是非常必要的。

（七）实施《化学武器公约》和《生物武器公约》采取的限制性措施

· 禁止行为

为了实施《化学武器公约》和《生物武器公约》,跨国及国内活动都必须遵守限制性措施,第 41 条禁止下列行为:

（1）开发、生产、收购、储存、保存、直接或间接转让和使用《化学武器公约》定义的化学武器。

（2）为使用化学武器做军事储备。

（3）协助、鼓励或引诱他人从事《化学武器公约》禁止的活动。

（4）奥地利公民、自然人、法人或在奥地利有注册办公室的合伙人在非《化学武器公约》缔约国开发、生产、收购、储存、保存、直接或间接交易和使用第 1、2 项化学品。

（5）开发、生产、储存、收购或保存:

a. 从事《生物武器公约》第 1 条第 1 项下的配药和制毒行为,无论成品的种类和数量,除了出于预防、保护或其他和平目的的行为;

b.《生物武器公约》第 1 条第 1 项下的配药和制毒行为所需的武器、设备或资源,该行为具有恶性目的或在武装冲突中发生。

(6)以战争方式使用:

a.防止暴乱的物质;

b.使丧失行为能力的物质。

• 授权要求和报告义务

第42条第1款规定了下列目的的授权要求:

(1)开发、生产、收购、占有、储存、保存第1类化学品;

(2)直接或间接转让第1类化学品;

(3)开发、生产、占有、储存《生物武器公约》第1条下的药剂、毒素、武器、设备或资源。

另外,当第1段的行为在奥地利领土外由奥地利居民、居住在奥地利的自然人或在奥地利有注册办公室的法人或合伙人开展时,也需要获得授权。

根据第42条的授权只有在确信不会导致随后的出口违反授权标准时才能发放。授权也可以以临时限制性全球授权的形式发放(第43条)。

第44条规定报告义务,该规定不仅适用于与化学品相关的许可行为,还适用于与需要授权的第1类化学品相关的行为。

• 混合物和便利品

限制措施同样适用于含有一种及以上化学品并受到限制的混合物和便利品(第45条第1款)。然而,第45条第2款规定,如果化学品的重量低于一定比例,混合物和成品可以全部或部分豁免贸易限制措施的应用范围。经济部长有权决定重量比例和豁免的适用范围。

最后,第46条豁免了进行药品研究和在大学或其他机构中进行的人类和动物药品研究开发、生产、占有、储存《生物武器公约》第1条下的药剂、毒素和资源。

(八)一般规定

生产产品或从事商品贸易、开发或销售软件、技术,从事技术支持或其他第1条第23项规定的活动的个人或企业,应实施适当的组织管理方法,以避免运营过程违反授权标准。公司的规模和经营目的及商品的种类应特别纳入考虑因素之中(第49条第1款)。另外,该条就适当的组织管理方法举例如下:

(1)根据第50、51条的规定任命负责的人员;

(2)第49条第1款规定的内部行为规范;

（3）内部服从系统；

（4）内部行为规范和服从系统的常规培训和提供相关信息。

这些规则应确保避免违反《2011年对外贸易法案》。违反这些规则虽然并不会导致刑事或其他处罚，但是要么使公司更难获得授权，要么使公司在实施预防措施时需要满足更多要求。

第62条为在做出合法交易前向经济部长提出预备询问提供了可能性，该合法交易与对外贸易法相关，是为了澄清适用哪种基于国内法或直接欧盟法的贸易限制措施。据此申请，经济部长基于国内法或直接欧盟法应当发出通知，做出评估。

（1）相关行为不属于禁止行为或不需要授权。

（2）相关行为属于禁止行为。

（3）相关行为需要授权，并且符合以下条件：

①该授权可发放；

②该授权只有在特定条件下才可发放；

③该授权不能发放。

除此之外，如果在澄清问题时有法律上的利益，还可能获得关于何种特定行为受到何种限制的评估。该法律上的利益是为了澄清这一行为是否属于禁令中的禁止行为。最后，与行为有关的问题将依据《1987年一般信息法案》下的非正式方式得到快速澄清。

第63～65条是对遵守外贸规定的监督。在提前至少一周通知后，联邦经济部可以开展场地调查、搜集记录和文档、拍照。在紧急情况下，也可以采用事后通知的方式。

根据外贸法依照授权要求或需要报告的行为都需要记录下来，以决定商品的性质、数量、价值，负责人或企业和缔约方的名称、地址，最终目的和最终用户。这些记录在行为开始后必须保存至少5年。

（九）处 罚

《2011年对外贸易法案》规定了刑事违法（第79条）、经济违法（第85条）和行政处罚（第87条）条款。

• 刑事违法

如果行为属违法并且是有罪的，第79～82条规定的刑事违法是可惩处的。任何违反对外贸易法的行为都是违法的，例如实施禁止行为或违反授权要求。这些行为，不论是故意的还是疏忽的，都是有罪的。

对故意的行为,最重的处罚为不超过 5 年的监禁。如果违法行为是出于获利目的而故意为之的,或通过伪造文件、数据或测量工具进行欺诈的,处罚的程度会增强。

疏忽行为将被处以不超过 1 年的监禁。

《2011 年对外贸易法案》规定的刑事违法行为也适用于《刑事法案》中。然而,如果《2011 年对外贸易法案》下的刑事违法比其他法案规定的处罚更加严厉的话,其他法案的规定将会取代《2011 年对外贸易法案》的规定。例如,《刑事法案》第 177a 条规定生产和销售大规模杀伤性武器的最高刑期为 10 年监禁。

· 经济违法

稍微轻微的违法,例如提供不准确或不完整的信息获得授权的将由经济犯罪机关进行惩处。对于违反外贸法的情况,海关办公室是惩处机关。惩处的前提是该行为属违法并且是有罪的(故意或疏忽)。

故意行为的罚金上限是 20000 欧元;疏忽行为的罚金上限是 10000 欧元。

· 行政处罚条款

违反报告义务,提供辅助文档义务、信息义务或通过提供不准确的信息获得进口许可的行为,应受到行政处罚条款的处罚。

行政违法的罚金上限是 40000 欧元,或在行为是故意做出时处以不超过 6 个月的监禁。如果行为是因疏忽导致的,罚金上限为 25000 欧元。

四、其他与贸易有关的国内立法

战争物资贸易措施在欧盟还没有达成统一。《2011 年对外贸易法案》第 91 条第 2 款第 1 项规定,《1977 年战争物资法案》下的行为豁免适用于《2011 年对外贸易法案》。因此,战争物资法案规定了出口、进口、运输和交易战争物资的法律,这些行为都需要获得授权。

联邦内政部长在与联邦经济部长协商后,有权决定是否发放授权。联邦国防部长的意见也要纳入考虑。

根据关于战争物资的相关规定,武器、弹药和特定设备属于该法范畴内的战争物资。例如,半自动卡宾枪和来复枪、手枪、冲锋枪、自动步枪或自动加农炮、榴弹炮或迫击炮、喷火器、军舰或激光、生物和化学武器。

根据第 3 条的规定,授权在下列情况下产生:

(1)进口、出口或运输遵守国际法和奥地利对外政策利益;

(2)出口或运输的对象不是严重和反复侵犯人权的国家。

如果国防部长、内政部长、司法部长或经济部长为其下属部门进口战争物资,则无须获得授权(第 5 条第 1 款)。这些部门出口战争物资也无须获得授权,只需联邦政府的同意(第 5 条第 2 款)。根据《1997 年在外国部署部队和个人合作和团结的奥地利联邦宪法法案》第 7 条的规定,出口、进口或运输战争物资的法律都不能适用于在境外为维和或其他国际任务而持有战争物资的人。①

《1977 年战争物资法案》规定了刑事犯罪和行政处分条款,旨在惩处违反该法的行为。

《2010 年奥地利制裁法案》规定了实施联合国或欧盟在国际法下的制裁措施,包括不受其他国内法管理的直接欧盟制裁行为。

若该个人从事或企图从事恐怖袭击,参与或帮助恐怖袭击及联合国和欧盟施加制裁的个人或组织,奥地利中央银行授权制定规则,或通知直接或间接冻结资金,或禁止提供个人金融资产。中央银行颁布或撤销该规定需要联邦政府的批准,紧急情况下应获得联邦总理的批准。

根据《2001 年奥地利军队驻扎法案》的内容,外国军队经联邦国防部长和经济部长授权可以在奥地利合法驻扎。《2011 年对外贸易法案》和《1977 年战争物资法案》不适用于这些外国军队携带的战争物资(《2011 年对外贸易法案》第 91 条第 2 款第 2 项和《2001 年奥地利军队驻扎法案》第 3 条)。

《1991 年奥地利安全控制法案》限制核原料、设备、技术和开发、使用、生产特殊分裂性材料相关的材料的出口。这些活动需得到联邦总理的授权。《1991 年奥地利安全控制法案》适用范围内的行为豁免适用于《2011 年对外贸易法案》(第 91 条第 2 款第 5 项)。

《2008 年禁止离子簇弹药联邦法案》禁止开发、生产、收购及为使用而交易、出口、进口、占有离子簇弹药。该法案适用范围内的行为豁免适用于《2011 年对外贸易法案》(第 91 条第 2 款第 6 项)。

---

① 参见《1997 年在外国部署部队和个人合作和团结的奥地利联邦宪法法案》第 1 条。

五、小 结

　　奥地利对外贸易法自奥地利在 1995 年加入欧盟后经历了重大修改。即使大部分与外贸有关的内容现在由欧盟法进行规定,但是国内条款仍适用于某些领域。在国内法中,《2011 年对外贸易法案》占有重要地位。与贸易相关的措施主要与对外国和安全政策利益或公共卫生、秩序和安全有影响的商品相联系。面对当前的安全挑战,国际社会和欧盟都已采取相应的全球或全欧盟范围内的禁运措施。因此,国际对外贸易受到影响,出口商和国家机关都面临着更加高昂的行政成本。不幸的是,从当今的视角来看,国际安全在可预见的将来都很难得到显著改善。因此,禁运措施仍将在一个相当长的时间里得到实施。

第三章　外商直接投资体系和法律

一般来说,在奥地利直接投资不需要政府批准。然而,收购不动产(参见第五章)、博彩业和其他相关领域的直接投资存在限制。在获得许可(如建筑许可,参见第五章)、执照和环境准许(参见第七章)方面,国内企业和国外企业适用相同规则。商品、资本、服务和目的地自由流通的基本原则,为位于欧盟的企业反对直接或间接的歧视创造了可实施的条件。

一、在奥地利成立公司

成立一家奥地利公司或外国公司的奥地利分公司需要向区域商业法院注册。公司或分公司需向其所在地的区域法院注册,一经注册,该公司将获得唯一的注册号,公司章程也会录入。另外,管理董事(负责文件归档)必须提供银行的签名、证书以确认股东已经投入最低资本,使公司可以由董事履行职责,并提供已缴纳1%资本税的证明。自2016年1月1日起,股份资本和资本增值税已被废除。

由多数投资者成立的有限责任公司(Gesellschaft mit beschränkter Haftung-GmbH)与奥地利的合伙人(Offene Gesellschaft-OG; Kommanditgesellschaft-KG)不同,有限责任公司的股东承担有限责任。与奥地利股份公司(Aktiengesellschaft-AG)相比,有限责任公司的最低注册资本更低,股东对公司有更大的影响力。有限责任公司的最低注册资本为35000欧元,其中10000欧元必须由公司发起人在第一个十年内缴清。发起人的责任对应35000欧元,而不是10000欧元。

成立公司通常需要奥地利律师或公证人的协助。有限责任公司或股份公司的公司章程必须得到公证人的公证。成立分公司的成本很低,因为不需要缴纳股份资本。然而,翻译文档和外国公司决议产生的费用比成立奥地利分公司更高。公司必须向法院递交其年度财政报告并进行登记,递交的截止日期为公司资产负债表公布后 9 个月。未按时递交的公司将受到处罚。

二、外商投资的保护

为了保护外商投资,除了本国宪法保护外,奥地利加入了多项双边投资协议(包括和中国之间的协议)。根据《欧盟运作条约》(TFEU)的相关内容,在欧盟和第三方国家的条约中加入投资条文是可能的。为了防止两极分化,欧盟委员会同意了一项于 2013 年 1 月 9 日生效的规定。根据这项规定,任何成员国将来的双边投资协议都需要获得欧盟的授权。现有的双边投资协议如果是在欧盟成员国和第三方国家之间订立的,其仍然有效。不同欧盟成员国之间订立的双边投资协议的效力仍在讨论中,它们不属于该规定的早期条文所覆盖的范畴,但仍可被认为与欧盟法冲突。几项投资协议仍在欧盟进行协商(欧盟与美国的跨大西洋贸易和投资伙伴关系协定,即 TTIP;欧盟与加拿大的综合性经济贸易协议,即 CETA)。

除了双边投资协议的保护之外,外国投资者还可以行使保护私产的基本权利,如私产权和从商自由的权利。这些基本权利由《欧盟基本权利宪章》(2000/C 364/01)予以保障。奥地利宪法法院在裁决中认为该宪章保障的权利与奥地利宪法保障的权利的适用方式一致(参见奥地利宪法法院,2012 年 3 月 14 日,U 466/11,U 1836/11)。

三、税 务

位于奥地利的公司需要缴纳奥地利企业所得税、市政税、不动产和增值税。另外,还需要缴纳社会安全费(参见第六章)和关税(如果适用的话)。奥地利拥有正在生效的广泛的税务条约网络,并参与了经济合作和发展组织的普通报告标准网络(参见第四章)。另外,《2015 年交易价格法案》规定实施经济合作和发展组织的税基侵蚀和利润转移(BEPS)计划。

　　奥地利公司首先要缴纳的税项是企业所得税，税率为所有收入的 25%（包括资本收入、外汇收入等）。如果没有收入产生，企业所得税的最低税额为 1750 欧元（股份公司为 3500 欧元）。然而，需要缴纳企业所得税的公司有权进行亏损结转。因此，亏损可以被一个纳税年度的利润的 75% 所抵消，剩余的可结转抵消来年利润的 75%。回溯抵消是禁止的。外国永久设施（第一级）所产生的亏损也可以结转，只要它们可以被外国收入抵消。税组制度允许将奥地利税组成员的直接外国分公司纳入奥地利税组中。非奥地利税组成员的税务损失可以被用作亏损结转，如果存在以下情况，要进行回抵：(1)在外国能够使用或者事实上使用；(2)外国分公司不再是税组成员或者不复存在；(3)外国分公司的业务范围显著减少。自 2014 年 1 月 1 日起，这种外国税组成员只能是位于欧盟或者在税务方面有广泛相互协议的国家的分公司。

　　个人的分红需要缴纳 25% 的代扣所得税。这是一种个人复合税（Endbesteuerung）。在跨国情况下，如果存在双重征税协议，这种代扣所得税可被降低。

　　本国分公司（至少 10% 股份）的分红在本国参与特权（Schachtelprivileg）下是免税的，但这一特权并不包括购买股份的资本收入。根据欧盟母公司—子公司指令 2011/96/EU，如果母公司持有至少 10% 的股份并在另一欧盟成员国有住所，欧盟母公司的分红同样可以免征奥地利代扣的所得税。

第四章　货币和银行体系及法律

　　奥地利银行系统是以综合银行（Universalbanken）为特征的，其向个人、法律实体和公共部门提供广泛的服务。综合银行体系减少了风险，提供了一定的灵活性来适应金融环境的变化。

　　奥地利共产主义政权倒塌之后，奥地利银行迅速进入中欧、东欧和东南欧市场，并转换其商业模式。然而，这种扩张在一些情况下并没有取得成功，对奥地利金融业的潜在威胁随着奥地利银行在新兴市场的扩张也越来越大。但总体来说，扩张增加了奥地利银行的收入并使奥地利（特别是维也纳）成为国际上银行和投资公司的金融中心，助推了奥地利的繁荣和财富积累。

　　与奥地利银行不同，维也纳证券交易所并没能成为中东欧的证券交易中心。作为奥地利资本市场的中心，它并没有成为中东欧首次公开发行证券的中心，也没有成为杰出的国际资本市场论坛。

　　2008—2009 年的金融危机给奥地利金融业带来了巨大风险。作为银行救援计划的一部分，金融业受到更多的管理和监督。受欧盟激励驱动，在资本充足率、额外审慎要求和银行清算方面，奥地利制定并颁布了更多法律。

一、机　　构

（一）银　　行

　　传统的奥地利银行，如储蓄银行、人民银行、合作银行及其他银行，与股份公司银行及外资银行、欧盟外的国际公司的分公司进行竞争。奥地利金融业的市场参与者包括从事分支业务的中型公司和庞大的国际综合银行。奥地利规模较大的银行是奥地利第一储蓄银行(Erste Group Bank AG)、联合信贷奥地利银行(UniCredit Bank Austria AG，又称奥地利银行)和奥地利瑞弗森国际银行(Raiffeisen International AG)。

出于历史原因，奥地利银行分属于不同行业。一级银行包括股份公司银行、区域抵押银行、建筑协会(Bausparkassen)和特定种类银行。二级银行包括储蓄银行和民族银行。三级银行是合作银行。

奥地利最大的银行奥地利第一储蓄银行是奥地利储蓄银行的控股公司，其分行遍布中欧和东欧地区。传统上来说，奥地利储蓄银行受《1979年奥地利储蓄银行法案》(Sparkassengesetz 1979)约束，其同时在一定程度上转型成为股份公司。

奥地利第二大银行奥地利银行由1991年的大型银行——Zentral-sparkasse (一家储蓄银行)、维也纳商业银行(Kommerzialbank der Gemeinde Wien)和奥地利联邦银行(Österreichische Länderbank)合并而成；奥地利银行在1997—1998年兼并Creditanstalt；Bank Austria Creditanstalt(B)A-CA在2000年被Bavarian HVB Group吞并，在2005年时又成为意大利UniCredit集团的一员。

人民银行(Volksbanken)有两级结构，奥地利联邦是人民银行的股东之一。面对2008—2009年金融危机后的严峻金融形势，之前的控股公司Österreichische Volksbank Aktiengesellschaft (ÖVAG)在采用多种方法挽救失败后进行了清算。随后它成立了一家全新的控股公司，奥地利众多的人民银行加入进来，该公司因此成为当地的机构。

合作银行以Friedrich Wilhelm Raiffeisen(1818—1888)命名，是奥地利金融业中最有影响力的银行之一。与人民银行和储蓄银行不同，合作银行仍保有三级结构，包括中央控股公司、每个州的中央公司和当地机构。人民银行和合作银行仍在相当大的比例上以拥有大量会员的合作社的形式经营。

区域抵押银行。传统上说，每个区域抵押银行均由其联邦州拥有。其中的一些从公共法律实体转换成股份公司的银行仍然部分或全部由各自联邦州拥有。最突出的是克恩顿州(Carinthian)区域抵押银行，为了避免破产，其在2009年重新进行了国有化。避免进一步投资重新国有化银行的最新举措导致针对外国债权人的国内立法陷入僵局。

其他奥地利银行以集体形式成立，称为股份公司银行(Aktienbanken)。

外资银行。除了奥地利银行，其他欧盟成员国的银行在奥地利经营须依据服务和设施自由的原则。在奥地利银行涉足的传统行业以外,外资机构无须成立分支机构在奥地利提供银行服务。

(二)奥地利金融市场管理局和欧洲中央银行

奥地利金融市场的审慎监督在过去 20 年发生了重大变化。奥地利金融市场管理局(FMA)于 2002 年成立,其依据《2011 年奥地利金融市场管理局法案》《1993 年奥地利银行法案》和欧盟立法进行运作。它作为《2015 年奥地利信用机构恢复和争议解决机构法案》(Bundesgesetz über die Sanierung und Abwicklung von Banken 2015)下的争议解决机构,负责实施欧盟指令 2014/59/EU,该指令为信用机构和投资公司的恢复和争议的解决建立了基本框架。为了应对 2008—2009 年的金融危机,欧洲中央银行在 2014 年开始对奥地利金融业实行审慎监督。政府和生产经营者在国家和超国家机关之间分享信息。

欧洲中央银行对银行的监督。欧洲中央银行的监督是欧盟通过单一监督机制(Regulation 1024/2013/EU)加强金融整合和稳定战略的重要举措。在国家和超国家监督之间的责任分配首先考虑的是银行的重要性,包括它们的规模、参与单一监督机制的成员国的经济体量及跨境活动的重要性。根据这种分类,129 家银行被认为是相当重要的,其在欧盟范围内占 82% 的银行资产。受欧洲中央银行监督的奥地利银行包括:Erste Group Bank AG,Raiffeisenzentralbank Österreich AG,Raiffeisenlandesbank Oberösterreich Aktiengesellschaft,BAWAG P. S. K. Bank für Arbeit und Wirtschaft und Österreichische Postsparkasse AG,Raiffeisen-Holding Niederösterreich-Wien registrierte Genossenschaft mit beschränkte Haftung,Volksbank Wien AG,Sberbank Europe AG 及 VTB Bank(Austria)AG。

金融市场管理局的监督。金融市场管理局对大约 550 个次重要机构进行监督。金融市场管理局和欧洲中央银行在对信用机构的审慎监督方面的核心竞争力在于,给信用机构颁发许可证,要求或执行检查并监督信用机构,收集和分析信用机构的信息,对法律解释提供指导,指引诉讼和处罚信用机构。

根据单一监督机制,金融市场管理局向欧洲中央银行报告其日常监督工作。这些报告包括所有监督措施、(风险)评估、事前和事后检查和咨询。奥地利国家银行(Oesterreichische Nationalbank,简称 OeNB)授权金融市场管理局开展检查和监督。从这方面来说,奥地利国家银行履行监督职能。单一监督机制新引入的一项举措是国家主管当局(即金融市场管理局)和欧洲中央银行普通程序。一旦发放或撤销信用机构的许可，或受监督信用机构在股份中的相关机构被收购时，金融市场管理局和欧洲中央银行将会采取联合行动。一般来说，金融机构需要向国家机关提交各自的申请。金融市场管理局通知欧洲中央银行关于获得银行许可的申请并审查所有文档和要求。最后，金融市场管理局向欧洲中央银行提交一份决议草案，之后欧洲中央银行有权做出最终决定。撤销银行许可的提案可由欧洲中央银行（依据欧盟法）和金融市场管理局（依据国内法，包括实施欧盟指令的国内法）提出。欧洲中央银行和金融市场管理局讨论后，无论是对重大信用机构还是次重要信用机构，均由欧洲中央银行行使撤销银行许可的最终决定权。

奥地利国家银行。奥地利国家银行（OeNB）是奥地利发行货币的中央银行。奥地利中央银行的法定地位由《欧盟运作条约》、ESCB/ECB法规及《1984年奥地利国家银行法案》（Nationalbankgesetz）规定。奥地利国家银行禁止买卖股份。奥地利共和国自2010年起成为奥地利国家银行的单一股东。奥地利国家银行以股份公司的形式成立。由于奥地利加入欧盟，奥地利国家银行在欧元体系内扮演中央银行的角色。欧元体系是欧盟内的货币机构。奥地利国家银行需要完成欧元体系的首要货币目标，包括维持价格年增长约2%的价格稳定目标。因此，奥地利国家银行禁止以收取国家水平的利率来解决国家短缺的困境或实现其他国家的发展。

奥地利国家银行虽然属于超国家机构，但仍需履行重要的责任。首先，奥地利国家银行的代表参与到欧元体系的决策制定程序之中，并在欧元体系和其他超国家机构中履行职责。其次，奥地利国家银行监督奥地利支付系统。换句话说，奥地利国家银行监督依照奥地利法律运行的支付系统以及由奥地利和外国法律规定的在奥地利成立的支付系统的参与者。最后，奥地利国家银行需要监督"可能影响奥地利金融稳定"的所有情况，特别是：(1)分析金融市场事件和鉴别影响金融稳定的情况；(2)向金融市场稳定委员会（FMSB）提交报告；(3)向金融市场稳定委员会提供建议；(4)对金融市场稳定委员会的措施进行评估；(5)制定年度金融稳定报告。

（三）奥地利金融部

奥地利金融部（BMF）是奥地利金融体系中最重要的政策制定者。通过参与欧洲委员会的工作组会议及制定金融体系的法律，奥地利金融部的成员扮演着重要的角色。除了是税务机关外，奥地利金融部在金融业中几乎没有承担监管的职责。在一定程度上，它有权决定监管机构如金融市场管理局的主要职责。另外,奥地利金融部是发起稳定奥地利金融市场措施的核心机构。在 2008 年,奥地利金融部被授予更大的权力,依照《2008 年金融市场稳定法案》(Finanzmarktstabilitätsgesetz 2008)的相关内容,其有权介入金融市场。该法案在 2007—2008 年金融危机期间通过,旨在防范大规模银行破产和银行挤兑的情况。法案允许奥地利金融部发行抵押、发放贷款、购买股份、获得参与资本及购买可交换公司债券的权利。奥地利金融部的另一项重要职能是任免国家专员。

(四)国家专员

根据《1993 年奥地利银行法案》第 76 条,金融部长需任命国家专员。总资产超过 10 亿欧元的信用机构必须任命正副国家专员。虽然由金融部任命,但国家专员属于金融市场管理局的公职人员,并受金融市场管理局指导。国家专员有权参与所有常务会议及监督委员会、审计委员会和银行执行委员会的会议,包括在会议上发言及接收会议报告的权利。如果国家专员发现任何违反法律或行政决定的事项,必须立即向金融市场管理局报告。国家专员提出的异议可能推迟信用机构决策的生效时间。如果金融市场管理局确认国家专员的异议,决定将不会生效。这种监督的效力在很大程度上依赖于国家专员的正直操守及其专业知识。过去,尽管他们能接触到大量的信息,但国家专员滥用职权的例子几乎在所有的相关行业中出现,特别是对 Hypo Alpe-Adria-Bank(一家意大利的银行)丑闻的监管,并导致国家承担违约责任的诉讼。

二、法律渊源

奥地利监管银行和货币的法律体系包括联邦立法和直接适用的欧盟法规。监管机构,特别是金融市场管理局、奥地利国家银行和欧洲银行局,有权通过颁布约束规定和行政决策或半约束规定(软法)来解释法律。由于欧盟管理框架会在另一章讨论,本章将只关注国内立法。联邦立法也需要融入欧盟法律体系并植根于欧盟指令。

奥地利货币及银行体系的支柱是《1993 年奥地利银行法案》(Bankwesengesetz)及《欧盟资本要求规定》(CRR),这两部法案规定了在奥地利开展银行业务的框架。支付服务由《2009 年奥地利支付服务法案》(Zahlungsdienstegesetz)规定,该法案基于《欧盟支付服务指令》(PSD)制定。向专业团体提供贷款依照奥地利民法关于借贷的一般规定,这些规定编纂于《奥地利民法典》(ABGB)中。与消费者订立的借贷协议由《2010 年奥地利消费者借贷协议法案》(Verbraucherkreditgesetz 2010)规定,或者在抵押借款的情况下,由《2016 年奥地利与不动产住宅消费者借贷协议法案》(Hypothekar-und Immobilien-kreditgesetz 2016)规定。两部消费者借贷法案都是基于欧盟指令制定的。没有一部单独的法律规定储蓄账户。储蓄银行手册在奥地利储户中非常流行。《1993 年奥地利银行法案》规定了两种储蓄银行手册,第一种适用于 15000 欧元以下和不记名证券,第二种适用于记名证券。上述立法适用于所有银行,但对于特定种类还有特别立法。

奥地利银行史上的特定种类的银行由特别法监管。相当多的银行属于储蓄银行(Sparkassen)。这些银行由政府及控股公司或集团中没有正式会员的组织拥有。储蓄银行由《1979 年奥地利储蓄银行法案》(Sparkassengesetz)规定。更重要的市场参与者是由奥地利各州设立的区域抵押银行(Landeshypothekenbanken)组成的。部分生效的《1899 年奥地利抵押银行法案》(Hypothekenbankgesetz)仍适用于区域抵押银行。

投资资金运作由欧盟指令规定。奥地利在《2011 年投资资金法案》(Investmentfondsgesetz 2011)和《2013 年其他投资资金经理法案》(Alternative Investmentfonds Manager Gesetz 2013)中实施相关欧盟条款。这些投资资金立法的主要目标之一是促进欧盟境内跨境投资活动。

三、在奥地利提供银行和货币服务

在奥地利,只有获得许可的信用机构或金融机构才能提供银行和货币服务。在一定条件下,由另一成员国授予的许可可以授权信用或金融机构在奥地利提供服务。

银行许可:《1993 年奥地利银行法案》第 1 条第 1 款规定,所有银行服务或金融服务都需要获得银行许可。特别需要授权的银行和货币服务包括:

(1)出于管理目的或保证金(保证金业务)接收资金;

(2)提供非现金支付交易、结算服务和现金账户服务(现金账户业务);

(3)借贷服务(借贷业务);

(4)支付保证金和承担其他责任(保证金业务);

(5)发行抵押债券、市政债券和覆盖银行债券(证券背书);

(6)依据《2011年奥地利联邦投资资金法案》(Investmentfondsgesetz)开展投资资金业务;

(7)其他服务,例如折扣业务、监护业务、信用卡发行和管理、银行汇票和支票、外汇交易、货币市场工具、期货、货币套换、可交易证券、衍生工具、保理业务、经纪、退休金和外汇业务。

银行许可外的许可。信用机构基于它们的许可可以开展的某些金融活动也对获得《1993年奥地利银行法案》第1条第2款规定的特定金融服务许可的金融机构开放:

(1)订立租约(租赁业务);

(2)提供金融意见;

(3)提供信用报告服务;

(4)提供支付服务;

(5)发行电子货币。

获得许可的条件:开展上述交易的许可由金融市场管理局和欧洲中央银行合作发放,只有提供特定信息并满足条件的才能够发放许可。最重要的条件包括:

(1)信用机构的法定形式为股份公司、合作社或储蓄银行;

(2)以公司章程确立证券标准;

(3)持有符合资格的股份的个人满足良好和审慎的要求;

(4)发起资本为至少500万欧元;

(5)至少一位董事业务的重心在奥地利;

(6)至少一位董事掌握德语;

(7)信用机构拥有至少两名具有代表权的董事;

(8)没有董事在银行业外从事其他业务;

(9)成立点及总公司位于奥地利。

撤销许可:一定条件下,金融市场管理局和欧洲中央银行,或者欧洲中央银行自身有权撤销银行许可。银行许可的撤销基于:(1)不能满足审慎要求;(2)发起破产程序;(3)违反《1993年奥地利银行法案》第70条规定及其他特定情况。

欧盟金融机构银行业务:《1993年奥地利银行法案》第9条确立自由成立和在欧盟自由提供服务的原则。因此,只要由各自成员国发放的授权包含银行服务,其他欧盟成员国授权或成立的信用机构就可以设立分支机构,或依据自由提供服务的原则在奥地利开展金融和货币服务。

依据自由提供服务原则在奥地利开展服务之前须先行通知金融市场管理局,通知由各成员国的相关机构提供。相反,依据奥地利法律获得授权的信用机构有权在所有欧盟成员国开展服务。因此,在欧盟开展银行和金融服务通常只需要获得一个国家机关授权。

非欧盟银行开展的银行服务:非欧盟成员国的企业不得在奥地利开展银行业务。然而,外国人或公司可获得允许在奥地利设立分公司。只要符合《1993年奥地利银行法案》关于接收银行许可的要求,由外国实体拥有或控制的分公司就可以获得银行许可并在奥地利提供银行服务。另外,外国金融机构可在奥地利获得许可设立分支机构。金融市场管理局要求提供额外的信息,以向奥地利分支机构发放许可(《1993年奥地利银行法案》第4条第4款)。

四、外　汇

奥地利外汇系统由《2004年外汇法案》(Devisengesetz 2004)规定。该法案由奥地利国家银行管理,管理的内容包括所有外汇交易和实施的一般规定。由于欧洲资本自由法律的规定,外汇系统存在一些限制——但仅仅适用于《欧盟运作条约》第57~60条的理由。奥地利国家银行的一般批准允许所有遵守外汇管制的商业交易,但这些交易也需要遵守通知要求。奥地利在1989~1991年解除了对外汇系统的管制,因此现在的外汇系统是相当自由的。

出于统计的目的,依据《2014年外汇法案》的内容对跨境服务仍需进行强制报告。对直接投资、跨境借贷和非银行准备金有报告的要求,报告必须以电子形式提交至奥地利国家银行。在国际层面,欧洲中央银行、国际货币资金组织和欧洲统计局均要求提交数据。

五、资金流向及报税

依据税法,需要报告资金流向。另外,资金流向和接收在国内和国际支持活动中受到限制。奥地利目前加入了数个联合国和欧盟的支持项目,这些项目经由《2011年奥地利对外贸易法案》(Außenwirtschaftsgesetz 2011)确认并实施。

报告要求。关于国际资金流向,奥地利近期引入了报告要求。《2015年

奥地利联邦关于资本流入和流出报告法》(Kapitalabfluss-Meldegesetz 2015)
适用于 2015 年 3 月 1 日至 2022 年 12 月间的资金流向。在 2011 年,对瑞士和
列支敦士登公国的时间范围得到延长。这些报告要求旨在规避《经济合作发
展组织一般报告标准》的情况。奥地利是《经济合作发展组织一般报告标准》
的早期加入国,并在《2015 年奥地利联邦一般报告标准》(Gemeinsamer Meld-
estandard Gesetz 2015)中实施报告要求。依据《美国外国账户税务遵守法案》
(FATCA)所做的报告,自 2015 年开始按照美国和奥地利于 2014 年订立的国
际协议执行。

奥地利银行强制要求报告从瑞士和列支敦士登公国流入的资金;由个人、
基金会和机构持有的超过 50000 欧元的账户必须报告。奥地利银行强制要求
的资金流出报告包括由奥地利流向境外的超过 50000 欧元的交易。流出报告
只适用于个人账户。如果资金被转移至另一个人账户或联合账户,与国家有
关的资金交易的报告要求依照《2008 年奥地利礼物通知法案》(Schenkungs-
meldegesetz 2008)的规定进行处理;依照《2008 年奥地利礼物通知法案》,需缴
纳奥地利遗产税和礼物税。除了遵守报告要求外,只要遵守批准法案,资金转
移没有限制。

中央登记处。2015 年,一部关于设立账户中央登记处的法案开始实施。
《2015 年账户登记和账户检查法案》规定由奥地利金融部管理中央登记处。
金融机构需要提交特定信息,包括户主的户号、税单编号或个人数据及在特别
情况下受益人或信托人的资料。该规定适用于外国公民账户和本国公民账
户。然而,登记人只能在进行刑事或财政调查时才能被检查,禁止审前盘问。
只有在获得奥地利联邦财政法院授权后,才能在中央登记处查找资料。

银行保密。虽然其影响力下降了,但《1993 年奥地利银行法案》第 38 条
规定的奥地利银行保密工作仍然有效。在奥地利加入《美国外国账户税务遵
守法案》《经济合作发展组织一般报告标准》和设立中央登记处后,新增了几项
奥地利银行保密豁免规定。这些规定为税务机关提供了更多关于账户持有人
的信息,意味着加入《经济合作发展组织一般报告标准》的外国税务机关更能
够发现账户持有人的避税行为。然而,个人仍然禁止从奥地利银行获得其他
人的账户信息,甚至查询账户的存在与否也是被禁止的。由于任何违反《1993
年奥地利银行法案》第 38 条的行为都会招致刑事处罚,奥地利信用机构严格
遵守无信息政策。

为了解决银行及其客户之间的法律问题,例如在客户死亡和法院监护权
一案中,如果客户书面同意披露信息,则信息披露可以被豁免处罚。因此,银

行保密不能作为一种避税的方法,但其仍然是实现保密目的及保障银行审慎处理信息和数据的要求。

六、公司机构

银行可以以股份公司、合作社或者储蓄银行的形式成立。

股份公司。股份公司是新成立的银行最常见的组成形式。股份公司依照《1965 年奥地利股份公司法案》(Aktiengesetz 1965)运作。股东承担有限责任,最低股份资本为 70000 欧元,对于银行的门槛会更高。奥地利股份公司具有双重管理结构,包括管理董事会和监事会。管理董事会必须至少有两名成员。股份公司监事会的组成要不少于三名成员。监事会行使监督职责并决定法律或公司章程规定的事项。监事会的指示对管理层不具有约束力。劳工立法授权雇员指派代表进入监事会。依据奥地利法律,雇员代表不能成为监事会的大多数。通常,奥地利信用机构有信用委员会。根据《1965 年奥地利股份公司法案》的内容,信用委员会是有权决定超过一定数额交易的监事会的下属委员会,该数额门槛在股东大会上决定。股东大会提名并选举监事会成员,监事会成员再提名管理董事会成员。经理的责任并不仅限于民事法律责任。法院要求董事长以公司的最大利益——包括员工、投资资本和债权人的利益——履行职责。未经股东大会通过,即使是符合团体利益的行为,也会因违反信托义务而受到刑事处罚。

合作社。合作社依据《1873 年奥地利合作社法案》(Gesetz über Erwerbs-und Wirtschaftsgenossenschaften 1873)运作,该法案还有诸多补充法案仍在生效。自 2004 年起,合作社与其他法人一样在商业登记册(Firmenbuch)上登记。合作社没有固定资本。合作社的审计表中必须包含书面令状和成员名单。合作社的基本机构包括董事会、监事会(超过 40 名成员的合作社)及会员大会。劳工法授权雇员指定代表进入监事会。合作社机构的职能与股份公司中的机构的职能类似。Raiffeisen 银行在一定程度上以合作社的形式运作。

储蓄银行。储蓄银行由《1979 年奥地利储蓄银行法案》(Sparkassenge-setz)管理。储蓄银行可以由政府或储蓄银行协会(Sparkassenvereine)成立,是具有完全行为能力的法人。自 1987 年起,储蓄银行可以转型为股份公司。因此,只有少数银行仍以储蓄银行的形式运行。储蓄银行的审计表中必须包含书面令状和成员名单。储蓄银行的基本机构包括董事会、监事会和委员会。

董事会必须由 2～7 名成员组成并管理储蓄银行。委员会主要履行监督职责。

七、小　结

　　奥地利自 1995 年加入欧盟,2007—2008 年金融危机后经历了重大改变。当前的制度框架及法律设定是欧盟和奥地利立法的融合。自金融危机后,国家监督制度(不仅仅在奥地利)成了被批评的对象。事实上,合作监督和程序已经到位并在实践中展示了它们的价值。奥地利具有成熟的大陆法系基础和法院系统,以及在银行法上悠久的历史。奥地利未来的挑战不仅在于银行所处的经济环境(负利率等),更在于适应新的法律体系、尊重国家传统及超国家改革(supranational innovation)。

第五章 基础设施建设法律

奥地利的建设立法很分散，没有一部统一的法案。关于建设的规定在《1812 年奥地利民法典》（Allgemeines Bürgerliches Gesetzbuch 1812）中有提及；关于建筑项目中合同各方，如投资人、项目开发商、所有人和承包人的规定在民事立法中有提及；区域规划、建筑许可、技术标准、住宅许可等规定在公共行政法中有提及。相邻权如在施工期间的废气排放等，由公法和私法共同规定。另外，根据具体地理位置不同，奥地利的建筑由不同的建筑管理规定来约束。根据建筑资质，所有 9 个州均实施了一部建筑法规（Bauordnung）。因此，遵守不动产所在州的规定非常重要。

一、合 同

建筑项目合同由合同当事人根据《合同义务法规定 593/2008/EC》第 3 条第 1 款选择适用的法律。如果公共机构参与建设项目，也适用相同的规定。然而，法律选择仅限于民事或商事范畴。公共法律规定，类似于技术标准或建筑许可程序等，不能选择适用法律。在没有规定适用法律的情况下，如果承包商的住址在奥地利，则适用建筑合同；如果合同标的土地在奥地利，则适用销售合同；如果贷方的住址在奥地利，则适用金融合同（贷款、借款等）。《合同义务法规定 593/2008/EC》第 4 条有更详细的规定。

如果适用奥地利合同法，主要由《1812 年奥地利民法典》管理建设和服务合同。由于《1812 年奥地利民法典》大部分关于建设和服务合同的规定可以被放弃，因此当事人在制定法律文书和修改合同以满足项目的特别需要时具有灵活性。项目开发商或负责人通常订立一般承包商合同。

一般承包商有责任完成所有建设工程或与分包商就工程的特定部分订立建设合同。根据合同自由原则,一般承包商合同具有不同的形式。当当事人选择订立一般承包商合同时,委托人可委托一般承包商完成整个工程或者分包给分包商。通常由一般承包商决定是否分包给分包商。然而,一般承包商合同会预先说明一般承包商需要对分包商的建设质量及按时完工负有责任。

委托人的合同相对人只有一般承包商,整个工程的价格是与一般承包商协商的。在一定程度上,一般承包商对于委托人支付款项有贷款安排,并对分包商产生的违约责任负责。在一般承包商作为单一经理并外包/分配所有工程给分包商时更是如此。在后一种情况中,一般承包商称为Generalübernehmer,而负责部分工程的一般承包商称为Generalunternehmer。另外,一般承包商可以提供规划服务。如果委托人除了外包建设项目外还外包规划项目,这样的一般承包商称为Totalübernehmer(一般承包商作为唯一经理人)或Totalunternehmer(一般承包商负责部分工程)。

为满足特别需求,对标准建设合同进行了修正。ÖNORM建设合同模板在奥地利被广泛使用。ÖNORM是奥地利标准机构发布的国家标准。该组织在拟定技术标准方面发挥了重要的作用,包括与建筑有关的标准,并提供标准格式合同。标准随着与行业人士的合作而不断完善。标准格式合同要么是由行业人士发起完善的,要么是在欧盟和国际标准框架内修改的。在大型国际建设项目中,FIDIC(国际咨询工程师联合会)标准格式合同取代了国家术语和国家标准合同。然而,奥地利企业在解释不熟悉的FIDIC术语时遇到了麻烦。

标准格式合同包括以下内容:

(1)成本超支(保证金);

(2)合同当事人的联系方式;

(3)适用法律及管辖权限;

(4)检查和警告义务;

(5)辅助服务;

(6)合同文书责任;

(7)违约责任(特别是延期履行);

(8)改变价格及时间;

(9)对损失的索赔;

(10)额外工程/服务;

(11)对可能索赔或缺陷的担保(保留)。

当事人可以协商全包价格,限制成本超支和成本超支保证金。对承担风险的协议需要经过司法审查。奥地利最高法院裁决,如果风险要在当事人之间分担,那么风险必须是可预见的。在一份1996年的判决(No. 7 Ob 2382/96m)中,奥地利最高法院认为当合同生效时泥土已经被污染了,因此可以预见会随之出现大规模成本超支的情况。该判决基于的事实是合同已经约定承包商获得专家关于泥土的意见,意味着根据在项目中挖掘的土方的知识,泥土污染的数量是可预见的。奥地利最高法院并没有强调专家的意见中没有污染的区域。当事人通常会协商固定价格。根据标准格式合同,固定价格意味着承包商不能因为建筑材料价格的上涨而改变最初的价格,除非因不明确或误导性的信息而导致额外的需求。

当事人通常会约定合同必须以书面的形式更改。ÖNORM标准格式合同中也有相似的规定。由于奥地利法律没有要求书面建设合同,不成文合同的更改可以以口头或书面的形式进行。因此,书面形式的更改被默认为是承认另一方提出的更改。为了避免建设合同内容的纠纷,实践上要求采用书面合同的形式。由于书面合同可以由口头协议修改,判断合同一方是否做出该修改时会产生事实争议。

ÖNORM标准格式合同的当事人需要指定联系人。联系人须为经授权的代表,标准合同规定由联系人来约束他们所代表的当事人。根据代表的一般规则,如果公司员工陈述其被授权行为,奥地利合同法保护代表权利的真实性,除非被代表人向合同当事人做出相反的表示(例如,向对方当事人提出代理人权利受到限制)。

如果委托人的指示或材料不符合建筑的要求,承包商有义务告知委托人(《1812年奥地利民法典》第1168a条)。ÖNORM标准合同规定承包商有义务审慎检查所有委托人提供的材料、规划和建筑信息。如果无视合同警告义务,委托人有权提起赔偿。如果成本与建设项目的价值或价格不成比例,那么合同警告内容通常不包括繁重或昂贵的技术研究。因此,如果承包商不知道建筑或材料的缺陷,而不得不进行繁重或昂贵的技术研究来获知此缺陷,则无须因未尽到警告义务而担责。

ÖNORM B 2110将合同违约责任限制在合同金额的5%,当事人可以约定更高的违约金。根据奥地利程序法(不属法律选择),法官可斟酌决定减少违约金。法官拥有决定减少违约金的权利。另外,如果当事人约定合同违约金后,就不能再依据奥地利侵权法关于疏忽或过失的赔偿的一般规定而另行索要赔偿。因此,违约金只能是固定费率的赔偿金额。

二、土地所有权

土地所有权通常指建造在该土地上的所有建筑物的所有权。

附于土地者的部分(Superficies solo cedit)。如果一个人在他人的土地上建造了建筑物,该建筑物属于土地所有人。建造者有权得到赔偿。该规定的例外是当土地所有人不诚实作为时。如果土地所有人因为建造者相信他才同意把建筑物建造在某块土地上,那么这位并不诚实的土地所有人不能引用上述规定,建造者将成为该建筑物所在土地的所有人。该不诚实的土地所有人有权得到赔偿。实践中,在他人土地上建造建筑物通常发生在邻里之间,靠近邻居土地的建筑及土地的界限并不容易区分。

"附于土地者的部分"规则的例外例子包括出租土地上的临时建筑(Superädifikat)以及建筑权(Baurecht)。建筑权是使用土地的一种权利。另外,建筑权明确了即使使用者不是土地所有人,该建筑权也可以被转让和继承。它的期限由土地所有人和使用者协商的建筑权合同规定,期限不得少于十年并不得超过一百年。拥有建筑权的当事人每年向土地所有人支付费用。建筑权在奥地利土地登记处(Grundbuch)登记,年费也需要在登记处登记。

建筑权由《1812年奥地利民法典》一部特别法案——《1990年奥地利建筑权法案》(Baurechtsgesetz 1990)规定。如果合同规定建筑权生效,那么使用者成为建造在土地上的建筑的所有人。建筑权期限届满,使用者需要移除建筑,除非与土地所有人有另外的协商。如果没有另外的协商,拥有建筑权的一方当事人应归还原先建造建筑物的土地。除了建筑权,临时建筑不需要在奥地利土地登记处登记,但相关协议可以在土地登记附录(Urkundenkartei)中查阅。因此,临时建筑所有权的法律确定性并不明确。法律意见的作者或法律专家关于该建筑的法律地位各有阐述。

奥地利土地登记处负责登记奥地利大多数不动产的信息。该信息可以通过网上查阅,信息内容包括:(1)土地区块(面积、种类,例如农地或建筑用地等);(2)土地所有人获得土地的方式;(3)进行审批已登记抵押或其他负担(役权等)。申请查阅相关土地应递交至相应地区法院进行审批。登记是土地转让的必要条件。只有在少数情况下(如继承),土地所有权才可以未经登记而转让。鉴于此,转让款先转至公证人或律师的托管账户中。公证人/律师作为所有当事人(包括银行)的第三方代理,负责将交易在登记处登记。签署文书之后,买方将款项转至托管代理人。一旦托管代理人确认买方将成为土地所有人并在相应地区法院登记后,托管代理人将款项转至卖方的银行账户。土地登记处由土地所在地的地区法院负责运行。通常会有接受过特别培训的人员供职于土地登记处,但在一些情况下只有一名法官有资格做出决定。从奥地利君主国时期沿用至今的奥地利土地登记制度,最近因应数字化和电子申请的要求,经历了很多变化,但其仍是管理奥地利土地使用权和登记土地运作的良好制度。

奥地利 9 个联邦州各自实行不动产交易法。这些法律规定外国人在奥地利购买不动产时,欧盟成员国公民与奥地利公民享有相同待遇。奥地利不动产交易法对于住所在欧盟外的法人有限制。如果需要确立企业的国家地位,一些奥地利不动产交易法规定受益所有人需要进行测试。

除了有关财产法(Sachenrechte)事务的法律问题外,当事人都可以选择适用的法律。因此,根据不动产销售合同,外国法可以被选择用来解决合同事项(救济、购买款项支付、托管代理人责任等),但对土地所有人的争议只能适用奥地利法。相似的规定在《1978 年奥地利国际私法法案》(Internationales Privatrechtsgesetz 1978)第 32 条关于不动产标的物所在地法(lex rei sitae)的规则中进行了总结。

三、公　法

除了承包商合同的规定,还有更专门、详细的行政法管理建筑法律。每个联邦州都实施了自己的建筑法令(Bauordnung)。建筑法令包括:(1)获得建筑许可的规定(包括翻新或轻微建设的简易程序);(2)邻居的参与和授权规定;(3)公法上关于建筑和建筑管理的规定,例如建造期限、监督、建筑噪音、建筑材料及废弃物处理。

除了建筑许可,大型建设工程还需要提交环境影响报告(Umweltverträglichkeitsprüfung-UVP)。《2000 年奥地利环境影响报告法案》(Umweltverträglichkeitsprüfungs-Gesetz 2000)是基于《欧盟特定公共和私人项目对环境的影响报告指令》(最新版本为 2011/92/EU)制定的。环境影响报告只在下列工程中是强制的:(1)废弃物管理;(2)能源;(3)基础设施;(4)矿业;(5)水资源管理;(6)农业和林业;(7)超过一定门槛的工业。只有在这些工程中才必须提交环境影响报告。因此,大型工程项目通常需要向有权机关提交相关申请来启动环境影响报告程序。一旦有权机关开始做出环境影响报告,它会评估所有适用于该工程的规定。因此,其覆盖所有相关环境授权。当事人可就不发放许可的决定向行政法院提出上诉。另外,其他当事人,特别是利益团体和相邻社区有权就发放许可的决定提出上诉。

四、工程融资

建设项目主要通过银行长期贷款融资。典型的是,银行受在土地登记处登记的不动产的一级留置权保障。另外,根据融资金额的大小,在贷款和保证文书中还可约定其他担保品。权利的归属和授权(例如"买卖不破租赁")可以作为从属担保。贷款随着工程的进度、一般承包商或独立技术专家的报告发放。

在很多情况下,大型公司会设立特别目标载体来完成一项工程。如果这些特别目标载体为了其他特别目标载体或母公司的利益而交付抵押或保证金等担保,这时就应特别注意。一般来说,这种在一个集体公司内部的交叉融资行为属于向母公司的违法偿还。这种情况下,银行会拒绝接收这种担保,因为在银行需要使用这种担保时奥地利法院可能会裁决担保无效。禁止偿还规则由奥地利公司和合伙法律规定,但住址不在奥地利的法人不受该规则限制。

五、奥地利公私合营

在 2012 年,奥地利修改了内部稳定条约并进一步实施了欧盟财政政策。《2012 年稳定条约》(Stabilitätspakt 2012)是奥地利联邦、联邦各州及奥地利自治市(由自治市协会和城镇协会代表)之间订立的协议。《2012 年稳定条约》的改革意在通过实施全国、联邦和自治市层面的立法,以设定新的和永久的赤字"天花板"来控制支出并加强财政纪律。

所有公共投资者必须符合《2012 年稳定条约》规定的标准,这些标准基于马斯特里赫特标准(《1992 年马斯特里赫特条约》)及在 1997 年创立的稳定和发展条约标准(欧洲委员会关于稳定和发展条约的决议),并在 2012 年和 2013

年经历了六方和双方修订。同时,财政紧缩措施(同时被称为《经济和货币联盟稳定、合作和治理条约》)对国家预算的统一设定了额外的标准。因此,需要有其他方式来为公共工程融资。由于由社区申请贷款或为公有实体提供保证金来建造新的公共建筑(例如,出于管理或公共卫生服务的目的)可能违反《2012年稳定条约》,就产生了另外一种方式——公私合营。私人投资者出于既定目的建造公共建筑,社区同意在未来几十年租用该建筑。社区依据租约支付款项,而不是依据马斯特里赫特标准的信用支付。为了符合马斯特里赫特标准的资格,该建筑(或工程相关的基础设施)必须归属私人投资者。这意味着私人投资者必须承担建设风险、违约/信贷风险及需求风险。由于《2012年稳定条约》的修订及在欧盟层面的发展,公私合营为国内外投资者提供了巨大的投资机会。

奥地利没有特别生效的公私合营法律。公私合营这一术语也没有法律上的定义。一般来说,这一术语指公权力机关或公有实体(例如,奥地利公路运营融资提供商 ASFINAG;奥地利联邦不动产公司 BIG)和为保障、资助、建设、翻新、管理和/或维护与服务提供有关的基础设施的企业[例如《公私合营、公共合同和承认社区法绿皮书》《欧洲委员会通讯 COM(2004)327 Final》]的合作。一般允许基础设施由私人投资者融资、建造、管理或维护。管理者和企业(私人法律实体或个人)合作来承担风险。根据奥地利采购法(参见《2006年奥地利联邦采购法案》,即 Bundesvergabegesetz 2006)的相关规定,外国人也可以投标参与管理者和私人法律实体或个人的合作。除了相关采购法的规定,还应注意公务员的法定能力。

一般来说,奥地利联邦、联邦各州和奥地利自治市完全有能力以与私人法律实体相同的方式来进行交易(参见《奥地利联邦宪法法案》第17条和《1812年奥地利民法典》第26条)。然而,他们必须遵守适用的法律规定。特别是对于自治市来说,联邦各州的权力机关的同意是必需的。在自治市中,市长一般是法定代表人,奥地利联邦各州的法律条文预见到了市政委员会的参与。由于不同的法律规定及组织机构,在此不能提供更详细的对政府组织代表的适用规则的分析。即使没有公私合营的规定,任何政府机构也都能够进行这种交易。

到目前为止,奥地利没有发生任何影响公私合营框架基础设施建设的征收案例。对有形财产的征收,特别是不动产,不管所有人的国籍是什么,都被认为是在一定条件下侵犯财产权利的行为。根据奥地利法律体系和欧盟立法(参见《奥地利宪法法院裁决》14.03.2012,U 466/11 等)授予的基本权利,只有在为满足公共需要的情况下才允许征收。关于基本权利的诉讼最终会递交至奥地利宪法法院。由于受征收影响的人有权要求赔偿,有形财产的征收程序事实上类似于强制购买程序。

六、外商投资建设的限制

除了根据《2011年奥地利对外贸易法案》第25a条的规定外,对基础设施建设的外商投资是没有限制的。《2011年奥地利对外贸易法案》第25a条规定了一些投资的审批要求。然而,这些审批要求只适用于住址既不在欧盟也不在欧洲经济区或瑞士的企业。审批要求只适用于《欧盟运作条约》第52条和第65条规定的公共政策和公共安全领域的投资。在这方面,《2011年奥地利对外贸易法案》第25a条列举了内外部安全和公共秩序的例子,包括总体利益和预防危机的基础设施。

在内外安全方面,奥地利法律对防御设备行业和私人安全服务进行认定。公共秩序和安全包括能源和水供应、电信、交通、教育和卫生基础设施。此外,投资指收购公司或股份。这使得参加基础设施建设的公司的结构选择成为一个值得注意的问题。

《2011年奥地利对外贸易法案》第25a条不包括作为分包商为欧盟投资者公私合营高速公路建设提供服务的内容。然而,如果相关公司属于合资企业(例如,设立特别目标载体)并建造、部分拥有或运营该高速公路,且投资者获得特别目标载体中的相关股份,那么就要通过审批。只要这个特别目标载体位于欧盟、欧洲经济区或者瑞士,投资者就可以申请审批。为了避免越权审批,只有奥地利科学、研究和经济部才有权启动审批程序。如果外国企业开展项目,而后由投资者运营由该企业建造的高速公路,《2011年奥地利对外贸易法案》第25a条将不适用于这种情况,因为没有发生收购企业或股份的事实。所以,《2011年奥地利对外贸易法案》第25a条并不是对参与公私合营和建设工程的限制,而是保护那些有重要战略意义的公司免受股份被收购的命运。

七、税　务

奥地利不动产过户需要交纳成交价3.5%的过户税。另外,还需要交纳成交价 1.1% 的登记费。如果是抵押登记，需交纳登记数额 1.2% 的额外费用。通常，托管代理人通过自我评估声明计算并收取税费。由于不动产过户税的存在，实践中通常以股份交易（特别是用合伙中的股份）来使交易成本最小化。

八、小　结

　　奥地利的建设立法非常分散。私法用来管理负责人和承包商以及可能受影响的邻居的关系。在奥地利人口密集的地区，经常发生与建筑工程有关的禁止建造、寻求禁令、非法侵入等事件。公法用来管理建筑许可的获得和环境影响报告的开展。邻居或其他个人可以从这些法律程序中获得救济。因此，大型工程的开展需要事先与邻居或利益团体进行合作与沟通。

　　对外商投资的限制非常少。尤其是公私合营对外国投资者开放。奥地利联邦各州的不动产交易法设定了一些限制，但这些限制不适用于欧盟境内的人士。

第六章　与劳工管理和待遇有关的法律

奥地利劳工立法适用于交易和关系,这种关系一方面是与完成工作和服务有关的责任,另一方面是支付工资的义务。为了区分适用劳工立法的劳动关系和不适用劳工立法的服务关系,需要采用员工或服务提供者的个人依赖性标准。员工依靠自身提供服务(普通法里的服务合同),而服务提供者不这样做(普通法里的为服务而拟定的合同)。根据奥地利劳工立法,个人依赖性有以下特征:

(1)员工在雇主的组织内(雇主决定工作的时间、地点,员工使用雇主的设备完成工作,等等);

(2)员工服从雇主的指示;

(3)员工必须亲自提供服务,不得让代表来完成工作;

(4)雇主有权监督员工的工作。

奥地利法院会考量整体拟定的协议,以决定是否适用劳工立法。因此,如果没有适用标准,也可以确认个人依赖性,例如,员工没有收到指令或使用自己的设备提供服务。在实践中,法院需要根据实际合同关系来决定。如果实际上的关系是另一种性质,合同的行文和当事人的协议均不是决定因素。劳工合同可以以口头、书面或任何其他方式订立。当完成工作或服务时,劳工关系是否建立是首先应确定的事项。

劳工和服务协议的区别对于社保和税务法律关系的建立也十分重要。如果法院发现雇主和员工的合同属于劳动合同,即使雇主与员工签订服务合同,雇主也需要交纳社保份额和劳工合同税。在某些情况下,雇主故意签订服务合同并继而不交社保份额将受到罚款。

自由职业者合同不属于劳动合同。如果自由职业者独自提供服务,他们不属于员工,就像订立服务提供者和消费者订立的服务合同一样。与服务提供者相反,自由职业者必须在社保管理处登记。自由职业者成为奥地利劳动商会(见下文)成员并与员工一样有社会保障金。事实上,劳动法确实适用于自由职业者,但仅在很有限的范围内适用。

一、集体和个人劳动法

奥地利劳动法可以分为集体劳动法和个人劳动法。

集体劳动法。集体劳动法处理行业关系,这意味着它要平衡和管理雇主和员工之间的关系。

集体劳动法最重要的法律是《1973 年奥地利劳动宪法法案》(Arbeitsverfassungsgesetz 1973),其包括以下规定:

(1)集体谈判(订立集体谈判协议、集体谈判协议的效力);

(2)公司协议、员工代表(员工委员会、员工大会、员工委员会资金);

(3)员工委员会选举;

(4)企业/企业集体员工的权利(员工的社会福利、个人事项、企业商业决策的参与);

(5)对员工代表的保护和其权利(员工委员会);

(6)集体劳动事务中纠纷解决的特别规定。

大型企业的员工对于企业的重大决策可以施加额外的影响。根据《奥地利劳动宪法法案》的内容,员工委员会可以派代表进入监事会。奥地利公司法规定在股份公司中必须设立监事会。如果没有监事会(例如不设监事会的有限责任公司),代表不能进入其他公司机构。

股份公司中的监事会行使监督职责,而公司的管理由执行董事或董事会负责。管理层独立行使职责,监事会有权选举经理,但无权决定属于经理自主权的事项。监事会中的员工代表享有不受限投票权并占据不超过监事会三分之一的席位。因此,员工对于管理层的选举具有影响。另外,重大决策,例如关闭工厂或对员工有直接影响的决策,可能会遭到否决。大型企业里可以行使否决权,否决权的行使会启动《1973 年奥地利劳动宪法法案》的特别程序,由独立行业委员会决定进一步的措施。员工委员会在特定情况下对员工的解雇行使决定权。可以说,员工委员会在中大型企业中发挥了重要的作用。

个人劳动法。个人劳动法是规定个人劳动者及其同雇主之间的关系的雇佣合同法。

二、集体谈判协议和公司协议

集体谈判协议适用于几乎所有的奥地利雇主和劳动者。不同行业和从事服务的雇主和劳动者代表协商协议的内容并制定全国范围内的最低雇佣标准。雇主加入奥地利商会,而雇员则加入奥地利劳动商会。对企业和劳动者来说,加入商会是强制要求的。商会的结构在一定程度上对不同行业来说都是至关重要的,集体谈判协议在这些行业中生效。

即使劳动者被不属于商会的企业聘用,集体谈判协议的效力仍对该劳动者有效。由于集体谈判协议的重要性,国家的政策倾向于减少这方面的纠纷,使过去几十年中形成了员工和雇主代表合作的文化,从而维持了国家极低的罢工率。

集体谈判协议包含了比当前立法更优惠的条件。此外,基于企业的协议(集体企业协议)包含比现有立法及其他集体谈判协议更优惠的条件,因此排在集体谈判协议之后。然而,集体谈判协议通常约定最低工资标准,因此工资谈判通常是每年更优惠协议谈判的核心。集体谈判协议约定的权利和义务的执行和法定或合同权利规定是一致的。集体企业协议由企业员工代表和企业管理层协商拟定。该协议必须适用于企业的员工。通常,集体企业协议会关注员工的额外福利,但也有相当大部分的集体企业协议单方面规定了企业事项,如信息保密和企业电子邮箱账户的使用。

三、机构和协会

社会合伙。社会合伙制度(Sozialpartnerschaft)是奥地利劳动法的独创。一些政治评论员认为"社会合伙人"对奥地利政坛决策施加的影响比政府还大,这是因为社会合伙人具有强大的个人非正式网络以及他们与奥地利主要政党的联系。

《奥地利联邦宪法法案》(Bundes-Verfassungsgesetz)第 120a 条是关于社会合伙制度的规定。社会合伙人包括奥地利工会(Österreichischer Gewerkschafts-bund ÖGB)、奥地利劳动商会(Arbeiterkammer AK)、奥地利商会(Wirtschaftska-mmer WKÖ)和奥地利农业商会(Landwirtschaftskammer)。

奥地利法律强制要求所有劳动者和自由职业者加入奥地利劳动商会,而加入其他工会是自愿的。对于雇主来说,加入奥地利商会和/或奥地利农业商会都是强制的。

奥地利劳动商会、奥地利商会和奥地利农业商会是由公法管理的组织,其依据各自联邦法律成立和运营。社会合伙的框架形成集体谈判协议协商和再协商的基础,特别是每年修改的最低工资标准。除了这些,商会还会提供一系列服务,包括为成员提供法律援助,并积极开展立法草拟和游说。奥地利劳动商会特别关注劳动案件中劳动者的法律援助规定。

劳动和社会法院。奥地利劳动和社会法院有权依据《1985 年奥地利劳动和社会法院法案》(Arbeits-und Sozialgerichtsgesetz)处理劳动和社会安全纠纷。该法院设立在维也纳。在奥地利的其他地区,普通民事法院行使劳动和社会法院的职能。奥地利劳动和社会法院的特别之处在于法官的构成。除非纠纷由一名法官裁决,否则合议庭由一名职业法官和两名非职业法官组成,两名非职业法官分别来自雇主业界和劳动者业界。

奥地利公共雇佣服务。奥地利公共雇佣服务(Arbeitsmarktservice-AMS)是根据《1994 年奥地利公共雇佣服务法案》(Arbeitsmarktservicegesetz 1994)成立并运营的。奥地利公共雇佣服务是由公法管理的机构,它受就业、社会事务和消费者保护部委托,致力于预防和消除奥地利的失业情况。奥地利公共雇佣服务负责:(1)行使积极的劳工市场措施,如提供信息和咨询,安置和帮助求职者和雇主;(2)提供和组织(职业的)培训项目来增强求职者的技能;(3)根据《1975 年奥地利外国人就业法案》(Ausländerbeschäftigungsgesetz 1975)决定外国人在奥地利劳工市场的准入问题;(4)根据《1977 年奥地利失业保险法案》(Arbeitslosenversicherungsgesetz 1977)确定失业保险金并支付。

此外,奥地利公共雇佣服务是奥地利政府劳工市场相关事务的咨询机关,进行日常案例研究和调查。一旦符合标准,失业者将获得失业保险金。对失业保险金的上诉首先应向奥地利公共雇佣服务机构提出,经内部复核程序后再提交相关行政法院。

权力部门。奥地利就业、社会事务和消费者保护部是联邦层面执行与劳动市场相关法律的权力机关。其劳动市场部设定政策目标,批准奥地利公共雇佣服务通过的关于经济事务的决议,监督奥地利公共雇佣服务并依法做出指引。奥地利就业、社会事务和消费者保护部的战略目标被写入《2020 年欧洲智能、可持续和包容性经济战略》,该战略是欧盟成员国就业政策的指南。

工会。奥地利工会及其上级组织 ÖGB 以登记机构(Vereine)的形式成立。ÖGB 由 7 个细分行业组成,分别是:(1)受薪的私营部门员工工会和印刷工人、记者和研究人员工会;(2)公共服务工会;(3)市政雇员、艺术、媒体、体育和自由工作者工会;(4)建筑和木材工人工会;(5)交通和服务工会;(6)邮政和电信工人工会;(7)生产工人工会。细分行业进一步分成独立小组,如在交通和服务工会中分为"服务""铁路""卫生""社会服务"及其他小组。员工代表在行业层面的活动,如在集体谈判协议中的涨薪谈判,多数情况下由工会行使。

四、企业转让

在企业所有权转让的情况下,依据法律的内容,新的所有权人继续持有转让时的雇佣关系所产生的权利义务。上述原则有更详细的法律规定,体现在《1993 年奥地利管理雇佣合同法修订法案》(Arbeitsvertragsrechtsanpassungsgesetz 1993)中。该法案第 3 节是企业、事业和运营机构的转让规定。上述企业转让规定基于《欧盟委员会关于成员国保障员工在企业或公司的部分转让时的权利法律统一指令 77/187/EEC》,该指令后来由欧盟指令 2001/23/EC 作了修订。在破产的情况下,雇佣关系不再存在。因此,如果企业因清算而被收购,上述规则将不适用。除非清算程序已经开始,否则被转让的企业、事业和运营机构的员工有权向新的所有人请求支付工资。然而,如果员工能够证明适用集体谈判协议或退休金承诺书的变更对其产生不利影响,就可以对转让提出抗辩并离开企业。一般来说,只要雇主遵守劳动合同终止的日期和期间通知,就可以无条件终止劳动合同(见下文),但在企业、事业或运营机构转让的情况下,雇主不得以此终止劳动关系。如果雇主想要在临近转让日期前终止劳动关系,则必须证明合同是出于其他原因终止的。

五、个人就业权利

奥地利劳动法旨在保护劳动者,因为劳动者通常在谈判中处于弱势地位。因此,雇佣合同或集体协议中对劳动者不利的条款是无效的。当事人只能在协议中约定对劳动者有利的条件。如果对雇佣合同有争议的,奥地利社会和劳动法院应审查合同条款并比较集体谈判协议中条款的效力和立法的区别,从而来评估协议中的条款是否对劳动者不利并因此判断其是否是无效的。

受薪员工和工人的区别。奥地利劳动法区分受薪员工和工人。通常将他们分为工人（蓝领）和受薪员工（白领）。一般来说，受薪工作指办公室工作或商业、非商业性质的活动，这些活动更复杂并需要特别的经验、教育或培训。其他活动则属于支付工资的工作。

根据工人或受薪员工合同的不同，他们将适用不同的法律。工人适用《1859年奥地利贸易法案》（Gewerbeordnung 1859），而受薪员工适用《1921年奥地利受薪员工法案》。一些立法同时适用于二者。

这两种劳动者适用不同的集体谈判协议薪水表。另外，对强制休假、雇佣和解雇以及其他劳动法规定的元素也适用不同的法律。立法者从长期来看不断调整适用于两种劳动者的规定，而不是超越二者的传统范围。根据雇主的选择，工人可以获得与受薪员工相同的待遇，享受适用于受薪员工的更优惠的法律规定。相反，雇主不能将受薪员工视作工人。因此，对受薪员工适用《1921年奥地利受薪员工法案》是强制性的。《1921年奥地利受薪员工法案》包含了关于解雇和终止雇佣合同、休假、带薪病假以及竞业禁止等规定。

《1812年奥地利民法典》包含了关于雇佣合同的规定。特别是劳动法以民法典的规定作为先例。

根据《1921年奥地利受薪员工法案》的内容，如果受薪员工非自身过错而出于健康原因被禁止从事工作，雇主仍应支付薪水。根据《1974年奥地利继续支付工资法案》（Entgeltfortzahlungsgesetz 1974）的内容，工人享有类似的权利。《1921年奥地利受薪员工法案》规定了终止雇佣合同的日期和通知时间。如果解雇劳动者没有遵守法定日期和通知时间，劳动者有权要求赔偿。根据《1859年奥地利贸易法案》和《1812年奥地利民法典》，工人也享有类似权利。

然而，这些规则规定了较短的通知期限，而且没有指定日期。虽然如此，根据集体谈判协议，大多数支付工资的劳动者适用更优惠的规定。

一般来说，只要遵守终止合同的日期和通知时间，无固定期限的劳动合同可以无条件终止。然而，如果发生特别严重的事件（参见下文《1859年奥地利贸易法案》的例子），即使没有遵守终止合同的日期和通知时间，无固定期限劳动合同也可能被终止。固定期限劳动合同需因合同到期而终止，且不允许提早解约，除非发生了特别严重的事件。

一般来说，根据适用于受薪员工的《1921年奥地利受薪员工法案》和适用于支付劳动者工资的《1859年奥地利贸易法案》，如果劳动者的行为使雇主和劳动者的合作在雇主看来是不可接受的（例如，盗窃设备或材料），则在没有提前通知的情况下可以单方面终止合同。《1859年奥地利贸易法案》穷尽列举了不可接受行为：

(1)提交错误或伪造的文档来获得雇用，误导雇主工作关系；

(2)永久失去完成工作的行为能力；

(3)经雇主警告后，仍在工作期间喝酒或吸毒；

(4)犯有（行政）刑法禁止的盗窃、盗用或其他行为，伤害雇主对员工的信任；

(5)披露机密信息；

(6)参与损害雇主利益的第二职业（例如，工人因第二职业而筋疲力尽，第二职业与雇主的业务有竞争关系）；

(7)未经允许离开工作场所或反复无视雇佣合同约定的责任（实质上的并可以入罪的）；

(8)诱骗其他工人或同居者进行违法或不道德行为；

(9)侵犯雇主或同居者的尊严，造成雇主或同居者受伤，或者对雇主或同居者造成刑法上的威胁；

(10)经雇主警告后，仍不当使用火种；

(11)被处以超过两周的监禁。

出于上述原因解雇的，或因《1921年奥地利受薪员工法案》的规定而解雇的，必须立即宣布。《1921年奥地利受薪员工法案》规定了立即终止雇佣合同的理由：

(1)不忠诚行为；

(2)永久失去完成工作的行为能力；

(3)与雇主竞争（自雇或为竞争对手工作）；

(4)拒绝完成约定的工作，服从雇主的指引或歪曲其他员工对雇主的指引的理解；

(5)缺席（除生病外的原因）或被处以监禁导致不能完成约定的工作；

(6)侵犯雇主或同居者的尊严，或者造成雇主或同居者受伤。

如果雇主没有立即宣布终止雇佣合同，劳动者可以推定他的行为不足以使雇主终止劳动合同。由于申请《1859年奥地利贸易法案》和《1921年奥地利受薪员工法案》规定的提前终止劳动合同的历史悠久，奥地利法院已经建立了一套非常完善的提前终止劳动合同的案例库。

奥地利劳动法有关于离职金支付的规定。在20世纪90年代末，离职金支付制度发生了重大改革。在2002年12月31日前开始劳动关系的劳动者适用旧的离职金支付制度,而在此日期之后的劳动者将适用新的制度。

旧制度规定只要劳动者非自愿离职或因不当行为遭到立即解职的,雇主就应支付离职金。离职金的数额根据雇佣关系的时间和雇佣关系最后一个月的薪水或工资来计算。

新制度规定离职金的数额根据雇主依照《2002年奥地利劳动者和自雇劳动者收入规定法案》(Betriebliches Mitarbeiter und Selbständigenvorsorgegesetz 2002)缴纳的离职基金计算。雇主应缴纳劳动者月薪或工资的1.35%作为离职基金。《2002年奥地利劳动者和自雇劳动者收入规定法案》的适用主体在2008年进一步包括了自由职业者。

六、反歧视

性别、种族、种族本源、宗教信仰、年龄或性取向歧视在奥地利是严厉禁止的。这些歧视在《2004年奥地利公平对待法案》(Gleichbehandlungsgesetz 2004)中有详细列举,该法案禁止直接或间接歧视。对其他方面的歧视(如居住地)并没有在法案中规定。然而,对这些方面的歧视可以被视为间接歧视(例如,如果只有全职员工才能获得某种利益,但几乎所有兼职员工都是女性,那么就可以推定其为间接歧视)。

《2004年奥地利公平对待法案》关注劳动关系中的公平对待问题。它特别适用于:(1)进入劳动关系;(2)报酬;(3)培训;(4)职业发展。

违反《2004年奥地利公平对待法案》的雇主应向其雇员赔偿损失(直接或间接)并创建非歧视环境。如果劳动者出于前述原因遭到解雇,那么即使一般来说无须理由的解雇也可以移送至相关的劳动和社会法院进行复核。为了确保男女同工同酬,《2004年奥地利公平对待法案》要求雇主根据薪水或工资分组录入男女员工的人数。然而,对员工的个人报酬不应公布,只需供员工代表查阅。另外,工作机会应表明拟定报酬并采用性别中立的方法。奥地利在过去15年对法律进行了多次修订,以避免歧视。在欧盟层面,这方面也有相应的发展并产生了巨大的成效。

性骚扰也属于歧视,受害者可以请求赔偿并得到更好的保护。

根据《2005年奥地利联邦残疾人平等机会法案》(Bundes-Behindertengleichstellungs-gesetz 2005)的内容,残疾人不应受歧视。残疾人也可以请求赔偿。然而,向法院提起诉讼需要先向劳动、社会事务和消费者保护部的和解委员会提出纠纷解决程序(Schlichtungsverfahren)。

七、外国人就业

欧盟成员国公民可以自由进入奥地利劳动市场。同样的,挪威、冰岛和列支敦士登(欧洲经济区国家)公民也可以不经特别授权就在奥地利就业。虽然奥地利自由对待欧盟和欧洲经济区成员国公民,但其他外国人需要根据严格的条件申请授权。

《1975 年奥地利外国人就业法案》(Ausländerbeschäftigungsgesetz 1975)规定了外国人进入奥地利劳动市场的事项。外国人申请进入奥地利劳动市场需要通过测试,该测试规定外国人只能因奥地利公民或居住在奥地利的外国人无法填补该职位空缺时,才能被雇用。

奥地利公共雇佣服务负责组织劳动市场测试,该测试适用于除由未进入劳动关系的独立外国实体或个人提供服务外的所有劳动关系中。

外国人可以申请以熟练工人身份进入劳动市场并获得"红白红卡"。该项许可是为了向熟练工人提供一项新的移民计划,并由资质、语言能力、国外工作经验、年龄、合适的职位和最低报酬组成的分数系统组成。

劳动、社会事务和消费者保护部根据旅游和农业的季节需求对临时外国工人的就业设定限额。

八、社会保障体系和法律

奥地利社保体系包括退休金保险、医疗保险和工伤保险。该系统独立于政府运行,但与奥地利卫生部和奥地利劳动、社会事务和消费者保护部进行合作。《1955 年奥地利一般社会保险法案》(Allgemeines Sozialversicherungsgesetz 1955-ASVG)涵盖以下三大支柱内容:退休金、医疗和工伤。向奥地利社保系统缴纳公积金是强制的。亲戚通常以非缴纳公积金的形式得到保障。下文阐述奥地利社保体系的三大支柱和失业保险制度,还有雇主和劳动者的相关重要问题。公务员一般由专门立法保障。

(一)退休金、失业和其他保险

退休金保险制度。奥地利退休金保险制度旨在为待业劳动者提供帮助。它主要由获得个人报酬权的劳动者缴纳的公积金组成,联邦预算也会向其注入资金(在 2014 年占据退休金保险制度 22.8% 的比例)。退休金保险是强制性的。它还保障那些依赖劳动者生存的人(寡妇、孤儿等)。由于之前奥地利的女性就业率很低,所以退休金保险的大部分用于支持依赖劳动者生存的人。目前的法定退休年龄是男性 65 周岁、女性 60 周岁。在 2024 至 2033 年间女性的退休年龄将逐步提高至男性的水平。从 62 周岁起可以提前退休,但每年提前退休的比例减少 5.1%。对于重体力或脑力工作劳动者、有长期保险记录的人士,减少的比例可以降低。在 2014 年,奥地利对 2005 年 1 月 1 日生效的退休金计算方式进行了修改,使其成为一个最初信用账户系统,在新系统中每个劳动者的退休金请求数额将基于其所缴纳的公积金而定。退休金的数额主要由保险期数、评估标准等级、退休年龄和在特定情况下联邦预算的补充支付决定。对于生育津贴、军事或公务服务、失业或疾病的补贴,由公共资金缴纳公积金。另外,《1990 年职业退休金法案》(Betriebspensionsgesetz 1990)允许雇主自愿缴纳法定退休金。

无能力者退休金。对于限制行为能力或无行为能力者,不同的社会保障制度可以填补工作收入。法定退休金保险计划提供现金支持,被称为无能力者退休金(Invaliditätspensionen)。如果无行为能力者因工受伤或染病,在工作以外,其保险计划也会提供现金支持。上述现金支持还有其他社会和职业康复措施补充。

如果蓝领工人的工作能力受到超过相同训练或技能的健康工人一半的减损,那么他们将被视为无能力工作者。根据非熟练工人之前的工作经验,劳工市场会提供给他们能够接受的有偿工种,而熟练或半熟练工人可享受与职业相关的保护。

如果白领劳动者的工作能力受到超过相同训练或技能的健康工人一半的减损,那么他们将被视为无能力工作者。只有相同种类的工种才会安排给受薪员工。

无能力工作者的退休金根据获得保险月份数、评估基础等级和退休年龄决定。如果退休金接收者的健康状况明显好转,无能力者退休金可以被撤销。在 2014 年,无能力者退休金只发放给 1964 年 1 月 2 日前出生的人。其他劳动者可以申请康复和再培训措施提供的相似福利。因此立法者鼓励继续就业，这主要通过废除长期福利并支持临时福利来实现。

失业保险。奥地利法律规定强制性失业保险，自雇工作者可以自愿加入失业保险。在失业的情况下，被保险人如果(1)有相关最低保险期间；(2)有能力工作；(3)有意愿在合适的岗位工作，则有权请求失业保险。

最低保险期间指在首次提出请求的 24 个月前累计缴纳 52 周的公积金。对于年轻成年人来说，最低期间指 12 个月前累计缴纳 26 周公积金，而如果被保险人之前接收过失业保险，则指 12 个月前累计缴纳 28 周公积金或 24 个月前累计缴纳 52 周公积金。失业保险的金额根据之前的收入和工种来计算，一般是前一年度净收入的 55%。

如果失业人士不接受新工作或拒绝进行培训，其失业保险将被取消。新工作必须是合理的，包括符合失业人士的能力且对其寻找之前职业的岗位没有不利影响。在失业后的最初 100 天内，以先前岗位以外的其他职业来代替被视为是不合理的。兼职工作或按日计薪工作计薪时长少于 120 天的工作适用相同的条件。对于 100 天之后的期间，至少支付之前报酬 75% 的其他领域的工作被视为是合理的；代替工作必须是在合理期间内可达成的或提供住宿的；工作场所和工时必须在考虑到照顾孩子后是可接受的。

除了取消失业保险，最低期间可以延长。因被保险人离职或其行为导致劳动合同立即终止而被解雇，其请求失业保险的期间推迟四周。一旦符合最低保险期间，失业保险最长可以发放 20 周。如果被保险人的记录显示更长的公积金缴纳时间(例如，如果被保险人在过去 5 年缴纳了 3 年公积金)，或者如果失业人士参与奥地利公共雇佣服务提供的劳动市场措施(如培训课程)，则失业保险可以得到延长。一旦失业保险到期，将发放 52 周的失业辅助。

失业辅助。失业保险发放给那些缴纳了公积金的被保险人，而失业辅助只发放给需要的人，在发放时会考虑配偶或伴侣的收入。接收失业辅助的人士可以被合理期待接收集体谈判协议约定的低工资职业。接收失业保险或失业辅助的人士有医疗保险保障。

最低收入计划。除了失业保险和失业辅助，奥地利还实行一项最低收入计划。其他规定不会将一个人的现有财产(动产和不动产)纳入考虑，而最低收入计划设定一个最低标准收入的固定费率，并包括现有财产变现。为了杜绝贫穷，每个人都会获得一份最低收入。

破产保护。在雇主破产的情况下，奥地利法律保护劳动者的薪水或工资。破产基金就是出于这个目的而建立的。根据《1977 年奥地利破产支付法案》(Insolvenz-Entgeltsicherungsgesetz 1977)的内容，劳动者应向破产基金缴纳他们净收入的 0.55%。在破产的情况下，劳动者直接从破产基金处获得薪水和工资、离职金、年休和解雇补偿以及请求赔偿和公司退休金，而破产基金会处理劳动者的请求并在清算期间执行这些支付，这项制度在雇主破产时极大地减少了劳动者的顾虑。

(二)医疗保险

奥地利劳动者、失业人士和领取退休金人士被强制要求加入医疗保险。除了劳动者自己，他们的家人同样享有医疗保险福利。学生如果没有被他们父母的职业投保，可以自愿申请加入医疗保险。奥地利强制医疗保险制度由 28 个法定组织构成。

福利主要由保费运营的医院或与保险机构订约的坐班医生提供。一般来说，必要的治疗由保险覆盖，只有少部分保险机构采用少量分摊的方式。医疗保险制度的强制性质不允许自由选择保险提供者。反之，保险机构对劳动者的胜任度由法律规定。医疗福利由所有被保险人平等享有，而公积金则按照他们的收入缴纳。雇主的公积金通过税收缴纳。

劳动者因疾病有权请求现金福利。劳动法(适用于受薪员工的《1921 年奥地利受薪员工法案》和适用于支付工资劳动者的《1974 年继续支付工资法案》)规定劳动者有权在患病期间获得报酬。一旦患病报酬达到支付期限，之后的疾病福利由医疗保险机构继续支付。根据劳动者的保险记录，疾病福利的期限为 6—12 个月。从医疗保险机构请求的最低疾病福利为之前净收入的 50%。

(三)工伤保险

奥地利社保体系的第三大支柱是强制工伤保险。奥地利劳动者赔偿委员会(Allgemeine Unfallversicherungsanstalt, known as AUVA)是法定权益组织，旨在发生意外后避免雇主和劳动者的纠纷及保障劳动者请求支付报酬的权利不因雇主的破产而受侵害。奥地利劳动者赔偿委员会的服务包括按时无限制医疗、工伤或职业病后职业和社会康复(包括工伤或职业病后的财政赔偿)，奥地利劳动者赔偿委员会是超过 340 万劳动者和 140 万学生的工伤保险机构。而且，奥地利劳动者赔偿委员会采取预防措施来避免工伤和职业病并组织培训(例如急救培训)。在这方面，奥地利劳动者赔偿委员会运营了一所意外专科医院并雇用了大约 5600 名员工。

法律规定的奥地利劳动者赔偿委员会保险的工伤指"没有预料到的外部

事件对被保险职业或教育在地点、时间和因果关系上造成伤害"(包括在往返工作场所路上发生的意外)。根据工伤保险的内容,职业病指被保险职业造成的"健康损害"。如果能够证明因工伤亡,《1955 年奥地利一般社会保险法案》也同样适用。

(四) 小 结

奥地利劳动和社会保险体系为劳动者权利提供了强有力的保护,同时保持了合同自由的基本原则(例如,允许雇主无条件终止劳动合同)。该制度的显著特征表现在社会合伙制度中劳动者和雇主的代表(Sozialpartnerschaft)以及集体谈判协议的重要性上。

还应注意到,大部分奥地利劳动法是在 1970 年草拟的,一定程度上仍反映了当时社会主义政府(在前总理 Bruno Kreisky 的领导下)对于劳动者的角色和劳动者共同决定商业决策的基本原则。该制度正面临着过去几十年女性劳动者增多和奥地利人口结构急剧变化的挑战。最近的改革关注寻求方法平衡工作和家庭责任。对于社会保障法,退休金制度改革已经开启,但修订草案仍在讨论当中,因为联邦预算的大部分被用来补充退休金以确保当前的制度顺畅运行。

第七章　环境法

　　环境保护对奥地利非常重要，也是欧洲环境工作的重中之重。奥地利被经济合作发展组织评为在环境立法和实施方面具有领导地位①的国家。奥地利凭借其优美的环境发展旅游业，旅游和休闲产业是奥地利经济的重要支柱（大约占国民生产总值包括间接增值的7%）。奥地利本土和区域环境问题主要包括空气污染（主要在城市）、场地污染及土壤板结。

一、概　述

　　奥地利环境法大部分源自欧洲环境法。大约80%的国内立法起源于欧洲。② 奥地利国内法在环境法中的一些方面直接沿用欧洲法律的规定，仅仅增加了权力机关和辅助条款的规定。欧洲指令需要被移植到国内法中。

　　奥地利并没有一部综合的环境法典。环境法是跨行业事务，需要不同的行政层级共同处理（联邦州、9个省和自治市）。《奥地利联邦宪法法案》中关于在联邦州和9个省分配管理和立法权力的规定参见下文。

---

　　① OECD. OECD Environmental Performance Reviews：Austria 2013. https：//www. oecd. org/env/country-reviews/EPR%20Highlights%20AUSTRIA%202013%20web. pdf. 2016年4月25日访问。

　　② Stefan Scheuer. EU Environmental Policy Handbook. http：//www. eeb. org/? LinkServID＝3E1E422E-AAB4-A68D-221A63343325A81B. 2016年4月25日访问。

（一）国际方面

奥地利自 1995 年起成为欧盟成员国。当时，奥地利已经在很多方面具备比欧盟规定更严格的综合环境法体系。奥地利被批准在为期 4 年的过渡时期保留其高标准，与此同时，欧盟也评估自身的规定是否应采纳奥地利的更高标准。争论的问题之一是运输规定，其仍然是当前争议的焦点。然而，有些比奥地利更高的标准需要在奥地利实施。例如，地表水的硝酸盐和一些空气污染物（例如粉尘、一氧化氮）。在废弃物管理方面，奥地利只需要做出些微的改动。

目前，大约 80% 的环境保护规定源自欧洲。这些规定直接在奥地利适用（例如化学品规定）。然而，大多数欧洲法律条文属于指令，需要移植入国内法（例如水、废物、工业排放、自然保护）。

奥地利已经加入几个环境保护领域的国际条约。比如，奥地利加入了1985 年的《保护臭氧层的维也纳公约》、1987 年的《关于消耗臭氧层物质的蒙特利尔议定书》《联合国气候变化框架公约——京都议定书》（2005 年生效）、《湿地公约》[例如，下列地区最近被添加进湿地列表："Wilder Kaiser"（Tyrol）和"Obere Drau"（Carinthia）]、《华盛顿濒危物种国际贸易公约》《对欧洲野生动物和自然栖息地的保护伯尔尼公约》《联合国打击荒漠化公约》《生物多样性公约》以及《奥胡斯公约》。奥地利已与多个国家（如匈牙利和波兰）①签订双边条约和区域性国际公约，如《可持续利用多瑙河保护合作公约》（《多瑙河保护公约》）和《阿尔卑斯山保护公约》；与周边国家如捷克共和国、匈牙利、斯洛伐克、斯洛文尼亚签订水管理协议。

奥地利加入了欧洲经济区，同时也是世界贸易组织的成员之一。作为欧盟成员，奥地利参与欧盟所有的贸易协定，但没有双边自由贸易协定。世贸组织的法律对环境法和贸易影响重大，大多数这些影响发生在欧洲层面上。作为一个世贸组织成员，欧盟和奥地利受到世界贸易组织贸易协定的约束。当成员们打算采取措施，而这些措施影响它们的条约义务时，它们必须通知世界贸易组织。

---

① Vertrag zwischen der Republik Österreich und der Ungarischen Volksrepublik über die Zusammenarbeit auf dem Gebiet des Umweltschutzes. BGBl Nr. 415/1985 vom 10. Oktober 1985；Vertrag zwischen der Republik Österreich und der Volksrepublik Polen über die Zusammenarbeit auf dem Gebiet des Umweltschutzes.

(二)国家目标和基本权利

在奥地利,环境保护和可持续发展是国家的目标。《2013 年奥地利联邦宪法关于可持续性、动物、全面的环境保护和水、食物的供应及研究保证法案》①包含具有国家目的的政府作为和对解释立法行为义务的授权。欧洲的目标和环境法原则(预防原则、谁污染谁负责原则和高水平保护)也适用于奥地利。尽管奥地利宪法没有规定清洁环境的权利,但一些基本的权利关注的环境问题,如在紧急危险情况下的生命权(《欧洲人权法院》第 2 条、《欧盟基本权利宪章》第 2 条、《欧洲人权法院》第 8 条——尊重私人和家庭生活有排放保护的含义)、对财产的保护[《1867 年公民一般权利的基本法》(Staatsgrundgesetz 1867)第 5 条、《欧洲人权法院》附加议定书第 1 条、《欧盟基本权利宪章》第 17 条]。《欧盟基本权利宪章》第 37 条中包含清洁环境的环境权。它的内容如下:"高水平的环境保护和改善环境质量必须纳入联盟的政策,并确保按照可持续发展的原则进行。"

(三)立法责任

联邦和省政府有制定环境立法的权力。政府在联邦一级负责(独占权力)水保护、采矿、森林、航空、运输及其他规定,例如适用于公司贸易和汽车的法规。各省的独占立法权力包括土壤保护和自然保护,以及污水污泥的处置。

对于一些领域,立法的责任在联邦和省政府之间是分开的,例如废物管理。危险废物由联邦政府监管;其他废物管理事项由省级政府负责,但当需要一致性和统一性的时候联邦立法可以采取措施。事实上,关于废物的许多规定是这样的:大多数废物立法是在联邦层面上制定的,各省只制定了有关城市垃圾的收集和处置的立法及用户收费水平和相关费用的设置。

行政法规在环境立法中起着重要的作用。他们是由行政机关制定的,必须是由立法行为授权的,如行政机关制定行政法规《水法案》。在废物和水立法方面,奥地利联邦农业、林业、环境和水管理部制定了一系列行政条例。

---

① Bundesverfassungsgesetz über die Nachhaltigkeit, den Tierschutz, den umfassenden Umweltschutz, die Sicherstellung der Wasser-und Lebensmittelversorgung und die Forschung 2013.

(四)法律渊源

环境法属于公法领域,但私法和刑法在环境法中起着重要的作用。下文给出了最重要的联邦法律和省法案的概述。

联邦层面的法律:

(1)《2002 年联邦废物管理法案》(Abfallwirtschaftsgesetz 2002),9 个省的《废物管理法案》《废物登记条例》(Abfallverzeichnisverordnung);

(2)《2000 年环境影响评估法案》(Umweltverträglichkeitsprüfungsgesetz 2000);

(3)《1994 年贸易条例》(Gewerbeordnung 1994);

(4)《1991 年公共管理刑法法案》(Verwaltungsstrafgesetz 1991);

(5)《1974 年刑法典》(Strafgesetzbuch 1974);

(6)《1959 年水法案》(Wasserrechtsgesetz 1959);

(7)《1989 年清理场地污染法案》(Altlastensanierungsgesetz 1989);

(8)《1975 年森林法案》(Forstgesetz 1975);

(9)《1997 年化学品法案》(Chemikaliengesetz 1997),《2000 年化学品条例》(Chemikalienverordnung 2000);

(10)《2011 年联邦贸易津贴制度法案》(Emissionszertifikategesetz 2011);

(11)《1997 年空气排放控制法案》(Immissionsschutzgesetz-Luft 1997),《1992 年臭氧法案》(Ozongesetz 1992),《2002 年工业事故条例》(Industrieunfallverordnung 2002);

(12)《1993 年环境信息法案》(Umweltinformationsgesetz 1993);

(13)《1993 年环境补贴法案》(Umweltförderungsgesetz 1993);

(14)《2013 年锅炉设施环境污染法案》(Emissionsschutzgesetz für Kesselanlagen 2013);

(15)《1999 年矿产资源法案》(Mineralrohstoffgesetz 1999);

(16)《2009 年联邦环境责任法案》(Bundes-Umwelthaftungsgesetz 2009),各省环境责任法案。

省层面的法律包括:九部建筑法案;自然保护法;土地使用规划法案;渔业法;环境责任法案。

相关奥地利私法。私法的主要规定在《1812 年奥地利民法典》中出现,包括关于邻居的规定、责任的一般规定和合同法。其他规定出现在《1964 年核责任法案》(Atomhaftungsgesetz 1964)中,其对于放射行为损害严格规定了责任。

(五)执行机关和法院

行政主管部门负责公法环境法律程序。同时,民事和刑事法院也处理环境法。

奥地利联邦法律法规要么直接由联邦行政主管部门执行(直接联邦政府管理),要么间接由省级行政主管部门执行(间接联邦政府管理)。间接联邦政府管理是执法的普遍形式,也是环境立法(如水和废物立法)的执行方式。

联邦和省环境条例由区域行政主管部门(Bezirksverwaltungsbehörden)在区域层面执行。省级行政法院(Landesverwaltungsgerichte)和联邦行政法院(Bundesverwaltungsgericht)改变了奥地利行政法院制度的结构,并影响了环境法。① 行政法院负责对行政裁决的复议,以及在正式行使命令或执法时权利被侵犯的诉讼。

自治市负有与环境保护有关的重要职责,公共层面的相关职责包括污水处理、供水、地方发展规划,以及建筑。

行政机关中的重要机构是联邦环境署(Umweltbundesamt GmbH),它由奥地利共和国设置,是一个咨询管理机构,同时是奥地利和海外的私人实体机构。它起着重要的作用,包括提供技术援助。

民事法院处理的事项包括侵犯邻接权和责任问题。刑事法院在违反环境刑法规定的情况下做出决定。

二、环境法相关领域

下面是对环境法中不同领域的最重要的规定的概述。

(一)废物管理

《欧盟废物框架指令》设定了奥地利废物立法的框架。主要法律是《2002年奥地利联邦废物管理法》(Abfallwirtschaftsgesetz 2002)。废物被定义为:由持有人处置(主观定义)或为公共利益而收集、储存、运输和处理(客观定义)所需要的可移动的物品。把生产残留再投入到生产过程中通常不被视为

---

① 参见《2012年奥地利行政法院系统修订法案》(Verwaltungsgerichtsbarkeits-Novelle 2012)。

废物。

废物的等级规定了处理废物的优先级。优先考虑废物预防,再是废物回收(包括再利用、回收和能量回收),最后才是废物处置(无能量回收和垃圾焚烧)。

废物处理。法律规定了废物生产者、废物持有者和废物处理经营者关于废物处理的要求。废物混合是不允许的,尤其是如果它使官方调查更为困难,或者它只是为了达到限制和质量要求。废物需要在授权的地方实施收集、储存和处理。废物的种类、数量、来源和下落必须记录下来(每个日历年度分别记录),记录至少要保存 7 年。

危险废物。对危险废物的处理有额外的要求。危险废物需要特殊处理。危险废物被转移必须记录在文书中。所有危险废物的转移都记录在一个登记册内,并且必须申报废物的类型、质量和产地,包括辨别号码。

根据《2002 年奥地利联邦废物管理法案》制定了几项条例:《废物控制条例》(Abfallnachweisverordnung)、《废物分类条例》(Festsetzungsverordnung)、《包装条例》(Verpackungsverordnung)、《垃圾填埋场条例》(Deponieverordnung)和《废物清单条例》(Abfallverzeichnisverordnung)。

《废电器和电子设备指令 2002/96/EC》为电子产品的收集、回收和恢复设立了目标。它的作用是解决大量的有毒电子废物问题。

(二)空气污染

《1997 年空气排放控制法案》是奥地利空气污染的重要立法。在经历了利益团体持续几年的谈判后,该法案实施欧盟指令。最后一次主要修订为实施《欧盟空气质量指令 RL 2008/50/EC》。该法案对下列空气污染物进行限制:二氧化硫,完全悬浮颗粒,PM10,二氧化氮,一氧化碳,PM10 中的铅、苯和粉尘沉淀物及其铅和镉成分。对于臭氧层也设定了目标。一旦超标,将会采取诸如指定重新发展区域和减少空气污染等措施。

《臭氧法案》要求对地表层面的臭氧进行监督,授权有权机关采取紧急措施。

(三)水管理

水管理属于重要事项,因此有严格的规定。大多数立法有欧洲层面的渊源。《欧盟水框架指令 2000/60/EC》是欧洲层面最重要的指令之一。其他相关的指令包括 91/271/EC 指令、91/676/EC 指令、2006/118/EC 指令及 2008/105/EC 指令。在国家层面,《1959 年奥地利水法案》是主要的立法。该法案历经数次修订，包括为实施《水框架指令》进行的修订。

水管理是以《水框架指令》规定（在 2015 年以前实现整个欧洲的清洁用水目标）的保护和节约用水（非恶化规定）为目标的。

《1959 年奥地利水法案》规定了公私法领域的水管理，包括水保护、水法律关系、与水有关的主体的权利义务、水合作社和水协会的自治、国家监督、水规划和管理。

《1959 年奥地利水法案》区分了公有水和私有水。该区分非常重要，例如在使用权的范围方面。公有水是公共财产，通常对公众开放。公共目的以外的用水（特别用水）需要获得许可。私有水包括地下水、泉水、地表收集的雨水、喷泉和池塘的水、以消费为目的的水管水、没有贯穿公有水的湖水以及上述水源与公有水来自的江河的流域。土地所有人有权使用私有水，但必须考虑第三人的权利，且对于多种用途仍需获得许可。

一般来说，下列使用方式需要获得用水许可：

（1）使用溪流、河流和湖泊水来发电、灌溉及运营供水设施；

（2）自流井；

（3）影响水源，过滤物质进入地表水，改变水温，在特定条件下使用化肥；

（4）在流动水洪水径流的限度内，在堤岸上建造；

（5）在超过 3 公顷的土地上排水的排水系统；

（6）水保护和管理工作。

将废水排放至授权污水系统不需要许可（特定行业污水除外）。

基于《1959 年奥地利水法案》制定的条例包括：《间接履行者条例》（Indirekteinleiterverordnung）、《地表水门槛条例》（Grund wasserschwellen wertverordnung）及《饮用水条例》（Trinkwasserverordnung）。

（四）化学品

化学品主要从欧盟层面进行管理。最重要的规定是适用于制造商的 REACH 规定（Regulation 1907/2006/EC），该规定适用于化学品及其市场、化学品的准备及准备品的市场。REACH 规定管理欧盟化学品的登记、评估、授权和限制。该规定于 2007 年 6 月 1 日生效，旨在高标准保证对人类健康和环境的保护。REACH 规定改变了思考模式，从原来的命令和控制立法转向生产者和下游用户的个体责任。REACH 的规定建立了"无数据，无市场"的原则，只允许在已登记的市场投放化学品。每年生产或进口超过一吨化学品必须登记。如此重要的物质必须得到授权。对生产、使用或向市场投放化学品对人类健康或环境造成不可接受的风险的,必须施加限制。关于化学品的信息在供应链中必须传递。

化学品和混合物的分类和标记根据联合国 GHS 系统,由欧盟 CLP 规定（No 1272/2008/EC)来约束。

有特别国内立法来管控有毒和剧毒物质及混合物(Giftrecht),它们包含在奥地利化学品法案和条例中。

关于化学品和产品中的化学品的更详细的规定,散见于欧洲关于杀虫剂、植物保护产品、化肥、电池、洗涤剂的规定中。《限制使用特定有害化学品指令 2002/95/EC》限制在电子设备中使用特定有害化学品。《限制使用特定有害化学品指令 2002/95/EC》在 2011 年作了修订,旨在应对电子设备中快速增长的废物流动。

(五)自然保护

在奥地利,保护法属于省级立法职权。虽然在省级层面实施,但大多数法律框架都在欧洲层面决定。省级立法通常包含自然保护规定。

重要的欧盟指令包括:《野生鸟类指令 Directive 2009/147/EC》和《动植物栖息地指令 Directive 92/43/EEC》。

《野生鸟类指令》要求指定特别保护区(SPA)。这些保护区自动成为"自然 2000"网络的一部分。《动植物栖息地指令》的目标是通过保护自然栖息地来确保动植物多样性,以及建立保护区网络("自然 2000")。奥地利领土的大约 15％的地方属于"自然 2000"区域(低于欧盟平均水平),大约 11％属于动植物栖息地区域。欧洲标准在奥地利的实施(指定"自然 2000"区域)并不是十分成功,在 2013 年工作委员会已经对其发出警告。此后奥地利又指定了更多的区域。

需要对管理"自然 2000"区域不必要的工程(例如,建筑工程或经济活动)进行评估,以确定该工程对该区域的保护目标是否是重要的。一项工程只有在没有负面影响的情况下才能由有权机关授权。在影响评估报告的结论是负面的情况下,如果没有替换解决方案,该工程仍可进行,但必须符合重大公共利益。在这种情况下,为了满足"自然 2000"的要求,需要采取相应的赔偿措施。在保护区进行对植物种类有害的活动是禁止的。

(六)环境管理

环境管理系统由《环境管理规定》(Regulation 1221/2009/EC)确立,该规定已经过两次修订。环境管理旨在改善企业的环境表现。环境管理系统有更严格的 ISO14001 标准。环境管理系统是一个自愿性的工具,参与者需要制定环境政策、开发环境程序以及建立有效的环境管理系统,同时必须进行环境审计和提供环境声明。要注册为环境管理系统组织需要得到受信任环境检验者的检验。

(七)环境评估

环境影响评估是一项综合性的方法,最初在欧洲层面实行(Directive 2001/42/EC;Directive 2011/92/EC)。这些指令在联邦层面通过国内法实施(《2000 年环境影响评估法案》)。环境影响评估的目标是"分辨、描述和评估一项工程对:(1)人类、动物、植物及其栖息地;(2)泥土、水、空气和气候;(3)地表;(4)物质财产和文化遗产的直接和间接影响"。评估应包括几种影响的相互作用,并提出避免或减轻负面影响的措施。环境影响评估的重要支柱是公众参与。

环境影响评估项目。对于列在《2000 年环境评估法案》附录 I 中的项目来说,环境影响评估是必需的,特别是在以下领域:

(1)废物管理,例如垃圾填埋场的种类、有害废物处理工厂;

(2)电,如热电站;

(3)处理放射性物质,如最终储存;

(4)基础设施工程,如道路或铁路建设;

(5)能量工厂,如油气设施、热电站、燃烧厂及利用风能的工厂;

(6)采矿;

(7)水利工程,如水力发电厂。

简化环境影响评估项目。如果项目在规模上较小或出于工业生产的目标,例如化工厂或造纸厂,简化环境影响评估对于一些上述项目来说是必要的。项目变更也需要对环境影响进行评估。申请者需要准备由有权机关检验过的环境影响评估。6 周的公众咨询后,环境影响专家提出意见,之后再经过 4 周对专家意见的公众咨询。有权机关在听取当事人意见后做出最终决定。

战略性环境影响评估。战略性环境影响评估是将环境系统整合进规划和项目(例如,土地使用规划)的准备和采用工具中,这些规划和项目对环境有重大影响。

(八)贸易和工厂许可法律

如果企业的排放对邻居或环境有负面影响,公司运营当地的固定建设项目(贸易规则第 74 条)需要获得许可。如果根据当前的技术、当前的医学及其他相关科学的水平,危害及其他不受欢迎的事物被限制在可以接受的程度的话,建设可以得到批准。邻居也是当事人之一,有权提出反对意见。但如果适用简易程序,邻居不享有这些权利。

(九)工业排放

《欧洲工业排放指令 2010/75/EU》旨在防治综合污染和控制工业活动产生的污染。它为阻止或减少在空气、水和泥土中的排放制定了规则。工业排放指令取代了之前的 7 项指令(包括 IPPC 指令)。[1] 它规定了比过去更严格的工业建设环境友好标准,其中非常重要的是最优技术参考文档,它的主要规定是针对特定污染工厂的授权制度。相关标准和环境标准并不一样。指令的新特点是引入了环境检测系统。[2] 该检测系统的实施在奥地利是非常分散的,相关条款散见于几部法案中并互相有冲突。在奥地利,工厂许可的规定大多存在于贸易规则中,也有的存在于废物法案中。

防止工业事件的规定起源于欧洲层面,并基于 Seveso 指令(Directive 2012/18/EU)。Seveso 指令主要是在奥地利的《贸易命令》(Gewerbeordnung)、《废物管理法案》和《工业事件条例》中实施。根据危险的程度分为两种危险可能性。如果某一设施属于高危可能性,则应采取下列安全措施:安全报告、内部紧急规划、安全概念、安全管理系统及记录。如果属于低危可能性,则无须实施安全管理系统。除了防止意外的措施,还包括运营商在意外时承担义务的条款。

---

① 参见《欧盟委员会关于综合污染防治和控制指令 96/61/EC》。

② 环境检测国家规划参见:https://secure. umweltbundesamt. at/edm_portal/cms. do; jsessionid = 5BEBBF6520F54AC0EDA544905C4F3DD3. edmportalnode01? get =/dms/edm/ portal/informationen/ie-richtlinie-und-ippc-anlagen/Inspektionsplan/Umweltinspektionsplan. pdf。

(十)气候变化/排放贸易/能源

根据《2002/358/EC决定》[①]的内容,奥地利必须减少13%的碳排放量才能完成《京都议定书》的要求。

在欧洲层面,2003/87/EC指令规定二氧化碳、甲烷、一氧化二氮、氟化烃、全氟化碳和六氟化硫。经修订后,指令用来解决发生在首次排放贸易期间的问题。修订案2011年在奥地利实施。首次证书大多免费,在第二次排放贸易期间证书将通过拍卖获得。特别是对于发电厂,自2013年起所有覆盖欧洲的津贴分配必须以统一形式进行发放,无成本津贴将不会发放。但制造业仍会获得津贴。登记机构是Umweltbundesamt GmbH。

奥地利大多使用可再生能源,主要是水电和生物质能。《欧洲可再生能源指令》设定了在2020年前可再生能源占20%的目标。奥地利自身设定了在2020年前可再生能源占34%的目标。奥地利对可再生能源进口有补贴,并对建筑的光电设施和中小水电站有补助。

(十一)环境责任

《环境责任指令2004/35/EC》需要在国内法中实施。在奥地利,相关规定在联邦和省级层面实施。环境责任是公法的一部分,旨在根据"谁污染谁负责"的原则预防和补偿对环境的损害。

(十二)环境私法

奥地利民法典有相邻法律和责任的规定。如果排放超过一定程度,邻居有权阻止排放,潜在损害包括直接和间接排放(如水、气味、噪音和光)。《1812年奥地利民法典》第364条第2~3条是对排放保护的规定。《1812年奥地利民法典》第364a条是对批准行为的特别规定。除了民法典的相关规定,其他专门法案也包含了与环境有关的责任条款:《1959年奥地利水法案》第26条、《1975年奥地利森林法案》第53条、《1994年奥地利基因工程法案》第79a条、《1964年奥地利核责任法案》第11条。一般责任条款(《1812年奥地利民法典》第1295条)在对人身和财产损害方面的作用是非常重要的。同样的,它还包含产品责任条款(产品责任法)。

---

① 参见《欧盟委员会代表欧洲共同体关于批准联合国气候变化框架公约京都议定书及共同实现承诺的决定》。

(十三)环境刑法

奥地利刑事法院针对环境的风险规定了几项刑事违法行为:

(1)故意破坏环境(刑法典第 180 条);

(2)疏忽破坏环境(刑法典第 181 条);

(3)故意跨境处理和运输废物,可能破坏环境(刑事法院第 181b 条);

(4)故意操作设施,可能破坏环境(刑事法院第 181d 条);

(5)其他对动植物的威胁(刑法典第 182 条)。

最高刑罚为三年监禁或 360 日罚款[①]。根据《2005 年法定机构责任法令》(Verbandsverantwortlichkeitsgesetz 2005)的内容,企业也可能承担责任。

(十四)经济工具/税和环境补贴

奥地利实施一系列税种和补贴来鼓励环境友好活动。奥地利有能源税(如矿物油税)、运输税(如标准汽油消费税、使用奥地利高速公路通行税、与发动机有关的保险税、汽车税)、资源税(如水征收、渔场和捕猎征收)及环境污染税(如废弃危险场所税、废水费和固体废物费)。环境税的税收收入在近年明显增加(在 2011 年占总税收收入的 6.1%)。然而,对汽油的征税低于欧盟平均水平,由此产生了与 GHG(温室效应气体)排放[②]相关的"汽油旅游业"。一些税种与环境目标相违背,例如补贴汽车通勤。环境税也在省级层面征收,例如土地保护税或维也纳树木污染税。

环境补贴在联邦和省级层面发放。公司、自治市和个人可以享受环境补贴。奥地利对生态电、电机动性、热建筑隔离和咨询服务提供补贴。

三、特别事项

以下章节关注核能和转基因食品,在这些方面奥地利实施比其他国家更严格的规定。

---

① 日罚款依据违法者的社会条件计算(最低 4 欧元,最高 5000 欧元)。

② 经济合作发展组织:《经济合作发展组织环境表现报告:奥地利 2013》。参见 https://www.oecd.org/env/country-reviews/EPR%20Highlights%20AUSTRIA%202013%20web.pdf,2016 年 4 月 25 日访问。

(一)核 能

奥地利没有生产核能,反核能是政府政策。这与邻国如捷克共和国(特别是就核电厂)和斯洛伐克产生了外交分歧。奥地利建造了一座核电厂,但根据1978年全民公投的结果,该核电厂从未投入使用。《1978年奥地利禁止使用原子能法》(Atomsperrgesetz 1978)在1999年被《1999年奥地利联邦宪法关于奥地利非核法案》(Bundesverfassungsgesetz für ein atomfreies Österreich 1999)取代,前者禁止使用核能。《1964年奥地利核责任法案》就核设施在人员伤亡及财产和环境损失的情况下对运营者规定了严格的责任。奥地利不是巴黎协议或维也纳协议的成员国。

(二)转基因食品

奥地利不主张授权给基因转变有机体(GMO)。奥地利在1995年实施《1994年基因工程法案》(Gentechnikgesetz 1994),该法案已经经过数次修订。基因工程造成损害将承担严格责任。在奥地利,转基因作物不能进行商业栽培,然而可以使用转基因饲料。含有基因转变有机体的产品必须根据《含有基因转变有机体的产品标记条例》(Gentechnik-Kennzeichnungsverordnung)注明。所有奥地利省份都声明它们会坚持使用不含基因转变有机体的产品。

四、小结和结论

下列为得出的结论:

(1)奥地利在环境保护方面是领先的国家之一;

(2)奥地利的环境法在很大程度上是基于欧洲法的内容制定的;

(3)奥地利环境法规很复杂,存在于很多联邦和省级法律、条例中;

(4)奥地利环境法主要使用人类起源论的方法,最近的法律,例如化学品法或空气质量法也使用以生态为中心的方法;

(5)奥地利在废物循环和能源回收方面相对领先;

(6)奥地利利用经济工具和自愿方法来引导相关主体的行为,如税收和补贴;

(7)奥地利对核能和转基因食品有比其他国家更严格的规定。

奥地利尚未致力于把环境法编成法典,包括更大的相邻权和行政程序中非政府组织的权利等也仍在讨论中。① 由于奥地利环境法受欧洲法影响很大,当前欧洲层面的政策,特别是第七次环境行动规划及循环经济的政策,将会影响奥地利环境法的内容,特别是在废物管理方面。

---

① 目前,非政府组织在特定授权程序中有成员权(综合环境评估程序和特定工厂的授权程序)。

第八章　民事法院程序、仲裁和调解

一、概　述

作为欧盟成员国的奥地利,欧盟法优先于国内法实施,欧盟法会在其他章节中进行讨论。奥地利作为缔约国之一的国际条约法同样优先于国内法,在一定条件下欧盟法优先于国际条约法。

在纠纷解决方面,奥地利是下列双边和多边条约的缔约方:

(1)(海牙)1954 年 3 月 1 日民事程序条约。

(2)1955 年奥地利共和国和南斯拉夫人民共和国司法互助条约。该条约在斯洛文尼亚(BGBl 714/1993)、克罗地亚(BGBl 474/1996)、马其顿(BGBl III 92/1997)、塞尔维亚(BGBl III 156/1997)、黑山(BGBl 156/1997;BGBl III 124/2007)和科索沃(BGBl III 147/2010)的法律中欧盟法没有涵盖的方面实施(例如文件管理和法律意见)。由于没有正式协议,波黑的情况不明。

(3)1931 年与英国签订相互司法协助条约。

(4)1968 年与伊朗签订友谊和建交条约。

(5)1975 年与以色列签订相互司法协助条约。

(6)1955 年与列支敦士登签订相互司法协助条约。

(7)1984 年与挪威签订相互司法协助条约。

(8)1970 年与苏维埃社会主义联盟签订相互司法协助条约。该条约仍在俄罗斯联邦(BGBl 257/1994)、乌克兰(BGBl 291/1996)和塔吉克斯坦(BGBl III 4/1998)生效。由于没有正式协议,白俄罗斯、摩尔多瓦、亚美尼亚、阿塞拜疆、格鲁吉亚、哈萨克斯坦、吉尔吉斯斯坦、土库曼斯坦和乌兹别克斯坦的情况不明。

(9)1988年与土耳其签订附加条约。

本章聚焦经济事务,对家庭和继承法规则不进行阐述。这意味着本章主要阐述对抗程序、仲裁程序和调解。

(一)相关国内法

相关的国内法律渊源包括:《1895 年奥地利管辖介绍法》(Jurisdiktionsnorm-Einführungsgesetz 1895)、《1895 年奥地利管辖法》(Jurisdiktionsnorm 1895)、《1895 年民事程序法典》(CCP；Zivilprozessordnung 1895)、《2003 年奥地利非对抗性程序法》(Außerstreitgesetz 2003)、《1896 年奥地利判决执行法》(Exekutionsordnung 1896)。几乎所有上述法律都可追溯至 19 世纪,并经过数次现代化的修订。最后,《奥地利联邦宪法法案》(FCA；Bundes-Verfassungsgesetz)规定了民事程序的基本原则。

(二)民事程序法主要原则

司法独立受到宪法保护。[1] 为了保障这一原则,司法任务需事先在法官中分配。一旦一个案件分配给了法官,只能在极少数原因下通过有权法令才能将他的管辖权剥夺。奥地利法制体系沿袭自三权分立原则。立法、司法和行政权力分开[2];权力监督制衡是体系的主要特征,确保行政权受到议会约束,行政机关通过的规定和法案受司法审查约束。法治原则[3]反映在合法原则及宪法法院(Verfassungsgerichtshof)和行政法院(Verwaltungsgerichtshof)审查所有州行动的合宪性和合法性上。

司法机关。法院系统由联邦法律进行详细规定。《奥地利联邦宪法法案》只确立基本原则,最高法院(Oberster Gerichtshof)是民事和刑事案件的最高法院。[4] 法院组织由《1896 年奥地利法院组织法》(Gerichtsorganisationsgesetz 1896)规定。该法规定地区法院是基层法院,下一级的区域法院(Landesgerichte)是一审法院和地区法院决定的上诉法院,位于格拉兹、林兹、因斯布

---

① 《奥地利联邦宪法法案》第 87 条。
② 《奥地利联邦宪法法案》第 94 条。
③ 《奥地利联邦宪法法案》第 18(1)条。
④ 《奥地利联邦宪法法案》第 92 条。

鲁克和维也纳的高等区域法院(Oberlandesgerichte)是区域法院决定的上诉法院,最高法院处理最终的法律问题。相比而言,行政行为的审查由特别行政法庭、联邦行政法院(Bundesverwaltungsgericht)和最高级的行政法院(Verwaltungsgerichtshof)处理。

法院管辖权。管辖权分为属地管辖(territorial jurisdiction;örtliche Zuständigkeit)和属人管辖(sachliche Zuständigkeit)。属地管辖由被告所在地或业务所在地决定(一般属地管辖,allgemeiner Gerichtsstand)。在一些情况下,法律规定强制管辖(ausschließlicher Gerichtsstand)或选择管辖(Wahlgerichtsstand)。强制管辖适用于不动产(由不动产所在地法院管辖)、工业产权和著作权的法律保护(公司登记地)等。选择管辖指履行地、侵权行为发生地、对于辅助事项来说的主要事项发生地、对于反诉来说的诉讼发生地等。

如果法院认为必须强制管辖,当事人不能通过协议决定管辖(prorogatio fori)。属人管辖由事项的主体(Eigenzuständigkeit)或诉讼的价值(Wertzuständigkeit)决定。商事纠纷由商业法院决定,劳动法和社会法纠纷由劳动和社会法院决定。家庭法和租户纠纷由地区法院审理。小额诉讼,如纠纷金额低于15000欧元的诉讼,也由地区法院审理。纠纷金额超过15000欧元和其他属人管辖案件的由区域法院审理。

民事程序。在对抗性民事程序中,当事人包括原告(Kläger)和被告(Beklagter)。当事人可以是物理上(自然)的人、法律上的人或没有法律人格的实体。法律行动可以由代表集体利益的组织提起,例如在消费者或特定行业事项中(Verbandsklage)。

当事人和法院之间的联系以书面形式进行(Schriftsatz),除非法院举行口头聆讯。书面令状必须符合法律的要求。如果当事人没有被律师代理,法院应邮寄相关文书和决定。如果当事人有律师代理,律师有义务通过电子方式(elektronischer Rechtsverkehr,ERV)与法院联系。但有时当事人未能出席口头聆讯或不能在期限前满足程序要求(如书面回复请求);如果当事人未能出席口头聆讯,法院可通过默示做出决定(Versäumnisurteil);不能在期限前满足程序要求的,当事人无权在届满后继续采取行为。这意味着该行为不能在之后再进行。在这两种情况下,当事人可以提出事前恢复请求(Wiedereinsetzung in den vorigen Stand)。如果缺席或未能满足程序要求是由不可预见且不可避免的原因造成而当事人没有重大疏忽的,则法院支持该请求。

在区域和上诉法院中,当事人必须由律师代理。在地区法院案件中,根据诉讼主体和纠纷价值,案件可能由法院强制要求代理。

法官的职责。在民事程序中,法官扮演着重要的角色。在一些商事和反垄断案件中,由法官和在某领域有专业知识的非职业法官(fachmännische Laienrichter)组成的合议庭有权做出裁决。在劳动法和社会法案件中,由非职业法官辅助法官。

法官有责任适用国际条约、欧盟法、国内法和在跨国案件中涉及的外国(私)法。如果对适用(国内)条例的合宪性有争议的,法院(上诉法院或最高法院)必须中止程序并要求宪法法院审查该条例。如果法院对欧盟法的解释有争议的,它可以请求欧洲司法法院做出初步裁定,包括最高法院在内的所有法院必须服从该裁定。

人权和基本自由。所有国家机关都关注人权和基本自由;以价值取向为裁决方法的宪法法院也越来越关注这个问题。普遍认为判决可以在欧洲司法法院和欧洲人权法院上诉。对公平和公开听证的权利的保护(《欧洲人权公约》第6条第1款)是民事程序的核心。违反该权利通常是基于以下原因:程序超过期限,诉诸法院受到不适当的限制,听证的权利受到侵害或法官缺乏公正。

民事程序的一些原则涉及法院和当事人之间的关系,主要包括:当事人控制原则(Dispositionsgrundsatz)、有限调查权力原则(abgeschwächter Untersuchungsgrundsatz)及依职权原则(Grundsatz des Amtsbetriebes)。其他原则包括:口头表达原则(Grundsatz der Mündlichkeit)、即时原则(Unmittelbarkeitsgrundsatz)、公开原则(Öffentlichkeitsgrundsatz)、程序集中和效率原则(Grundsatz der Verfahrenskonzentration)及有权获得审理原则(Grundsatz des beiderseitigen rechtlichen Gehörs)。

(三)审理过程

民事程序以口头和公开听证原则为特征,只要判决经过充分辩论并厘清事实,法院可以自由质证。当事人提供关于他们请求和抗辩的完整信息,法院依据价值和程序步骤做出判决。

公开听证。程序公开原则(Öffentlichkeitsgrundsatz)保证当事人在法庭上被聆听的机会,除非当事人因家庭隐私或出于商业、社会秘密而要求不公开审理;法院为保护公共安全或维持庄重可以限制公众的参与。法院条例、判决或决定的草拟不对公众开放。判决可以以口头或书面的形式公布。

提起诉讼后又撤回诉讼、达成庭外或庭内协议的当事人,首先要采用调解或将法院的决定移交仲裁的方式。在首次申辩开始前可以撤回起诉,之后必须经被告同意或者原告必须放弃起诉。

当事人控制。当事人享有当事人控制权(Dispositionsgrundsatz),这意味着他可以自行决定其请求和抗辩,但他必须陈述事实并提交证据。相应的,法院裁定在一定程度上由当事人向法院提交的证据来形成。法院可以接收或拒收证据,也有权自由评估证据(freie Beweiswürdigung)。法院是"程序的掌控者",决定程序的每个步骤,例如申辩的日期和时间、申辩的过程、诉求和反诉服务、证人的传唤和誓词。法院做出令状、临时和最终决定。在上诉程序中,法院有权但不是必须选择口头申辩。上诉中不能提出新诉求和抗辩、新事实和证据(Neuerungsverbot)。实践中,上诉程序通常以书面审核进行。最高法院审理案件也是这样。

公平审理的权利。《欧洲人权法院》第6条规定保护公平审理的权利,不仅仅保护听证的权利,还保护快速审理的权利。法院采取一切措施保证程序的效率(Grundsatz der Verfahrenskonzentration)。因此,关于法院管辖权的所有事项在审理开始时就已经决定。为了在合理期限内审理完案件,法院可以决定事实动议的合法性及其认为合适的证据。当事人可以正式请求审理法院的上级法院加快审理并对此设定期限(Fristsetzungsantrag)。审理法院可以依上级法院要求审理或向上级法院提交申请,其结果是要么审理法院加快程序,要么给予审理法院更多时间来审理。

程序的开始。民事程序中没有审前程序。民事审理可以在当事人之间协商或调解之后开始,但并非必须如此。法院评估当事人之间是否可能达成和解协议,如果能达成和解协议,则会做出庭内和解,不用进行申辩。在一些案件中,法官会要求庭外调解,如果庭外调解不成功,则将开始审理程序,程序基于诉求,例如履行(Leistungsklage)、声明(Feststellungsklage)、法定权利或地位的变更(Gestaltungsklage),以及诉讼时效(Verjährungsfrist)。

法院程序。审理的原因通常是基于诉求。法院审查所有正式要求(例如,管辖权、已决案件)。审查诉求和审前审查之后是书面回复(Klagebeantwortung)。法院召集当事人进行初步申辩(Vorbereitende Tagsatzung),申辩过程中会讨论事实和法律问题以及当事人采用证据的请求,由法院决定是否采用证据及采用的顺序。证据的形式包括但不限于文书(Urkunden)、证人(Zeugen)、专家证言(Sachverständige)、司法检查(Augenschein)和当事人证言(Parteienvernehmung),之后进行口头申辩(Tagsatzung zur mündlichen Streitverhandlung)。在申辩中法院评估当事人解决纠纷的意愿,一般来说,谁主张谁举证。

当证据提交完成、与当事人讨论后果后,法官结束审理。法院自由评估提交给指代不明的证据。评估证据采用高度概然性标准。法院必须做出判决,不能以事实不清的理由而结束程序。这意味着即使没有证明一方或双方陈述的事实,法院也有义务宣告判决(例如,因证据不足驳回起诉)。口头判决一般比较罕见。通常,法院在几个月后会以书面形式做出判决,并将判决送达当事人。一旦判决送达当事人,即开始计算期间(通常 14 天),在此期间可以提出上诉。该期限到达后,判决成为终局判决,即已决案例(formelle Rechtskraft)。这意味着对当事人有平等的约束力,当事人不能将相同纠纷再次在法院起诉(materielle Rechtskraft)。

花费。主要程序在法院开始进行,各方当事人应负担其花费。花费包括法院费用和律师费。原告必须预先缴纳所有法院的费用。法院的费用取决于诉讼的标的(Streitwert)。原告决定诉讼标的。费用反映真实价值或因影响管辖权和法院费而发生偏离。实践中,一些低金额案件也会因其重要性而得到审理。

一般来说,只要花费是合理的,败诉方必须支付胜诉方的法院费和律师费。

法院可以要求预缴证据费用,例如专家的费用。律师费由《律师费法案》(Rechtsanwaltstarifgesetz)规定计算。在交叉盘问程序中,法院要求外籍原告缴付保证金,以确证原告要求被告支付诉讼费的请求。而在实践中,是否缴纳该保证金有时无法查证。这时,依据奥地利和非欧盟国家的国家条约法或奥地利判决,来决定能否在其他国家执行,或根据原告在奥地利是否有足够的不动产来决定他如何负担成本。可以就保证金法院令提起上诉,整个程序可能耗时数月才能知道法院令的最终结果。

《1895 年民事程序法典》规定诉讼费用(第 40~41 条)。第三国家,即非欧盟国家的原告必须缴付保证金以支撑支付诉讼费用的诉求(《1895 年民事程序法典》第 57、58 和 60 条)。

(四)法律规定综述

管辖权法(第 49~54 条)确定管辖权属物原则。

在一定条件下,相关主体可以申请法律援助(《1895 年民事程序法典》第 63~66 条)。外国企业也可以申请法律援助(维也纳高级区域法院 27.03.1992,2 R 13/92)。

文书送达。如果《欧盟文书送达规定》(1393/2007/EC)不适用,则需适用

《1895 年民事程序法典》中的文书送达规定(第 87、98 和 121 条)及《1982 年奥地利文书送达法案》(第 11 条)的相关规定。

请求—对请求的回复—支付程序命令。《1895 年民事程序法典》处理请求(第 226、228 条)、对请求的回复(第 239 条)及支付程序命令(第 244 条)。申辩和准备申辩的规定出现于《1895 年民事程序法典》第 257 条。

证据。如果欧盟法不适用(例如,《欧盟委员会关于成员国法院在民事和刑事案件中提交证据合作规定 No 1206/2001》),则需适用《1895 年民事程序法典》规定证据法的一般规则(第 266~291c 条)。

上诉。《1895 年民事程序法典》含有对判决上诉的规定,在法律中一些上诉的理由并没有明确规定。在上诉的各个阶段也不得提出新事实和证据(nova product and nova reperta)。《1895 年民事程序法典》第 502~506、507a、508~511 条是关于上诉法律问题的详细规定。

追索权。对下级法院的命令可以依据《1895 年民事程序法典》规定的追索权诉诸上级法院(第 514、517、520、521、526 条)。

(五)更多法院程序规则

法院程序的一般规定。《1895 年民事程序法典》对于法院程序规定了一系列一般规则。这些规则规定了起诉书(第 74~86a 条)、期限和法庭陈述(第 123~139 条)、口头申辩(第 171~175 条)、当事人答辩(第 176~179 条)及法院的角色(第 180~186 条)。

证据法。不同的证明方法适用不同的规定,例如文书证据(第 292~294 条、第 303~305、307、308 条)、证人证言(第 320、321、327、328 条)、专家证据(第 351、355 条)、结论性证据(第 368 条)、当事人证词(第 371、376、377 条)。

判决和救济。一些规则规定判决(第 390、396、399 条)、一条关于法庭命令的规定(第 425 条)、数条地方法院程序的规定(第 431~433 条)、法律审查的规定(《1895 年民事程序法典》第 528b 条、《奥地利联邦宪法法案》第 139~140a 条)。

特别程序。欧盟法有特别程序的规定[《欧洲议会和欧洲委员会建立欧洲小额诉讼程序规定》《欧洲议会和欧洲委员会创立欧洲支付程序命令规定(EC) No 1896/2006》],对此本章不予论述。国内法规定票据交易纠纷(《1895 年民事程序法典》第 555~559 条)和租金纠纷(《1895 年民事程序法典》第 560~576 条)。

(六)判决执行

一旦判决终局,败诉方必须遵守判决的规定。不遵守规定会开启执行程序,调查原则(Untersuchungsgrundsatz)是执行程序的主导原则。债权人(诉讼胜诉方,Exekutionsgläubiger)提交执行申请。地区法院检查申请的合理性,并批准合理的申请。程序的第一阶段是执行。

根据请求的性质,执行包括扣押公开拍卖的动产(Pfändung)、冻结败诉方的收入(Lohnpfändung)。或者,如果债务人有可以公开出售的不动产,就在土地登记处进行抵押登记。上述例子适用于财产请求。在非财产请求中,债务人被要求为特定行为处以金钱或监禁处罚。该处罚的限度是保证债务人的最低生存(Existenzminimum)水平。任何执行措施都不能使债务人的财产低于882.78欧元的最低生存水平(2016年水平)。

如果债权人能证明没收对于保护其合法权益(Sicherstellungsinteresse)是必要的,法院可以只对金钱请求案件决定确保执行(Exekution zur Sicherstellung)临时没收。这意味着债权人必须使法院确信整个执行程序不采用临时没收证券的决定会产生无效或面临不合理的困难。债务人可以对法院决定临时没收证券诉诸法院。

一方当事人担心对方当事人因无动产或不动产可没收而使判决无法执行的,可以在审理前、审理时或审理后申请临时禁令(Einstweilige Verfügung)。判决执行法对临时禁令有详细规定。

执行程序已经成为欧盟法规定的领域,国内立法在这方面只有有限的自由。

二、非正式纠纷解决

(一)仲 裁

《1895年民事程序法典》第4章以"仲裁程序"为标题(第577～618条),规定了仲裁程序。这些规定(法院地法 lex fori)适用于当事人决定奥地利为仲裁地(仲裁法定场所)的协议。当事人有决定仲裁发生地的自由。如果案件交由维也纳国际仲裁中心(VIAC)进行仲裁,则适用《维也纳国际仲裁中心仲裁规则》。

基于《联合国国际贸易法委员会示范法》制定的《1895 年民事程序法典》包含了仲裁法律,《联合国国际贸易法委员会示范法》的原则在 2006 年修订案(Schiedsrechts-Änderungsgesetz-2006)中制定。更大规模的修订案修改了《1895 年民事程序法典》第 615~618 条的规定。自 2014 年 1 月起,奥地利最高法院有驳回仲裁裁决、宣布仲裁裁决合法及有约束力以及在不公平的情况下请求提名或质疑仲裁员的独占管辖权。

纯国内案件通常由国内法院而不是仲裁员来审理。国内案件通常在商事法院审理,具有效率和效力。根据请求的价值,通常中小规模案件的价值较低,法院花费也比较低。自 20 世纪 70 年代以来,国际商事仲裁主要由位于维也纳的奥地利联邦经济商会(AFEC)的维也纳国际仲裁中心处理。维也纳国际仲裁中心只能裁决跨国案件。跨国案件指纠纷一方当事人在仲裁协议订立时的住所在外国或纠纷中有跨国性质。《维也纳国际仲裁中心处理仲裁和和解规则》("维也纳规则")已经依据《联合国国际贸易法委员会示范法》进行了修订。

当事人可以订立仲裁协议(Schiedsvertrag)或在他们的合同中约定仲裁条款(Schiedsklausel)。为了将纠纷提交仲裁,当事人在仲裁协议中必须约定仲裁员(Schiedsrichtervertrag)。《1895 年民事程序法典》中有法院对仲裁裁决的监督和司法审查的强制规定。

只有可仲裁纠纷才可以提交仲裁。不可仲裁纠纷包括:民事地位纠纷;依据《地主和佃户法案》(Mietrechtsgesetz)和《非盈利住房法案》(Wohnungsgemeinnützigkeitsgesetz)订立的合同的纠纷。协会成员间的纠纷或任何合同经济请求纠纷都可以提交仲裁。当事人可以约定一名或一名以上的仲裁员,只要仲裁员的数量不为双数即可。如果当事人没有约定仲裁员,将根据法律指派三名仲裁员(《1895 年民事程序法典》第 586 条)。

仲裁员必须是公正和独立的。自然人(有完全行为能力)只要满足当事人双方约定的条件(如语言能力、职业资格和国籍),就可以担任仲裁员。州法院可以裁决任命仲裁员的纠纷或仲裁员之间产生的纠纷。仲裁员和维也纳国际仲裁中心的费用(如果仲裁移交维也纳国际仲裁中心),由纠纷请求的金钱数额决定。

《1895 年民事程序法典》和"维也纳规则"的规定在仲裁员的人数上有所不同。除非当事人有另外约定,《1895 年民事程序法典》规定三名仲裁员,而根据"维也纳规则",如果当事人没有约定,则由维也纳国际仲裁中心委员会决定仲裁员的人数(一名或三名)。

如果仲裁协议没有约定仲裁程序的详细规则,则适用《1895 年民事程序法典》的规定。仲裁员对于规定可以进行补充。公平审理原则(《欧洲人权法院》第 6 条)适用于仲裁程序,违反该原则是抗辩仲裁裁决的理由之一。

当事人自由选择适用法。这里的"法"包括诸如国际私法统一学会、联合国国际贸易法委员会及海牙国际法会议等国际组织中的原则和规定。如果当事人没有选择法律条文,仲裁员可以决定适用法。如果当事人同意仲裁员选择的法律,仲裁员必须根据合理和公平原则裁决纠纷(《1895 年民事程序法典》第 603 条)。

仲裁员根据绝对多数原则裁决(《1895 年民事程序法典》第 604 条第 1 款)。仲裁裁决必须以书面形式做出,并由持多数意见的仲裁员签名(《1895 年民事程序法典》第 606 条第 1 款)。除非当事人另有约定,裁决书必须做出充分解释(《1895 年民事程序法典》第 606 条第 2 款)。

仲裁裁决可以被法律列举的理由驳回(Aufhebungsklage;《1895 年民事程序法典》第 611 条第 2 款第 1～8 项)。根据国内法不具有仲裁的条件(第 7 项)和违反奥地利公共政策(第 8 项)是强制理由。驳回仲裁裁决的程序按照民事程序规定的规则进行。

关于消费者和商业经营者的现有纠纷,可以通过仲裁裁决决定(《1895 年民事程序法典》第 617 条第 1 款)。这样的仲裁裁决必须由消费者在单独文书上签名(《1895 年民事程序法典》第 617 条第 2 款)。法律规定裁决和法院程序的区别必须以书面形式告知消费者(《1895 年民事程序法典》第 617 条第 3 款)。裁决地点必须在仲裁协议中明确指出(《1895 年民事程序法典》第 617 条第 4 款)。如果裁决地点与消费者的居住地或住所不同,或者与消费者在仲裁协议达成时的工作地点不同,或者与仲裁提起的时间不同,这样的仲裁协议只有当消费者同意时才有效(《1895 年民事程序法典》第 617 条第 5 款)。如果违反对消费者有利的强制条款或者满足提起审理动议的要求,仲裁裁决将宣告无效(《1895 年民事程序法典》第 617 条第 6～7 款)。① 《1895 年民事程序法典》第 617 条第 2～7 款同样适用于劳动纠纷仲裁(《1895 年民事程序法典》第 618 条)。

---

① 《1895 年民事程序法典》第 617 条第 7 款指出重新审理的动议(Wiederaufnahmsklage;《1895 年民事程序法典》第 530 条第 1 款第 6～7 项);根据相同事实或相同法律关系发现现有和终局判决,或发现新事实、新证据,将会导致一个更有利的审判。

法律没有明确规定分离性原则①,因为该原则在实践中被广泛使用,将来该原则也会被继续使用。基于《联合国国际贸易法委员会示范法》的《1895 年民事程序法典》第 584 条详细规定了仲裁协议约束的案件由法院审理时法院的职责。由于缺乏关于纠纷的仲裁协议或仲裁协议不能适用时(例如,机构仲裁法院不复存在,又不可能指定类似仲裁法院——最高法院,8.11.2011,3 Ob 191/11a),仲裁委员会决定仲裁机构没有管辖权的,法院不得拒绝审理以仲裁法院有管辖权为理由的案件。

与《联合国国际贸易法委员会示范法》的规定一致,基于《1895 年民事程序法典》(第 588 条第 2 款)规定或当事人约定的理由(第 589 条),可以对仲裁员提出抗辩。如果纠纷提交维也纳国际仲裁中心仲裁并因此适用"维也纳规则",维也纳国际仲裁中心委员会决定对仲裁员的抗辩。仲裁员做出违法行为或无法按时履行义务的,应承担损害责任,《2013 年维也纳国际仲裁中心规则》第 46 条豁免任何关于法律许可程度的仲裁行为或遗漏行为。

(二)外国仲裁裁决的承认和执行

《1895 年民事程序法典》(第 614 条)和《1896 年奥地利判决执行法》(第 1、2、79～86 条)规定了外国仲裁裁决的承认和执行。《1958 年对外国仲裁裁决的承认和执行纽约公约》以及与列支敦士登、比利时和南斯拉夫签订的双边执行协议优先于国内法。

国际条约法,特别是《1958 年联合国公约》,规定了外国仲裁裁决在所有缔约国得到承认和执行。

在奥地利呈递的仲裁裁决是可执行的(《1896 年奥地利判决执行法》第 1 条第 16 款)。首席仲裁员或其助手应当事人的请求需要在裁决的拷贝上确认已决案件以及仲裁裁决的可执行性(《1895 年民事程序法典》第 606 条第 6 款)。

如果仲裁地不在奥地利,则仲裁裁决为外国裁决。它应根据国际法或欧盟法来执行,如果没有相关规定,则根据《1896 年奥地利判决执行法》来执行(《1895 年民事程序法典》第 614 条第 1 款)。外国裁决的执行只有在特定条件下才被拒绝:(1)一方当事人由于外国程序的不合法而不能充分参与程序;(2)执行裁决使一方当事人不得不从事奥地利国内法禁止或不可执行的行为;

---

① 分离性原则允许仲裁协议完全脱离其主合同。在对主合同的可执行性有争议时,分离性原则非常重要。

（3）执行裁决导致承认法律关系或实现法律权利，而该法律关系或法律权利根据奥地利国内法公共秩序或公序良俗原则是无效的或不可实行的（《1896 年奥地利判决执行法》第 81 条）。《1895 年民事程序法典》第 583 条规定了必须遵守的最低形式要求：仲裁必须在一份独立的由双方当事人签字的文书上约定，或者必须在他们的通信中（信件、传真、电子邮件或其他形式的联系方式）包含并提供双方当事人约定仲裁的证据。如果不遵守这些要求，则外国仲裁裁决不能在奥地利执行。

（三）调　解

《1895 年民事程序法典》第 433a 条规定调解。《民事调解法典》（Zivil-rechts-Mediations-Gesetz）规定了民事程序中的调解。《欧盟调解法》（EU-Mediations-Gesetz）规定了欧盟民商事案件的跨境调解。另外，维也纳国际仲裁中心实施其《调解规则》。它们均可以在网上查阅（http：//www. viac. eu/en/mediation-en/mediation-rules-en）。

根据《欧盟调解法》的内容，《1895 年民事程序法典》第 433a 条规定：地区法院民事案件的当事人以书面约定调解他们的纠纷的，并且他们达成可接受的解决方案的，这样的解决方案可以被法院采纳，并作为纠纷的司法解决方案。

《民事调解法典》自 2004 年开始以高标准实施。法典适用于注册（认证）调解员（Eingetragene/r Mediator/in）在奥地利进行国内调解。调解员必须遵守保密规定，他们不能把一方当事人的信息透露给另一方当事人或法院。调解程序通常自调解员和当事人达成调解协议开始，并强调调解员和当事人的公平、等距、自愿和保密。注册调解员使用认可的调解方式并鼓励当事人之间的沟通。注册调解员既不是法官，也不是治疗师。在调解员的协助下，由当事人决定他们纠纷的解决方式。

目前，奥地利有大约 3800 名注册调解员，这一数字比国家的需求大得多。然而，在《民事调解法典》实施前，每个志在成为注册（认证）调解员的人必须接受两年的培训。《民事调解法典》的暂行规定规定了比法典要求少得多的培训和实践时间。实际上，只有少部分注册调解员可以以此谋生。大多数注册调解员有其他职业，或者更准确地说，大多数注册调解员有一份主要的职业工作，而调解员只是他们的副职。

任何人都可以成为调解员，但只有那些满足《民事调解法典》要求的标准并得到认证的人才可以成为"注册"或"认证"调解员。

当前的法律环境远远谈不上令人满意,认为根据维也纳国际仲裁中心规则的仲裁已经取得成功也为时尚早。商会正努力制定维也纳国际仲裁中心仲裁列表的资格标准。注册调解员依据《民事调解法典》进行调解。非列席调解员可以开展跨境调解(依据欧盟仲裁法)和国内调解(法律未做出规定)。如果这些调解员是专业人士,而他们的任务和技能包括调解,那么他们的专业法典也适用。

译者:张子健
金杜律师事务所律师,香港城市大学法学博士

比利时

Philippe Culliford 博士
Marc De Vos 教授

作者介绍

Philippe Culliford 是根特大学法学院的博士生兼助理,之前曾担任布鲁塞尔律师事务所的律师和法律顾问。

Marc De Vos 是根特大学法学院教授,他是国际关系和法学硕士项目的主任,还是科廷商学院的教授。

概　述

比利时是欧洲的小国(陆地面积 30,000 平方千米),西临北海(与英国隔海相望),位于德国、法国与荷兰①之间,与欧洲另一小国卢森堡也有接壤。

1815 年,在战胜法国皇帝拿破仑·波拿巴后,荷兰脱离法国,成立包括南荷兰②和北荷兰的荷兰王国。1830 年,比利时奋起反抗,脱离荷兰独立。

比利时位于西欧三个主要国家(法国、德国和英国)之间。在 1830 年独立以前,比利时经历了一段漫长且复杂的历史。公元前 60 年至前 50 年,罗马执政官尤利乌斯·恺撒率军征服高卢(法国的旧称)后,凯尔特人便开始在该区域生活。在罗马时期,比利时的领土范围远远超过了今天,当时有一条极为重要的商路从德国科隆途经比利时到法国巴韦。随着罗马帝国的衰落,该区域被德意志部落法兰克人占领。公元 5 世纪,匈奴人入侵比利时的领土。法兰克国王克洛维斯从其首都图尔奈(今比利时境内的城市)出发,征服法国。对于比利时而言,另一个重要的时间是公元 843 年,统治法国、德国、北意大利与低地国家(比利时、荷兰及卢森堡)的查理曼大帝的三个孙子对帝国进行瓜分,这也是如今比利时划分的由来。当时,佛兰德王国由现今的西佛兰德省与东佛兰德省组成;法国的(前)北部——加来海峡与荷兰的泽兰省组成法兰西王国;比利时其余的领土则并入位于法国与德国之间的 Lotharius 王国,而这一中间国家存续的时间并不长,很快便被德国兼并。

---

① 荷兰(Netherlands)源于荷兰语中的"de Nederlanden"一词,意思为"低地国家"(lowcountries)。

② 南荷兰是比利时的前称,将比利时的古罗马名作为新国家的名称可以视为对前君主——荷兰国王的反抗。

中世纪,佛兰德伯爵与法国国王战争不断,伯爵经常利用其与英国之间的联系(如联姻等)试图获取更多的自治权。不久后,佛兰德王国的中世纪城市(早期的阿拉斯以及后来北部城市布鲁日、根特、伊普尔等)的经济与政治地位不断增强。其中,布鲁日是重要的港口,其他城市则是重要的纺织品工业中心。比利时的列日省则成为重要的金属工业中心。12世纪时,沙勒罗伊就已经开始了煤炭开采工作。

在低地国家的历史进程中,一个很重要的事件是15世纪勃艮第公国开始统治其所有的公爵领地及郡县。16世纪,在这些区域爆发了天主教徒与新教徒之间长达80年的内战,导致了(北)荷兰王国的独立,而南荷兰直到法国革命之前都一直处于哈布斯堡王朝①的统治之下。

比利时是19世纪欧洲大陆最早进行大规模工业化的国家。大量的佛兰德②工人迁移到埃诺省和列日省投身于煤矿以及钢铁工业中。

同样在19世纪,比利时进入殖民主义时代,非洲国家刚果成为其殖民地。第一次世界大战之后,比利时获得国际授权管理德国的前殖民地——卢旺达和布隆迪。1960年,这些国家均已独立。

比利时是欧盟的创始成员国之一,早在1957年,比利时就已成为欧洲煤钢共同体和欧洲经济共同体的成员。1971年,经比利时最高民事法院的确认,欧盟法优先于比利时法。自2002年1月起,欧盟的官方货币欧元成为比利时的官方货币。

1830年比利时革命后,法语成为比利时的官方语言。正因如此,德语区的佛兰德人为从法语当局获得更多的自治权而主张更多的政治权力。自那年起,拥有海港(安特卫普、泽布吕赫、根特以及奥斯坦德)的佛兰德成为比利时最繁荣的地区。而瓦隆地区则因为煤矿的关闭及旧工业的衰退经历了一段重新定位其经济发展的困难时期,高失业率便是其直接后果。

1963年,比利时划定语言分界线。③ 1970年第一次国家改革时,社区(法语区、荷语区和德语区)与地区(佛兰德区、瓦特区与布鲁塞尔区)创立。在随后的1980年、1988—1989年、1993年、2001—2003年、2011—2012年接连不

---

① 奥地利皇室。15世纪,马克西米利安与勃艮第女公爵玛丽结婚,成为荷兰的统治者。

② 在比利时,"佛兰德人"是指以荷兰语或者与荷兰语相近的方言为母语,主要生活在北部省份即东佛兰德省、西佛兰德省、安特卫普、林堡以及布拉班特省北部的居民。

③ 在此之前,当一种语言群体在数量上超过之前主要的语言群体时,公社的语言体制就会发生变化。这就导致许多佛兰德公社成为布鲁塞尔双语(法语—荷兰语)区的一部分,而列日省北部的(法语)公社却成为林堡省(佛兰德)的组成部分。

断的国内改革中,越来越多的职权范围(例如文化、教育、环境保护、劳动力市场、经济能力、长者及残疾人护理等)被下放到地区和社区。

　　布鲁塞尔是比利时的首都,位于佛兰德区,该区内只有少数荷兰语居民。布鲁塞尔首都区是比利时三大地区之一,由布鲁塞尔公社与其他 18 个公社组成。欧洲委员会以及欧盟的很多机构都位于布鲁塞尔。此外,北大西洋公约组织(North Atlantic Treaty Organization,NATO)的总部驻地以及美国在与苏联进行冷战时成立的美国军事联盟也都位于布鲁塞尔。

第一章 海关体系及法律规定[①]

比利时是欧盟的成员国。在其发展早期，欧盟成员国之间就已经建立起了关税同盟。这意味着成员国之间的贸易往来没有关税或其他任何贸易限制措施，而在与第三国进行贸易往来时则采取统一的对外税则（海关税率）。虽然欧盟成员国的对内、对外贸易以及主要的海关手续都由欧盟法规所规范，但是行政法、关税税款缴纳以及法律实施等方面的规定仍由比利时自己制定。

尽管比利时对进出口贸易都能征收关税，但实际上，其主要对进口到欧盟的商品征收关税。除了进口关税外，进口商品还会被征收进口增值税和其他的基本国内税（例如消费税、环境税等）。

比利时适用的关税和国内税（包括相关的欧洲及国家法律）均列入其综合税则目录（Combined Nomenclature，简称 CN 代码）。综合税则目录是一个包含商品名称及其八位数 CN 代码的标准化列表。

商品进入欧盟关税区可申报下列海关程序：

（1）用于消费（进口）；

（2）转运；

（3）暂准进口；

（4）运进加工；

---

① 此部分主要参考 www. investinflanders. be 和 en. santandertrade. com 网站上的资料，最后访问日期为 2016 年 1 月 21 日。在比利时关税法律中可以进一步查看基本信息，如：A. Serneels and F. Rutten. *Handboek douane en internationale handel*. Belgium：Intersentia，Antwerpen，2005：269；K. Celis and J. Verbeken. *Douane en accijnzen toegepast*. Belgium：Intersentia，2014：302.

(5)海关监管加工;

(6)海关仓储。

海关或保税仓库可以储存进口货物,使其免于征收关税、增值税、其他进口税以及非关税贸易政策措施。

比利时的出口商品能免于征收消费税、增值税①,其中原产于欧盟的特定农产品还能获得出口退税。

2008 年,欧盟成员国(包括比利时)开始实施优质企业(Authorized Economic Operator,AEO)认证,这也是一项重要的海关新措施。该认证旨在简化海关程序和精简供应链。自此,具有类似于 AEO 认证(如美国的 C—TAPT 项目)的国家(地区)间建立起了一条真正没有(或极少有)海关监管的"贸易航线"。

从 2009 年 7 月 1 日起,所有成立于欧盟以外的公司如果想向比利时提出报关或出/入境汇总申报,都必须要有经济运营商的登记和识别码(EORI)。

根据世界海关组织(World Customs Organization,WCO)提倡的"安全"标准,欧盟建立了新的进口控制体系,即进口控制系统(Import Control System,ICS),旨在确保商品进入欧盟海关时的流通。作为电子客户共同体计划之一,该控制系统自 2011 年 1 月 1 日起一直在发挥作用。自那以后,经营者把货物运到欧盟海关境内前,都要向进口国的海关机关提交海关进口汇总申报(Entry Summary Declaration,ENS)。

在欧盟的内部贸易中,一些商品仍被禁止交易或必须按照特定的手续才能交易(如人类用药、废弃物、植物或活体动物)。

对于样本而言,则有一个特殊豁免制度。

---

① 此种豁免需要遵守严格的条件和手续,所涉货物必须出口到欧盟以外。

第二章　外贸体系及法律规定[①]

作为世界贸易组织的成员国,比利时也认同世贸组织减少贸易壁垒的目标(必要时,包括执行措施)。作为欧盟的成员国,比利时需要遵守欧盟关于进口许可证以及特定商品配额的条例和指令,这意味着比利时的进口商品要受到欧盟关税联盟的管辖。

比利时是欧盟共同市场的一员,其优势是地理位置位于欧盟自由贸易区(和欧洲经济区)。欧盟法律保证公平竞争(包括反倾销和反不正当补贴),并由欧盟委员会在整个自由贸易区内监督和执行。而比利时法律则是由其竞争主管机构[②]监督,确保比利时在欧盟法管辖范围外的公平竞争,例如较小的交易额部门。比利时自身的法律也禁止不公平贸易。

在比利时过去的经济政策中,价格控制被广泛应用于商品和服务贸易中。现如今,价格控制已经成为例外情况,而以自由价格为基本原则的经济竞争则成为比利时经济政策的规则。

然而,也存在例外的情况,有些商品和服务仍适用价格控制。按照经济法典的规定,经济产业大臣主要对由比利时"社会安全"体系提供资助的涉及重大社会层面的部门进行干预,例如药品价格、植入物、助听器以及药剂师在权威制剂中使用的某些物品。这些干预都由价格决定或由最大价格差额的体系

---

① 参考载于比利时经济部网站 economie. fgov. be 上的毕马威会计事务所的文件"Investment in Belgium"和载于网站 www. belgium. be 上的资料"voedselveiligheid"。

② 荷兰语:Belgische Mededingingsautoriteit;法国语：Autorité belge de la Concurrence。参见网站 www. belgiancompetition. be。进一步的信息请参考相关书籍,如:Hans van Houtte. *The Law of International Trade*. London：Sweet & Maxwell,2002；432. 尤其是该书第四章"International Sales (Ns. 4.02—4.61)"。

监管。除了医疗部门,比利时经济部的价格服务也适用于考量和批准布鲁塞尔地区关于提高电视执照费的请求。

欧盟和比利时在食品方面也进行了具体规定。在欧盟层面,食品的标签、展示和广告都由欧盟指令(成员国执行的欧盟条例)监管。关于地理标志的保护、食品和农产品原产地的认定则取决于委员会条例(它直接作用于欧盟成员国)。在食品安全方面,欧盟和比利时也有完整的法律框架。

任何以顾客为中心的商业均须重视以下经济领域的关于消费者权益保护(不包括专业人士)的法律法规:建筑、支付服务、二手车出售、消费贷款、能源、产品担保(包括专业人士)、旅游、消费者债务、房地产分期、产品保险等。此外,也设有线上消费者调解服务以及消费者监察专员。

在银行、金融、电信和邮政等部门,比利时还设有专门的监管机构,来决定这些行业是否需要制定一些特定规则,比如它们为获得许可证需要遵守的条件。

第三章　外国直接投资及法律规定[①]

　　比利时既是 WTO 成员又是欧盟成员。作为欧盟成员,它遵循资本自由流动的 TFEU 原则。但根据比利时在 WTO 框架内签订的多边条约,如 TRIPS 或双边(投资)条约,来自欧盟以外其他国家的投资有可能获得高于比利时一般法律体制所规定的特别保护。外国投资所适用的法律框架在不断地演变。例如,欧盟目前正在和美国进行双边贸易和投资条约谈判(TTIP)。按照欧盟和比利时的法律规定,欧盟法律优先于比利时国内法。而对于其他条约,则取决于它们是否对比利时的国内法律制度有直接影响。重要的投资条约原则上直接适用于比利时,不过仍要检查条约的条款是否符合上述情形。

　　比利时法律也规定了许多具体措施用来吸引外资,在这些措施中,很大一部分是和世界主要经济体签订的双重税收协定。此外,比利时也不断与更多国家签订并定期更新每一个税收协定。比利时吸引外资的具体措施包括:吸引外国投资者的控股公司制度(包括股息、资本利得、利息与版税、累积利益和消除风险资本等)、吸引投资资金的税收制度、吸引研发投资的税收制度、抵消跨境重组税收影响的措施、吸引驻比利时外派人员的税收制度,在某些情况下

---

　　① 参考:"Press release-Direct investment and Belgium's attractiveness", 14 June 2007, www. nbb. be;"Ten reasons to invest in Belgium", 2013;Gilles van onacker, "Alles wat u moet weten over het handelsverdrag tussen de VS en Europa", 20 April 2015, www. deredactie. be;Joseph Spinks. "De geoorloofdheid van het opleggen van eigendomsbeperkende maatregelen door de overhead". *Jura Falconis* (2004—2005), nr. 3;365—406, www. kuleuven. be/jura; "Onteigening". www. belgium. be/nl/huisvesting/;"Onteigening van gebouwen en grond door de overheid". *www. vlaanderen. be.* 详细资料可参考:Hans van Houtte. *The Law of International Trade*. London:Sweet & Maxwell, 2002;432.

可以直接提供国家补贴（如投资补助金）以及受比利时税收部门主导的体系。这些措施都在欧洲竞争机构的持续监管之下实施，因此，最近关于团体法人内部费用的税收规定被视为非法国家补助。

由于比利时是欧洲委员会的成员，因此就其征收的风险而言，它也需要遵守《欧洲人权公约》（European Convention for the Protection of Human Rights and Fundamental Freedoms，简称 ECHR）第 1 号议定书第 1 款的规定。该条款第一部分规定，除公共利益、法定情形或国际法的一般原则之外，任何自然人或法人都能够和平享有其私人财产不受侵犯的权利。条款的第二部分则规定，第一部分的要求在任何情况下都不能损害国家执法的权利，因其认为有必要为了公共利益而控制财产使用、保护纳税、其他出资缴付以及罚款。

在实践中，比利时当局通常很尊重投资者，不会对外国投资者和本国投资者实行差别对待。

比利时当局可能为了公共利益或普遍利益征收房屋或土地，例如，为了建造房屋、修建公路或下水道，但这些征收行为都必须符合特定程序。

第四章　货币和银行体系及法律规定[①]

一、欧盟与欧元

外国人可以自由地将资本转入比利时,而私人也可以自由地将收入和营业利益转回国内。在成为欧盟成员国(适用欧洲货币政策)以及1999年1月1日加入欧元区后,比利时在1990年彻底废除了外汇管制制度。[②] 比利时国家银行负责向欧盟主管部门提供国际收支平衡数据并为此保存所有的统计数据。

---

① 这部分内容参考"Press release-Direct investment and Belgium's attractiveness",October 2008,www. nbb. be;"The Future of the Belgian financial sector. Report of the high level expert group established on the initiative of the Minister of Finance of Belgium",Brussels, 13 January 2016; Financial Services and Markets Authority Belgium,En. wikipedia. org;A Van de Velde. *Inleiding tot het financiewezen*. Bruges, Belgium: die Keure Business & Economics, 2011:683;Byttebier, K. *Handboek Financieel recht*. Belgium, Antwerp, Kluwer, 2001:1200.

② 关于1990年以前比利时外汇管制的简要描述可参阅:Henri-Robert Depret. Exchange control regulations // Dennis Campbell. *Legal Aspects of Doing Business in Western Europe*. Deventer, Netherlands:Kluwer, 1983:74-75.

二、全球金融危机

在 2007—2008 年全球金融危机前，比利时的金融业经历了一个全球化和去碎片化时期。通过一系列的合并与收购，比利时组建了一些国际活跃的银行保险企业集团（即通过银行销售保险产品），这在一定程度上意味着银行的决策中心已经转移到其他欧盟成员国或欧盟以外的国家。由于 2007—2008 年的金融危机，这些留在比利时的最大的企业集团有些被法国企业接管，有些则趋于破产。留下来的企业集团不得不接受比利时联邦或地区政府的帮助。仅有一些较小规模的银行没有受到很大的影响。自 2008 年起，比利时的金融部门经历了一段长期的恢复与重组（包括裁员和去杠杆化）。

三、比利时的外资银行

比利时除了有历史既存的国内银行外，也有许多外资银行。它们或是位于比利时的附属机构，或是其他欧盟成员国基于服务自由移动原则和母国控制（或原产地）原则进行直接经营活动。来自欧盟成员国或欧洲经济区（European Economic Area，EEA，包括冰岛、列支敦士登、挪威）以外的其他国家的银行，必须从比利时的银行主管部门取得许可证才有权在比利时开展银行业务。这些外国银行的服务范围包含从充当办事处（例如收集和提供信息）和为其客户①开展比利时境内的具体业务到全面发展的银行业务。

四、母国控制原则

由于 1993 年起全面放松对银行业的监管，欧盟立法规定信贷机构也能提供全面的金融服务。比利时 1993 年 3 月 22 日的法规的基本原则概括如下：

（1）互相承认制度，只要在一个欧盟成员国设立机构，该国监管部门对金融机构所做的认证对于该机构在整个欧盟地区的金融活动均有效；

①　例如私人银行、信贷机构等。

（2）信贷机构母国主管部门的准垄断行为超出了该机构的活动规则,不论其发生在欧盟何处;

（3）加强对信贷机构在公司持股或者公司在信贷机构持股的监控力度;

（4）对于流动资产、货币政策以及符合一般法律要求的监控,由母国管理机构执行;

（5）对于银行(商业银行、储蓄银行等)的各类法律规范的标准化,也构成了监管体系的组成部分。

五、金融机构的类型及活动

比利时 1993 年 3 月 22 日的法规适用于所有的金融机构,这些机构包括经营活动是吸收银行活期存款或公众无偿资助资金以及发放贷款的企业。具体而言,此类机构的经营活动还包含透支贷款、短期或长期借贷、汇票贴现、跟单信用证等。其他的附加服务还包括与购买土地、建筑和设备有关的投资信贷、按揭贷款、应收账款保理、出口融资、租赁服务(融资租赁或经营租赁)等。还有一些机构能够从事更广泛的注册范围内的活动,而另一些则从事更为专业性的活动(如租赁公司等)。

布鲁塞尔金融中心是欧洲证券交易所的组成部分,该交易所通过并购阿姆斯特丹、布鲁塞尔、巴黎和里斯本的证券交易所而形成。环球同业银行金融电讯协会(SWIFT)和世界上第一个也是最大的国际性的交易证券清算与结算体系(Euroclear,欧洲银行票据交换所)的总部也设在比利时。

比利时的国内银行和国外银行都由一个名为 Febelfin 的专业组织所代表,该组织代表了比利时所有的金融部门(银行、投资基金、租赁公司、股票经纪人、资产管理公司以及提供家庭部门贷款的公司)。

自 1979 年起银行卡就已成为比利时通用的支付系统,同时,比利时还拥有高度发达的 ATM 网络、POS 机和自助银行设备。电话支付被电脑银行所取代,而手机支付则越来越流行。

比利时所有的信贷机构(银行及储蓄银行)在同一个法律框架下进行经营活动且接受同一个监督部门的监管。

六、金融业监管

金融业监管包括两个方面:监督单个金融机构的"微观审慎监管";为维护金融系统整体的平稳运行、避免重大危机的"宏观审慎监管"。

2002年8月2日法令颁布后,由比利时的国家银行负责对金融市场进行宏观审慎监管。此外,国家银行也负责监督支付和证券结算系统。

"微观审慎监管"由金融服务与市场管理局(Financial Servicesand Market Authority,FSMA)负责。FSMA不仅要严格监管单个机构,还要负责监管金融市场和上市公司以及金融产品。

就对金融服务提供者和中介机构的监管而言,FSMA对与客户直接接触的下列金融服务提供者也要进行广泛的监管:

(1)银行、投资服务的中介机构和保险中介(代理和经纪人);

(2)担保集资入股的管理公司;

(3)投资组合管理和投资咨询公司;

(4)外汇兑换处(外币兑换所);

(5)抵押贷款公司。

FSMA也有权在下列领域进行监管:

(1)经纪人和代理人注册成为金融中介机构;

(2)调查想成为出售银行或保险产品的代理人或经纪人是否合格;

(3)公布不符合授权要求的金融服务从业人员,并引起司法机关的注意。

FSMA也要确保金融机关是否遵守相关的行为规则。这些规则保证金融机构公平、公正、专业地对待客户,并适用于所有在比利时提供产品的金融机构,包括要求从比利时国家银行获得授权的银行、保险公司和股票经纪公司等。金融机构必须有适当的组织和程序来保证金融产品与服务的消费者能得到谨慎细致的注意和对待。这也意味着金融机构需要做好其他很多方面的工作,如提供正确的信息,对潜在的利益冲突进行适当管理,对客户指令进行最佳执行。此外,金融机构只能出售符合客户风险预测的产品,具体包括两方面内容:

(1)经营行为的规则是必须确保客户不会因为金融机构向其出售不符合风险预测或投资目标的产品而成为受害者;

(2)规则必须保证金融机构的利益不会超过其客户的利益。

FSMA 对金融产品也有权监管。

监管金融产品旨在确保提供给消费者的产品是易于理解并且有用的。此外,金融机构还应该向消费者提供一个较全面的关于产品成本的概述,而 FSMA 也会积极主动地采取一些措施使金融产品更为简单易懂。FSMA 对金融机构提供给消费者的所有金融产品进行监管,其产品监管主要体现在以下两个方面:监管金融机构所提供的金融产品的信息质量和广告材料;监管产品是否符合法律规定。这意味着:

(1)在比利时向公众发行证券时,FSMA 必须事先批准招股说明书或必须确认该招股说明书是否已经在国外得到核准;

(2)FSMA 对集资入股(一种投资基金①)的操作和机构担保进行监管;

(3)FSMA 对事前合同信息、合同条款、保险产品条件和抵押贷款进行审查;

(4)FSMA 可能有权批准为储蓄账户做广告;

(5)FSMA 有权核实金融服务提供商是否遵守已经制定的关于调整结构化商品市场的规则。

FSMA 的权限还包括监管企业年金。企业年金是指雇员和个体户通过从事的专业活动来积累津贴(也称"第二支柱")。FSMA 负责监管"第二支柱"的社会立法的遵守情况,同时也负责审查管理企业年金的职业退休计划机构的财务健康状况。这意味着:

(1)FMSA 要处理会员和受益者关于企业年金的投诉;

(2)如果一个退休计划机构出现亏空,FSMA 可以要求它开展复苏或整顿计划,以确保其能尽快弥补亏空。

最后,FSMA 也负责监管金融市场和上市公司,其中一个重要的方面是监管股票市场中各公司所提供的资料。FSMA 还要核实公司信息是否完整,是否能真实反映公司状态,是否能得到及时处理。除此之外,FSMA 还要确保所有上市公司的股东都能得到公平对待,而且还要通过监督市场基础设施的完善来确保金融市场的平稳运作(如布鲁塞尔的欧洲证券交易所),这表明:

(1)FSMA 要监控收购行为是否遵守了适用的法律法规;

(2)FSMA 要确保上市公司的财务信息能让所有人在同一时间获取;

(3)如果有公司没有遵守规则,FSMA 有权以多种方式进行干预(如发布

---

① 投资基金是投资者从其作为某一群组成员这一固有优势中获得收益的一种投资方式(资料来源:https://en. wikipedia. orgwikiinvestmentfund)。

警告、暂停上市、进行罚款等）；

（4）FSMA 有权调查可能的内幕交易和市场操纵形式，并对相关主体实施制裁。

如果股东的股份超过或低于固定阈值，他们要向 FSMA 公布他们的所持股份。在比利时，需要公示的重要股权初始阈值为 5%。持有股份的发行者可以在管制市场上交易，因为比利时是可以就临界值规定进行附加通知的成员国。

第五章　基础设施建设的相关法律规定[①]

一、WTO 和双边条约

由于比利时是许多国际组织如 WTO、世界劳工组织的成员国,因而在比利时建筑领域从事涉外工程承包的企业能够得到有效的保护,在某些情况下,比利时受到这些涉外组织相关协议的约束,如政府采购协定。[②]

这些外国(非欧盟)工程承包企业也受到双边条约的保护。如上所述,在税收方面,比利时和世界上大多数的发达国家都签订了双重税收协定;在社会保障方面,比利时也和许多国家签订了许多条约,比如与智利、阿根廷、突尼斯、阿尔巴尼亚等国签订的条约。这些条约允许工程承包企业在比利时履行合同期间,在其自身的社会保障体系下管理员工,在运作中被称为劳工"委派"。[③]

---

① 该部分内容改写自 Marco Schoups 的"Construction and Projects：Belgium"(21 January 2016,www. schoups. be)。Marco Schoups 是一位来自 Shoups，Van Bosstraeten & CO 律所的拥有职业资格的律师。

② 参见世界贸易组织网站 www. wto. org。

③ 这部分内容将在本章及劳动法相关章节进一步详述。

二、欧盟的服务自由流动

来自欧盟其他成员国的工程承包企业当然能够受到 TFEU 中服务自由流动原则以及大量执行该原则规定的法律文本(指令、法规等)的保护。一些法律文本,如在欧盟指令 2007/66/EC、修改了的指令 89/665/EEC 和指令 92/13/EEC 中,有关于提高公共合同裁定(公共合同审查程序指令)审查程序有效性的规定。指令 2004/17/EC 整合了水、能源、交通和邮政服务部门(公共事业指令)的实体运作的采购程序。尤其是为了通过公共合同加强基础设施建设,指令 2004/18/EC 整合了授予公共工程、供给和服务合同(统一国营部门指令)的规定。这些指令通过联邦法规、地方法令或委员会令而并入比利时法律。如果比利时当局没有正确执行这些法律,来自其他成员国的工程承包企业可以在欧盟法院起诉比利时。

例如,如果比利时对来自其他成员国的独立工人(个体户)强制适用身份鉴定制度的行为被欧盟委员会认定为过分举措,比利时将会因受到欧盟法院的谴责①而改变此项规定。同时,欧盟委员会还会对比利时进行进一步的观察,比利时也必须取消分包商的登记责任。②

三、建设项目的主要参与方

基础设施建设主要通过具体项目来实施。建设项目中涉及的主要参与方包括:

(1)委托人;

(2)承包商或总承包商;

(3)分包商;

(4)架构师;

(5)咨询工程师(如专门研究稳定性的工程师);

(6)其他参与方,如供应商、项目经理、安全协调员、能源绩效报告员、工料

---

① C-557/10,Commission vs. Belgium,19 December 2012.

② 见 2011 年 11 月 17 日税收条例第五章及各项规定。

测量师、质量测量师、采购工程师、承保人、投资人、验证机构等。

一些临时工代理机构也开展人员招聘服务,专门为工程项目进行人员选择和招聘。①

公共基础设施工程的总承包商和建筑师通过公开招标的方式予以任命。为了保证其独立性,建筑师不能由承包商挑选或付薪。分包商由总承包商指定。主合同可以规定委托人必须提前审批分包商(因为税款、社会保障金等由主合同确定)。

土木建筑项目只能由得到许可证的建筑师来设计。根据 1939 年 2 月 20 日颁布的关于维护建筑师专业和头衔的规定②,上述建筑师必须独立于承包商且不受其他参与方的支配。因此,承包商不承担设计责任。

但承包商仍然要对其分包商的工作负责。根据《民法典》第 1792 条的规定,在 10 年内由于出现故障、缺陷或地面不合格而导致部分或整个建筑物损坏的,建筑师和承包商将承担责任,且承担的是连带责任。

承包商和建筑师也可享有责任限额或者免除责任,但该限额不能影响合同的基本义务,也不能违背合同的宗旨。如果承包商存在故意、不当行为或欺诈行为,将不能享有责任限额。

四、公共工程

公共工程由投标(选取价格最低的投标或最有经济优势的投标)取得,而公共工程的采购则由上述欧盟指令中并入比利时法的有关公开采购的法律来规定。

关于公共合同的执行(工作、服务与供应),其规定出现于 1996 年 9 月 26 日颁布的总承包条件中。③ 这些监管规定构成了执行公共合同的标准合同。公共机关只能在有限范围内偏离这些规定,准确来说,"总承包条件"只能因满

---

① 符合要求的人员应当在项目上填写。

② 参见 1939 年 3 月 25 日比利时官方公报。新法及修正案必须在官方公报上公布才能生效。

③ 1996 年 9 月 26 日总承包条件对于工程合同的公共分配、供给与服务、公共工程的特许做出了规定(荷兰语:Algemene aannemingsvoorwaarden voor de overheidsopdrachten voor aanneming van werken, leveringen en diensten en voor de concessies voor openbare werken),参见比利时 1996 年 10 月 18 日官方公报。

足公共合同的特殊要求才能做必要的修改,而且在最初的招标规范文件中也必须对该修改进行说明。

五、总承包商与分包商之间的合同

为了完成建设项目,赢得投标的总承包商经常会与分包商以及上述(部分或全部)的参与方签订合同。

为了整合总承包商和分包商或其他私人参与方之间订立的合同,国内或国际的企业联盟都会为其成员提供标准合同范本。例如,在国际层面上,有国际咨询工程师联合会(International Federation of Consulting Engineers, FID-IC);在比利时国内,有建筑联合会(荷兰语:Confederatie Bouw)与房地产联合会(Real Estate Confederation, CIB)为注册用户提供标准合同。如果是大型的基础设施项目,为了满足项目合同的需求,企业必须对这些标准合同进行修改和采纳。

普通分包合同通常采用书面形式,而对较小的分包施工,如对私人住宅这种国际性较少的施工而言,总承包条件(第15条)及其他法规中关于提供详细的书面证据义务并不适用,简短的书面承诺甚至是口头协议都十分常见。承包商协会(VBA—ADEB)之前提供过一份分包合同起草的标准范本,不过该版本已经被废止,现在使用的是修改后的版本。总承包商也都有自己的标准合同,不过制定这些合同的目的是提高承包商在合同中的地位。

关于分包合同的内容,总承包商通常将主合同中与分包合同有关的、涉及规格和图纸的责任委托给分包商,但总承包商也对分包合同中涉及承包人对委托人法定义务的条款承担责任,例如:

(1)计划中所要达到的目标;

(2)特约条款;

(3)各类风险的分配(地下及气候条件、不可抗力、法律变更、案件等);

(4)债务;

(5)赔偿;

(6)保险。

然而,分包合同不能直接改变总承包商与委托人之间的责任,此外,分包商也不对委托人负责。委托人与总承包商之间签订合同,总承包商与分包商签订合同,而委托人与分包商之间没有合同关系。

当然,这些原则也有例外:

委托人(或承包商)与承包商(或分包商)订立合同时,已经负有社会保障或税收债务的,承包商(或分包商)对偿付这些债务负连带责任。

为了避免逃避社会保障义务,委托人(或承包商)的每项支付和转账都必须向社会保障局保留 35％的发票金额(不考虑增值税)。对于每项支付,都可以通过工程承包企业提供的代码在社会保障局的官网上查询其是否履行了这项义务。

为了避免逃避税收义务,委托人(或承包商)的每项支付或转账都必须向税务机关保留 15％的发票金额(不考虑增值税)。同样的,也可以通过工程承包企业提供的代码在财政部的电子账户("My Minfin")上查询其是否为应付款项。

只有正确地扣缴税款和转账后,才可以不适用连带责任。扣缴税款的转账行为免除了委托人(或承包商)的责任。①

承包商和分包商之间的合同也可能包含"附条件支付"条款,此类条款规定只有在承包商得到款项后分包商才能获得报酬。根据《民法典》第 1789 条的规定,石匠、木匠、工人和分包商可以直接向委托人索要承包商应向他们支付的报酬。

六、使用分包商的条件

管理公共工程的法令和法规可能会规定一些使用分包商的特别条件,比如分包商有义务与委托人交流一定数量的信息(例如,2011 年 7 月 15 日公布的皇家法令第 12 条关于典型领域中②公共分配的人员配置)。

任何在比利时从事活动的工程承包企业都必须从比利时的经济部(官方的公共服务联盟)获得一个企业号码。如果承包商的有关人员处于比利时的社会保障体系中,则必须通过比利时社会保障部门的网站获得一个身份号码

---

① 上述 4 段参见以下资料: F Verbruggen,"Hoofdelijke en subsidiaire aansprakelijkheid voor sociale en fiscale schulden: uitbreiding naar de opdrachtgever",18 August 2015,www. groups. be ;"De hoofdelijke aansprakelijkheid inzake de loonschulden: en nu de sector van het wegvervoer en de logistiek voor rekening van derden", 6 May 2014,www. groups. be.

② 参见比利时 2011 年 8 月 9 日官方公报。荷兰语标题:Koninklijk besluit plaatsing overheidsopdrachten klassieke sectoren.

（RSZ/ONSS）。

正如 1991 年 5 月 20 日关于承包商工作委任①的法规中所定义的，在公共工程进行投标时能够基于公法或私法将公共工程分配的权利授予分包商：被认证的或有足够的证据可以证明，或基于法律能够符合设定的条件。

为了被认证为承包商，承包商需要满足以下 7 个主要条件：

（1）它必须在欧盟建立；

（2）它必须按照适当的商业登记规定进行登记；

（3）它不能处于破产、清算、国家重组或其他类似状态；

（4）它既不会由于一定数量的违法行为被定罪，也不会被驱逐；②

（5）它必须具备足够的技术能力；

（6）它必须拥有足够的金融、经济实力；

（7）它必须履行其社会保障和纳税义务。

授予的许可证通常只适用于公共工程种类、分类或亚类的特殊部分。

就工程本身而言，也必须要有许可证。

七、建筑许可证和环境许可证

建筑工程在开始作业前通常需要从建筑主管部门获得建筑许可证，施工的每个参与方都可以申请建筑许可证。

根据环境法的规定，工程项目也需要环境许可证。如果一个项目会对环境产生重大影响，就要提交环境影响预估报告。此外，项目也必须遵守关于大气污染、水、废物、可持续发展和气候变化目标（包括能源绩效目标）的规定。

关于环境方面的规定将会在环境法部分予以详细介绍。然而，我们已经提到过，建筑项目在申请建筑许可证的过程中也要提交一份关于水的测试（至少在佛兰德地区）。此外，建筑主管机关也可以在建筑许可证中设定特定条件和义务，来防止对水源或水质量产生有害影响。

---

① 参见比利时 1991 年 4 月 6 日官方公报。荷兰语标题：Wet houdende regeling van de erkenning van aannemers van werken。

② 参见 1991 年 3 月 20 日法规第 19 条第 3 节的规定。在特定情形中分包商被排除在公共工程之外，这些具体的排除情形列表公布在比利时于 1991 年 3 月 20 日根据法规第 20 条而发布的政府公报上。

八、建筑工程的监管

建筑师需要勘测大多数建筑活动,而某些施工工程需要任命一位安全协调员。

在施工期间,公共机关可能对施工进行检查,来核实施工是否符合建筑许可证/环境许可证、劳动法、安全法的规定以及能源绩效要求。

在建筑施工完成后,能源绩效报告员要提供一份说明该建筑物是否符合建筑能源效率的法定要求的报告。同时,能源绩效报告员也可以签发能源绩效证书(EPC)。

公共建筑物还要受到消防队的检查。

九、合同定价安排

最常见的合同定价安排是:

(1)绝对固定价格(总额);

(2)相对固定价格(基于某些标准,甚至是公式,可以由主管部门单方面修改);

(3)单位价格;

(4)成本加费用、设置上限或结合分红。

主管部门低估公共基础设施项目的成本的情况并不罕见。

十、公私合作模式

公私合作模式(public private partnership,PPP)合同对公共工程来说是非常重要的,这一类型的合同会用在以下方面:

(1)港口基础设施(如安特卫普、根特、泽布吕赫的港口新设通海船闸的建设)和其他水路基础设施(运河与自然河道);

(2)污水基础设施(如污水管、污水净化站等);

（3）垃圾收集、转换和回收①基础设施；

（4）公共交通（公交车停靠地、电车、铁路等）；

（5）道路（新建、维修工程等）、隧道和桥梁等；

（6）网络电缆基础设施工程（电力、电视节目传送、互联网电缆等）；

（7）其他公用基础设施（天然气、石油等）；

（8）学校建筑物和其他学校基础设施（没有足够空间修建教室、资助紧急维修等）；

（9）医疗保健基础设施，如医院、养老院等；

（10）其他公共建筑（法院、公共图书馆、办公室等）；

（11）体育基础设施（运动大厅、游泳池、多功能体育中心等）；

（12）其他。

一般而言，PPP 的适用范围十分广泛，包括设计、融资、建设和/或改造、管理、运营和维护。这些工作通过纯合同框架，公、私共同持股或管理的股份公司来实施。合同类型包括以下内容：

（1）公共工程特许权合同，它赋予承包商经营工程的权利；

（2）建设、拥有、运营和移交（BOOT）合同；

（3）设计、建设、融资、维护（DBFM）合同或设计、建设、融资、维护、运营（DBFMO）合同。② 该合同的原则是承包商最终责任制，但承包商可以把建筑活动外包给分包商，从而转移其责任。招标的目的之一是要么通过最低价格获得同样质量，要么通过同等价格获得更高质量来获取利益。另一个目的是减少完成项目所需的时间。当只有一个招标而不是一系列招标时，则会产生更少的交易成本。

当 PPP 合同适用于基础设施建设时，需要付出相当大的成本（至少 500 万欧元）。

如上所述，规范政府采购合同与公共工程合同的规则同样适用于 PPP 合同中涉及的建设与服务。

比利时是一个联邦国家，这就意味着一些重要权限已经转移到各地区中。这些地区颁布法令会使 PPP 合同的履行更为便利。例如，2003 年 7 月 18 日

---

① 基础设施过程中使用的商品会被转化为产品或材料而再次使用（与之前有相同目的或为了其他目的）。

② 以下段落参见"Publiek-private samenwerking"，nl. wikipedia. org。

颁布的佛兰德PPP法令①、瓦隆区法令以及住房部门、污染处理部门、学校建设、城市改造、土壤污染预防和航空运输方面的法令。

PPP合同的招标过程不同于其他招标。基于PPP项目的规模和复杂性,公私PPP的招标过程通常是协商完成的。

在实践中,这一过程通常包括三个阶段:

(1)资格预审。经主管部门评估来确定哪些承包商将获邀参与投标。

(2)报价阶段。原则上,第二个阶段至少有3个候选承包商有资格参与报价,他们将被邀请到一个或多个谈判回合中。在这一阶段的最后,承包商要提交各自的最佳和最终报价(Bafo)。

(3)订立合同。与第二个阶段中的首选投标人立即或在微调后订立合同。一般来说,会在项目的资金筹措定案后与首选投标人订立合同。

通常来说,PPP项目的投标过程较为昂贵。公共合伙人会在其投标文件中表明阻止潜在的投标人。此公共合伙人会向失败的投标人提供(有限的)评估费和/或设计费。

十一、刑法方面

由于基础设施建设项目的投标标的额巨大,在招标过程中极易滋生商业腐败。因此,比利时立法者对此做出相关(法定或其他)规定也不足为奇。

根据比利时刑法,贿赂包括两种类型:公共贿赂(包括公务员)和私人贿赂(包括私人承包企业及其代表和工作人员)。这两种类型的贿赂又分为主动贿赂(某人试图对他人行贿)和被动贿赂(他人联系某人试图行贿)两种。任何主动或被动参与贿赂的当事人都会触犯刑法的相关规定(比利时《刑法典》第246~253条,第504条之二和之三),试图进行贿赂也会被刑法所禁止。法人和自然人如果触犯规定都将承担法律责任。

同时,比利时还采取了一些预防措施:所有因参与犯罪组织、腐败、欺诈或洗钱而被定罪的候选人或投标人在原则上不能参与公共投标。

公共贿赂和私人贿赂的处罚形式包括罚款和/或监禁②,而承包商可能被

---

① 关于公司合作模式的法令,参见比利时2003年9月19日官方公报,荷兰语标题:Decreet betreffende publiek-private samenwerking。

② 参见上文提及的比利时《刑法典》的相关条款。

吊销公共工程的从业执照①。

十二、交易结构和公司模式

许多项目,尤其是大型项目,都会使用交易结构和公司模式。

如果为了建设项目而成立专项企业或合资企业(一种财团法人),一般会采用如下结构:

(1)法人型合伙,例如临时商业同业公会(荷兰语为 tijdelijke handelsven-nootschap,法语为 société momentanée);

(2)为了建设项目而成立的专项企业类型的公司(一般为有限责任公司,荷兰语为 naamloze vennootschap,法语为 société anonyme);

(3)其他类型的合资企业,但不一定具有法律人格。

临时商业同业公会是以成员追求共同的商业目标(此处是为了完成建设项目)为基础而建立的没有法律人格的协会组织。临时商业同业公会的各成员均对第三方承担连带责任。

对于所有的专项企业或合资企业而言,合伙协议或公司章程通常与合伙人的协议相结合,例如以下方面的协议:

(1)建设项目融资;

(2)投票权保留;

(3)股权转让限制;

(4)利润或损失的分配;

(5)退出策略;

(6)冲突解决机制。

十三、项目融资

由于项目的性质与范围不同,项目融资也存在很大的差异。虽然公共基础设施项目可能会有政府补贴,但融资(通常先融资)仍必不可少。

---

① 参见 1991 年 3 月 20 日第二公告第 4§1,4°,a 关于公共工程承包授权的规定(1991年 4 月 6 日比利时官方公报)。

项目参与方可以向信贷机构贷款，对于较大项目，可以采用多期贷款的方式。如果项目被认为超出一般风险，可能只能采用夹层融资（在一定时期或某种默认情形下，附属贷款可能转为股权）。建设项目信贷（除了本金）的基本原则是贷款（一期款项）的偿还日期在本金支付之后。

由于税收，租赁建筑也经常被采用。这一方案意味着租赁公司（出租人）将成为这些基础设施的所有人，当所有的分期付款偿付完毕后，承租人可以选择购买该基础设施。

上文所述的都是相对简单的项目融资方式，然而，在实践中可能会用到更复杂的形式（包括远期合同、派生合同等）。

十四、担　保

在基础设施项目中，财务风险是不容小觑的，因此，投资者经常会规定一些担保条款以及契约保护条款。

如果可能的话，在一项公共基础设施项目中，投资者会被授予第一顺位的抵押权（设立在财产以及将要建造的建筑物之上）以保证其投资。此外，大部分投资将由一个有利于投资者的强有力的委托人予以担保，它允许投资者在必要的时候获得抵押款。

其他的担保形式包括母公司担保，以其股票、银行账户或权利质押使得建筑商受到超过出资数额的保证。由于在公共基础设施项目中并不常用抵押，所以这些担保形式会排在首要位置。

在建筑物租赁的情形下，基于建筑物所有者的身份，出租人能够有所保障。

就契约保护而言，大多数的融资协议赋予投资人介入权，这项权利允许投资者在建筑商拖欠贷款时接管其权利和义务。

建设项目的贷款在投资者收到收款请求时才会发放，而且通常是在得到独立建筑师的批准之后。

承包商在负责建设基础设施项目时会承担很多风险，例如：

（1）委托人破产；

（2）建筑物损毁；

（3）在项目实施过程中发生的导致其义务增加的某些情况或事件。

为了尽量降低委托人破产所带来的风险，合同通常规定承包商有权根据施工的进程提前索要费用。

承包商通常需要在委托人对工程验收完毕前承担建筑物遭遇损毁的风险。如果由委托人提供材料(这种情况在公共基础设施项目中很少见),承包商原则上只对其施工差错承担责任。承包商可以对特定风险进行投保。

在公共工程合同中,原则上承包商要以债券形式提供履约担保。随着越来越多的公共工程项目被指派给机构和公司等单独实体(融资来源于私人银行),委托人要求越来越多的担保,而承包商和分包商则倾向于抵制这些要求的担保,尤其是要注意这些首要的担保类型和受益人(即委托人)的信用级别会引发不公正的担保。

如果承包商不能提供债券作为履约担保,委托人通常会扣留承包商的部分发票金额。

十五、合同变更

施工过程中发生的某些情形或事件可能会破坏预计的花费和实际花费之间的平衡。在该情形下,一方面是合同约定的费用,另一方面是被打乱的费用。当不可预见的情形严重妨碍到了承包商施工中重要材料的使用时,承包商有权调整约定的费用,起码在公共工程合同中承包商有权这么做。不可预见的情形是指一个普通的、审慎的、有能力的承包商在签订合同时不可能考虑到的情形。

十六、归责和免责条款

由于设计责任归于架构师,因此承包商不需要承担该责任。

但承包商仍然要对其分包商的工作负责。根据《民法典》第 1792 条的规定,在 10 年内若因出现故障、缺陷或地面不符合情况而导致部分或整个建筑物损坏,建筑师和承包商要承担责任,且承担的是连带责任。

承包商和建筑师也可享有责任限额或者免除责任的权利,但该限额不能影响合同的基本义务,也不能违背合同的宗旨。如果承包商存在故意、不当行为或欺诈行为,将不能享有责任限额。

就承包商自身的过错而言,他可能谈判时会要求合同中包含免责条款(当然,这在投标中不大可能)。

免责条款可以免除承包商由于自身错误而所需承担的责任,虽然该条款甚至可以使严重错误予以免责,但恶意企图不可免责。

免责条款的内容必须清晰明确、不含歧义,如果有任何疑问,将对依赖该条款的当事人做不利的解释(不利解释原则)。使协议的宗旨或内容落空的免责条款是无效的,这点同时适用于所有的条款。

强行法可以排除免责条款的适用,如上所述,承包商在 10 年内不能排除其对部分或整个建筑出现故障而需承担的责任就是一个例子。

在建筑业中,责任限制并不常见。

但这并不包括不可抗力的免责条款,即合同条款允许当事人因出现不可控制的情形而无法履行义务时,可以中止或终止履行其义务。如《民法典》第1147 条和 1148 条规定了在某些不可抗力情形下免除债务人的责任。只有不可预见、不能避免并超出当事人控制范围的事件才构成不可抗力。在这种情况下,原则上不能要求承包商承担责任。

十七、实质延迟

基础设施建设项目中另一类典型的合同条款有关于实质延迟的规定。根据这些条款,如果发生实质延迟,委托人有义务弥补损失。在这方面,合同通常针对每天的延迟都规定了赔付总额。为使该规定有效,实质延迟的损失必须对应潜在损失。如果规定的损失赔付过多,法院也可就数额进行修改。

如果实质延迟是委托人造成的,承包商通常可以减少利润和提高间接成本来索偿损失。

在适用上述总承包条件时,施加给承包商的"延迟罚款"不能超过合同总金额的 5%。此外:

(1)承包商必须赔偿公共机关因延迟而偿付第三方的损失;

(2)公共机关可以选择不同的价格修正公式。

十八、原定规划的修改

在基础设施建设中经常出现的另一个问题是,参与方不得不更改最初所做的规划。关于该点,参与方可以预先在合同中规定相关的条款。但是如果在实践中面临该情况,通常需要起草一份声明来解决价格和时间等相关问题。

在这种情况下,参与方之间通常需要讨论某项特定工作是否是对原来规划的修改或是额外工程或原工作安排的一部分。根据合同规定及争议本身而言,承包商无权拒绝施工,该争议只能在施工完成后才能得以解决。

上述总承包条件(第42条)也对原规划的修改做出了规定。

首先,如果额外工作的总价值超过了合同规定的初始金额的50%,承包商可以拒绝执行。如果原合同款减少,承包商拥有获得减少价款的10%作为损害赔偿的权利。在满足一定条件的情况下,双方可以协商修改单价。如果针对新单价没有达成协议,政府将确定价格,并保留承包商的所有权利。尽管在确定新单价时可能发生争议,但承包商也必须不中断地继续施工。

在公共工程项目增加额外工作或修改原规划的情况下,承包商有权延长项目工期。

十九、损害赔偿

《民法典》第554条的判例确定在主代理人因房屋施工而对邻居造成不适当困扰时需要承担损害赔偿。因此,委托人会将责任转移到承包商身上,而承包商又会将风险转移给其分包商。为了避免高额保险费或不良记录,大多数承包商和分包商拒绝承担"无过错损害赔偿责任",尤其是该项责任在招标时并无要求。

以下几个方面也可能构成承包商参与投标或私人间合同谈判的阻碍:

(1)索赔程序;

(2)变更订单和估价程序;

(3)支付地方税的责任;

(4)以方便为原则而终止合同,而无须补偿利润损失。

二十、保 险

开发商必须为承包商和建筑师投保。承包商必须投保雇员事故险和第三方责任险。

在私人合同中,建筑师必须有专业赔偿保险,以及一份涵盖其在上述 10 年内对部分或整个建筑物出现故障而承担责任的保险。在大型的建筑项目中,委托人或总承包商会办理建筑或承包商的全险保险(CAR),也称为承包工程或建设保险。

基础设施项目的保险体系包括如下内容:

(1)民事责任险(荷兰语为 Burgerlijke aansprakelijkheid,法语为 Responsabilité Civi),包含第三方财产、生命或健康的损失。如上所述,建筑师必须依法购买此保险。

(2)营造综合险(荷兰语为 Alle bouwplaats risico's,法语为 Police tous risques chantier),CAR 包含在工程项目建设过程中一般会出现的一切风险。法律不要求一定要购买此保险,但合同一般规定必须要购买。

(3)十年责任险(荷兰语为 Tienjarige aansprakelijkheid,法语为 Responsabilité décennale),包含消除整体或部分建筑物坍塌故障的费用。如前文所述,按照法律规定,建筑师和承办人必须购买此保险。

对于大型项目而言,所有人或建设项目承办人经常会有延迟投保(例如,获得许可证需要比预期花费更多时间)的情况出现。除此之外,通常有大量特定的附加险需要投保,这取决于:

(1)建设项目的性质与范围;

(2)各融资方的需求。

此类特殊附加险包括专业责任保险(例如,专业分包商需要投保的保险)、其他毁灭性风险的保险(火灾、风暴、冰雹和洪水等自然灾害,恐怖主义等)和运输保险(例如,当材料必须运到建筑工地时)。

二十一、人力资源方面

在上述基础设施项目的部分,我们已经提及比利时国际雇佣的相关内容。关于这部分内容将在劳动法中予以更为详细的讨论,在此我们仅涉及有关国际雇佣的一些重要原则①,关注的重点是外国企业在比利时的法律环境。

---

① 关于比利时国际雇佣问题的介绍可参见:Filip Van Overmeiren. *Buitenlandse krachten op de Belgische arbeidsmarkt.* Belgium, Brussel: Larcier, Bibliotheek sociaal recht, 2009: 346.

在欧洲,工人和服务是可以自由流动的。从 2015 年 7 月 1 日开始①,这一原则意味着所有欧盟成员国(和 EEA 国家:冰岛、列支敦士登和挪威)的项目工作人员在不用事先获得工作许可证的情况下也可以在比利时工作②。根据服务自由流动原则,在某些情况下,欧盟成员国的雇主也可以让其雇员,甚至是没有欧盟成员国国籍的雇员,即所谓的第三国公民,去另一个欧盟成员国履行合同。

比利时的雇主也可以从欧盟成员国之外的国家招聘或接收工人,但该工人必须事先取得工作许可证。工作许可证的申请是在个案基础上进行评估,但在实际操作中,只有工资高于一定水平的特定类别的部分工人可以相对容易地获得工作许可证(2016 年年度数据)③:

(1)总收入超过 39824 欧元的受过高等教育的人士;

(2)总收入超过 66442 欧元的管理人员和高管;

(3)总收入超过 33221 欧元的舞台艺术家;

(4)总收入超过 76800 欧元的职业运动员。

每个类别有时可能会有附加条件。但也有一些类别,比如教授和博士后等研究人员,他们只要满足某些特定条件就可以免除获取工作许可证的义务。

类似的原则同样适用于希望在比利时成为个体经营者的外国人。他们必须事先获得一个专业卡才能在比利时从事经营活动。④当然,也有很多例外情况,如欧盟成员国、EEA 国家(冰岛、列支敦士登和挪威)和瑞士的公民可以免除获得专业卡的义务。获得专业卡的一个重要条件是,申请者所从事的经营活动必须给有关地区创造经济增值。

---

① 从这日起,克罗地亚工人不再需要工作许可证便可在比利时工作。

② Robyns,Bart. Kroaten voortaan vrijgesteld van arbeidskaart. www. groups. be,2015-06-30.

③ 关于工作许可证的内容可参见 www. werk. be 的下列资料:"De Arbeidskaart B en de arbeidsvergunning","Arbeidskaart B en de arbeidsvergunning-voorwaarden", "Nieuwe loonbedragen voor arbeidskaart B", "Betaalde sportboefenaars", "Navorsers en gasthoogleraren", "Hooggeschoold personeel","Leidinggevende functie","Schouwspelartiesten"。

④ 1965 年 2 月 19 日法令对外国个体经营者从事专项经营活动进行了规定(荷兰语:wet betreffende de uitoefening van de zelfstandige beroepsactiviteiten der vreemdelingen)。这属于比利时联邦法,但授予专业卡的权限已经转移到地区。

根据 2002 年 3 月 5 日的法令①,从国外招募所有工人的雇主,或大部分时间在比利时之外的国家工作的雇主以及在比利时开展工作的雇主,都必须遵守由刑事制裁来保证实施的比利时法令、惯例或行政规范中的劳工、薪酬和就业条件的规定。这意味着议会立法、皇家法令和劳资协议均由皇家法令强制执行。从 2010 年起②,由刑法规定强制执行的劳资协议的数量已大大减少。当然,这些规定必须符合欧盟原则,如工人和服务的自由流动、公平竞争等。

在欧盟法律中,社会保障有一个独立的体制。根据欧盟目前实施的社会保障法规 883/2004③ 和 987/2009④ 的规定,来自欧盟成员国但在另一成员国工作的雇员可以享有其母国的社会保障体系。通过 1231/2010 法规⑤可知,该规定甚至适用于第三国的雇员和那些相较其日常工作的欧盟成员国,而临时在其他欧盟成员国工作的雇员。

对于被雇主从非欧盟成员国借调到比利时的员工而言,则由双边社会保障协定——例如最近比利时与印度⑥、韩国⑦、突尼斯⑧、阿尔巴尼亚⑨签订的协议——维持他们在一段时间内(通常至少 1 年)能享有原社会保障体系。

从所得税的角度来看,工作适用双重税收协定也更易于在比利时雇佣外国工人。比利时税法对在比利时的外籍人士也有一个特殊的税收制度,主要将一些津贴,如生活费津贴和税收均衡津贴从比利时的所得税中扣除。

为了降低工作意外和保证工人的健康,比利时有一个相当广泛的健康和

---

① 2002 年 3 月 5 日的法令调整了欧洲议会及理事会的第 96/71 号指令(1996 年 12 月 16 日)的下列内容:为开展服务而对雇员进行配置安排、引进简化系统来保管企事业组织关于比利时雇员配置安排的社会文件。(荷兰语:Wet tot omzetting van de richtlijn 96/71/EG van het Europees Parlement en de Raad van 16 december 1996 betreffende de terbeschikkingstelling van werknemers met het oog op het verrichten van diensten, en tot invoering van een vereenvoudigd stelsel betreffende het bijhouden van sociale documenten door ondernemingen die in België werknemers ter beschikking stellen.)

② 继 2011 年 6 月 6 日比利时《刑法典》(荷兰语:Sociaal Strafwetboek,于 2010 年 7 月 1 日公布在比利时官方公报中),更准确来说是该法典第 189 条和 101 条的规定出台后,出现了大量关于建筑业项目代码的刑法规定,其中第 155 条和 156 条的规定只适用于建筑领域。

③ 欧盟 2004 年 4 月 30 日官方公报。

④ 欧盟 2009 年 10 月 30 日官方公报。

⑤ 欧盟 2010 年 12 月 29 日官方公报。

⑥ 参见 2009 年 8 月 21 日比利时官方公报。

⑦ 参见 2009 年 6 月 19 日比利时官方公报。

⑧ 签订于 2013 年 3 月 28 日。

⑨ 签订于 2013 年 1 月 29 日。

安全工作条例。近几十年来所适用的基本法是 1996 年 8 月 4 日的幸福工作法令。① 1996 年 8 月 4 日的法令第五章(第 14～32 条)以"关于临时或移动建筑工地的特殊规定"为题,包含了对施工工程的设计(第 16～19 条)以及实施该建筑设计的规定(第 20～32 条)。同时,根据此法令也签发了许多皇家法令。根据比利时工程部的规定②,这些皇家法令的主要内容包括安全工作、保护员工的福利、工作中的心理问题、人类工程学、工作卫生和工作场所的装修问题等。

上述皇家法令中有些是专门以建筑施工活动为内容的。如 2001 年 1 月 25 日皇家法令关于临时和移动建设场地的规定③,它主要包含了协调建造计划草案的义务、协调实际施工工作的义务及起草安全和健康计划的义务。另外,很大一部分早期的皇家法令——最早的皇家法令颁布于 1947 年,如一般劳动保护条例④依旧可以适用。

二十二、税务方面

房地产业务,如购买、长期租赁的终结(荷兰语为 erfpacht,法语为 bail emphytéotique)、建造完成以及安置(荷兰语为 recht van opstal,法语为 droit de superficie)等,都要按照 10％的基本比例进行登记(但也有很多例外)。

关于房地产工程的增值税问题(如建一堵墙、一个屋顶等)需要适用一个复杂的体系。但原则上如果委托的是一个增值税项目或特殊工程,则一般不会另收增值税。增值税的基本比例是 21％,例外情况下是 6％。

在比利时从事经营活动的公司原则上要向比利时缴纳企业所得税,但根据双重税收协议的规定,如果公司在比利时只从事暂时性的准备活动可以不缴纳企业所得税。⑤ 企业所得税的基本税率是 33.99％,但有很多可以扣除费用的项目。

---

① 参见比利时 1996 年 9 月 18 日官方公报。
② www. werk. belgië. be/welzijnophetwerk.
③ 参见 2001 年 2 月 7 日比利时官方公报。
④ 荷兰语:Algemeen Reglement op de Arbeidsbescherming (ARAB);法语:Règlement Général sur la Protection du Travail (RGPT)。
⑤ 该原则具体体现在比利时与中国双重税收协议第 5§4 条的规定中。

二十三、完工后款项的支付

对于承包商和分包商而言,上述所有活动的最终目的是在完工后获得报酬。

在公共工程合同中,支付条款由总承包的条件来规定,公共主管机关根据承包商的支付要求申明及所提交的施工费用清单,授权支付施工费用后,承包商可以开具施工费用的发票。在收到承包商的声明的 60 天内,公共主管机关必须支付款项。[①]

在私人合同中,譬如承包商和分包商之间的合同,付款方式可视融资双方的情况由双方协商自由决定。一般来说,承包商只有在建筑主管或项目经理核准其施工费用清单后才能就施工产生的费用开具发票。如果承包商不能提供施工费用的账单,按照合同的一般规定,要扣留承包商提供的发票额的 5%或 10%的费用。该笔金额要分为两个阶段予以拨付:临时验收阶段和最终验收阶段。在房屋建设中,如果在实际交付前要求缴预付款,则将适用具体立法的规定。

在一定条件下,承包商和建筑师对委托人在其不动产上所添赋的价值有优先权。如果分包商没能从总承包商处获得报酬则可以直接要求委托人付款。[②]该项权利保证未受偿的分包商有权阻止委托人向总承包商支付款项。未受偿的分包商对于总承包商向委托人提出的任何付款要求都有优先受偿权。

如果合同中没有规定,一旦工程开始施工,法院很少要求委托人向未受偿的承包商提供银行担保及其他保证。因此,笔者建议在合同中拟定所有确保承包商的利益的约定。

二十四、不遵守合同及争议的解决

在实践中,当然可能发生一方(或多方)参与人不遵守合同规定的义务的

---

① 1996 年 9 月 26 日总承包条件的第 15 § 1,3°条。

② 参见《民法典》第 1798 条。

情形,因而可能会导致争议。因此,法律的一个重要功能就是解决争议。

解决争议最典型的方式当然是向法院提起诉讼。当事人可以向行政法庭或地方政府管委会提出停止或撤销某些行政行为的请求,例如授予公共工程合同和建筑执照的决定等。而针对公共工程的施工和公共工程有关的私主体间的诉讼请求应向商事法庭提起(例外情况是,对于私主体不是以专业身份采取的行为,比如和施工所在地的邻居发生争议,应当提交普通的民事法庭解决)。

在涉及国际参与方的项目合同中通常含有仲裁条款。仲裁方式可以是临时仲裁的形式,也可以是机构仲裁的形式。选择机构仲裁意味着当事方通过现存的仲裁机构进行仲裁,例如比利时的仲裁调解中心(Cepani①)。选择临时仲裁则意味着当事人自主选择仲裁员以及适用的仲裁程序。

在仲裁前常用的另一种解决争议的方式,是通过调解的方式,但在商业争议中并不常用。因为严格来讲该方式主要与民事案件相关,如离婚或邻里间(私人间)的争议,在这种争议中情感扮演了更重要的角色。此外也由于商业争议在技术上(有时还有财政上)的复杂性以及参与或涉及方众多等原因,使得调解方式并不适合。在调解中,当事人各方试图在调解人的帮助甚至是指导下自己找到解决争议的方法(例如变更合同)。

仲裁则是将决策权赋予一个或多个仲裁员的更为正式的程序。

有关争端解决的问题将在争端解决章节予以更为详细的阐述。

二十五、债权人的保护和破产

基础设施建设项目的一方当事人有可能因严重的财务危机而需要寻求保护,以免受第三方索赔。根据2009年1月31日的法令,关于担保连续性问题的规定②,当债权人有理由相信债务人可以提供保证时,债权人可以请求通过司法重组来维持公司运转。对公司采取司法重组是为了阻止第三方的索赔请求。与破产程序不同,授权委托人终止承包商司法重组请求的合同条款是无效的,合同中授权委托人在承包商司法重组时可以终止合同的条款也是无效的。

---

① 参见 www.cepani.be。
② 参见比利时2009年2月2日官方公报。在 www.juridat.be 上可以找到比利时法规关于该词的更新版本规定。

在公共工程合同中,如果承包商不履行义务,主管部门可以按总承包条件的规定行使债权权利来要求承包商履行其义务。①

在基础设施建设项目中,可能会发生一方被宣布破产的情况。在这种情况下,将会任命一个破产管理人或托管人。② 承包商的托管人可以决定是继续履行建筑合同还是终止该合同。

根据1996年9月26日总承包条件法令的第20条规定,尤其是第20§6条的规定,如果承包商经提醒后仍不履行义务,公共工程的委托人可以终止合同。但在终止合同前,执行官要通过下达令状提示承包商不履行义务所要面临的处罚。此外,第20条也详细规定了如果承包商违约主管部门应当如何处理。破产不一定意味着承包商不用履行其义务,因为托管人可能对后期的合同履行提供充足的担保。

融资协议通常也包含介入权,该项权利保证投资人可以在承包商破产或其他违约的情况下,由投资人接管其权利与义务。

---

① 参见1996年9月26日法令第5～9条。
② 荷兰语:curator。

第六章 劳务管理和待遇的相关法律规定[①]

一、历史发展及介绍

作为欧洲大陆(从英国的角度而言,是指欧洲减去大不列颠群岛)第一个实行大规模工业化的国家,比利时拥有一套非常完善的劳工和社保法律。这些法律的基本内容在 19 世纪末 20 世纪初便已确立。现代集合的劳动法律体系在二战后逐渐成熟[②],该体系的特点是所有的私营部门都有一个由雇员代表和雇主代表组成的联合委员会(公会),并签订一份由皇家法令保证对雇主有约束力的劳资协议。

二、联合委员会和劳资协议

在建筑领域的蓝领工人联合委员会是第 124 联合委员会,而其他的联合

---

① 对于比利时劳动法上的一般劳务,可参考 Willy Van Eeckhoutte, Ann Taghon, Michel Deprez 的 "Sociaal Compendium Arbeidsrecht 2014—2015",载于 *Wolters Kluwer Belgium*,2014 年,发行于梅赫伦,第 3011 页。

② 1945 年 6 月 9 日法令中新设了规定联合委员会的法令(见 1948 年 6 月 5 日比利时的官方公报),同时仍然适用企业组织法(1948 年 9 月 20 日,见 1948 年 9 月 20 日比利时官方公告的 27—28 页)。荷兰语为 Wet houdende organisatie van het bedrijfsleven,法语为 Loi sur l'organisation de la vie d'entreprise.

委员会,如电工(也是蓝领工人)第 149.01 联合委员会也有同样的职权。第 200 联合委员会原则上代表的是建筑领域的白领工人。

简单来说,劳资协议包括:第 124 联合委员会中劳资协议(CBA)的最新动态,监管对象如工会代表的地位、减少工作时间、为预防既存安全问题行业基金的季度性出资、使用行业基金支付提前退休的失业者的债项;使用行业基金向丧失劳动能力(完全或部分)的残疾人支付额外的休假薪金;当工人因为非公受伤、出现意外事故或残疾而丧失劳动能力的时候,使用行业基金向雇主支付补偿费用;上述行业基金在出现严重或致命的职业事故、职业病、疾病或死人事故时的分配;使用行业基金支付附加的失业津贴;对在劳务市场难以找到工作的工人进行培训;远期信用证;帮助年纪较长的工人谋求新职位;使用临时工的条件等。在所有的联合委员会中,劳资协议以含有最低薪金的(经常按职责支付)的要求作为其重要内容之一。①

此外,不仅会在行业层面签订劳资协议,在国家劳工议会所涵盖的国家层面(整个私营部门)和工会涵盖的企业层面上也会签订劳资协议。(作为一项规定)当雇主拥有 100 名工人时,工人们应当选举劳资协议会的代表;当雇主拥有 50 名工人时,工人们应当选举委员会代表针对工作中的预防及保护措施提出建议;如果工人的数量少于 50 人,仍然由工会代表工人。在企业层面上,起草一份历史性的有着重要约束力的合同文件是就业规则。②

三、成熟的监管框架

多年来,包括法令、皇家法令、地方法令、劳资协议等在内的所有层面的立法和准立法不断出现,这些法令都在欧盟条约、欧盟法规和法令的框架中被多方面地予以实施。因此,雇主需要考虑诸多法规也就不足为奇了。

---

① 第 124 联合委员会最新的劳资协议是 2014 年 6 月 12 日关于薪级表的劳资协议。

② 1965 年 4 月 8 日的法令中有就业规则简介的规定。19 世纪的就业规则仅仅是对雇主和雇员关系的纸上规定。如今,它常被视为在实践中的管理负担。

四、语　言

　　雇佣关系要服从区域条例在语言使用方面的规定。基本上,该规定强制要求使用地区的官方语言(在佛兰德使用荷兰语,在瓦隆地区使用法语,在德语社区使用德语以及在布鲁塞尔地区使用荷兰语和法语)。这就意味着,就业协议必须用当地语言书写才有效。不过,这些限制也必须遵守欧盟的自由流动原则。

五、就业协议

(一)作为决定性标准的从属关系

　　第一个层面的问题是个人就业协议,该协议是指一个人同意在另一个人的管理下工作并获得一定数量的金钱(工资、薪水等)。如果不存在管理,该协议原则上就不构成就业协议。因为能够称为就业协议的协议不仅需要适用劳动法和雇佣法,还会被赋予为社会保障出资的义务(虽然有减免和例外,但原则上雇主要向社会保障部门缴纳其工资总额的 34%,雇员要缴纳其工资总额的 13.07%)以及保留雇主代替政府从雇员薪金中扣除所得税的义务(雇员的业务收入所得税上升到其工资总额的 50%)。由此可见,一些雇主试图将他们与个体劳动者之间的协议定位为某种服务协议类型也就不足为奇了。判例法中创设了许多标准来确定雇佣关系间是否有"从属关系",比利时的立法者也制定了类似的决规。①

　　雇主的管理意味着为了履行雇佣协议,雇员必须按照雇主、雇主的代表人或雇主指定的人给他们下达的指令和命令来工作。对雇主的管理而言,首要的限制是该管理只在工作时间内有效,但该限制并不适用于那些具有领导作

---

　　① 2006 年 12 月 7 日法令的第 13 项(参见 2006 年 12 月 28 日比利时官方公报)。在这之前,1978 年 7 月 3 日法令第 3 条和第 5 条都对雇佣协议做出了规定。

用或处于核心位置的雇员。^① 第二个重要限制是雇主未经雇员同意不得变更雇佣协议的内容。如果雇主擅自变更协议的基本内容,则被认为违反就业协议。就业协议的基本内容包括雇员的报酬和福利套餐、职责、工作时间、工作地点等内容,这主要取决于每个协议的具体情形。禁止法令包括与其法定权利相比减少工人权利或增加其法定义务的条款。^②

(二)蓝领工人和白领工人

比利时的劳动法^③最初只适用于蓝领工人(法语为 ouvriers,现今的^④荷兰语为 arbeiders),直到 1922 年^⑤起才逐渐适用于所有的白领工人^⑥(法语为 employés,荷兰语为 bedienden)。蓝领工人和白领工人的雇佣协议仍然有差别,然而根据比利时宪法法院的判定^⑦,2013 年 12 月 26 日的法令^⑧已经设定了同等的针对蓝领工人和白领工人雇佣协议终止的观察通知期。两种协议的其他区别也会被取消。虽然白领工人主要从事脑力劳动,而蓝领工人主要从事体力劳动,但是随着最近科学技术的发展,尤其是在工业电脑化时代,蓝领工人和白领工人之间的区别比过去小了很多。

---

① 1965 年 2 月 10 日皇家法令对私营部门在不适用工作时间限制的具有领导作用或处于核心地位的雇员类型进行了规定(参见 2006 年 12 月 28 日比利时官方公报)。荷兰语:Koninklijk besluit van 10 februari 1965 tot aanduiding van de met een leidende functie of vertrouwenspost beklede personen in de particuliere sectors van 's lands bedrijfsleven voor de toepassing van de wet betreffende de arbeidsduur.

② 1978 年 7 月 3 日法令第 6 条。

③ 1900 年 3 月 10 日法令,参见 1900 年 3 月 14 日比利时官方公报。

④ 直到 20 世纪 60 年代,在古荷兰语中都被称为 werklieden。

⑤ 1992 年 8 月 7 日关于白领工人雇佣协议的法令,参见比利时 1922 年 8 月 16—17 日官方公报。

⑥ 上一个在雇佣协议的范围内规定白领工人的范畴的是 1954 年 3 月 11 日法令(参见 1954 年 3 月 20 日比利时官方公报)。

⑦ 如 1993 年 7 月 8 日的 56/93 号判决,2001 年 6 月 21 日的 81/2001 号判决,尤其是 2011 年 7 月 7 日的 125/2011 号判决,这些资料都可以从比利时的宪法法院网站 www.const-court.be 获取。

⑧ 2013 年 12 月 26 日的法令引入了一个关于白领工人和蓝领工人的通知期限、病假第一天的补偿及配套措施的单行法(参见 2013 年 12 月 31 日比利时官方公报第三版)。荷兰语:Wet van 26 december 2013 betreffende de invoering van een eenheidsstatuut tussen arbeiders en bedienden inzake de opzeggingstermijnen en de carenzdag en begeleidende maatregelen.

(三)销售代表

1978 年 7 月 3 日法令①是关于雇佣协议的主要法令,该法令中有关于销售代表的专门条款②。销售代表是指在雇主的管理下,以一个或多个委托人的名义去寻找并拜访客户,与客户谈判、签订合同,从而获得薪酬的人。同时,该法令还包括佣工(在雇主的家庭工作)③、家庭雇员(在家里工作的雇员)④以及学生的专门条款⑤。

(四)全职雇佣协议

标准的雇佣协议是无期限的全职雇佣协议。它有严格的条件,如协议必须以书面形式签订,但也可能因为固定期限或特殊工作等而达成雇佣协议。⑥

(五)兼职雇佣协议

20 世纪 70 年代失业指数上升以及其他原因,如工作—生活平衡、妇女就业普遍化等价值观念的转变,都导致了兼职雇佣协议的产生。⑦这类协议也可能因掩盖非正规的加班时间而遭受质疑,因此相当多的行政规定对该类协议做出了规定。例如,书面合同必须包含工作时间安排;如果工作时间在不规律周期内经常变动,则必须在正式执行工作时间表的前 5 个工作日内在工作地点予以粘贴告知。⑧由于规定了这些条件,兼职雇佣协议在互联网经济下的适用变得较为复杂。因而,历届政府近年来都试图提供更为灵活的、主要依赖公司层面的工作时间的规定。

---

① 1978 年 8 月 22 日,错误。1978 年 8 月 30 日。
② 1978 年 7 月 3 日法令第 4 条和第 87~107 条的定义。
③ 1978 年 7 月 3 日法令第 5 条和第 108~118 条的定义。
④ 1978 年 7 月 3 日法令第 119.1~119.12 条。这是一个关于蓝领工人的传统规定,自 20 世纪 90 年代起(随着互联网经济)逐渐适用于白领工人。
⑤ 1978 年 7 月 3 日法令第 120~130 条。
⑥ 1978 年 7 月 3 日法令第 9 条、第 10 条和第 11 条。
⑦ 1978 年 7 月 3 日法令第 11 条。
⑧ 1989 年 12 月 22 日法令第 159 条(参见 1989 年 12 月 30 日比利时官方公报)。

(六)替换协议

1978 年 7 月 3 日法令中的另一种标准雇佣协议是替换协议。[1]出于经济原因、恶劣天气、罢工或工厂关闭等例外原因,可以将雇佣协议(的期间)与替换原因相联系。

(七)临时工作

20 世纪 70 年代失业率上升,以及经济灵活性发展需求的增加,导致临时工作得到发展。[2] 在特定情况下,例如工作数量的暂时增加[3],企业可能需要联系临时工机构以便雇用临时工为其完成任务。临时工是临时工机构的雇员而非企业的雇员,在该三方关系中,企业是临时工机构的客户和雇员的使用者。

(八)竞业禁止义务、条款和培训条款

在雇佣协议中,培训条款和竞业禁止条款是十分常见且受法律规制的。上述 2013 年 12 月 26 日法令取消了除聘用学生外,在雇佣协议中增加试用期的规定。在试用期,双方当事人都可以考量该聘用是否符合自己预期,若不符合预期,则可以以简短的通知期形式结束雇佣协议。试用期条款现已被临时工制度取代,并可以以此考察雇员是否符合雇佣协议的要求。

培训条款意味着雇员如果在雇佣协定规定的期限之前离职,则需要向雇主偿还其在雇佣期由雇主出资提供的培训的部分费用。[4]

雇员在雇佣协议期间和协议终止后,都有法定义务避免出现如下情况[5]:

(1)泄露作为雇员在工作中可能得知的生产秘密、商业秘密、私人秘密或机密事项;

(2)采取不正当竞争手段或协助不正当竞争。

除了此项法定义务外,双方当事人还可以在协议中加入竞业禁止条款。[6]

---

① 1978 年 7 月 3 日法令第 11 条。

② 关于临时工的主要法令有:1987 年 7 月 24 日临时工法令、临时工机构工作和临时工工作配置(参见比利时 1987 年 8 月 20 日官方公报)。

③ 1987 年 7 月 24 日法令第 1§1,2°条。

④ 1978 年 7 月 3 日法令第 22 条。

⑤ 1978 年 7 月 3 日法令第 17 条 3°项。

⑥ 1978 年 7 月 3 日法令第 65 条。

此类条款意味着雇员离职后不能从事与原工作相似的活动,包括开设公司和加入同领域竞争对手的公司。因为雇员有可能利用他在原公司和原公司所在的工商业领域获得的知识损害原公司,并以此获得个人利益或给竞争企业带来利益。

当雇员年度收入总额少于 33221 欧元时(2016 年年度指数),该条款不允许被适用。当雇员年度收入总额大于 66441 欧元时(2016 年年度指数),该条款则允许被适用,除非联合代表决议不允许适用。当雇员年度收入总额大于 33221 欧元而少于 66441 欧元时,只有经联合代表决议允许,此条款才允许适用,但该决议并不常见。

此外,所有竞业禁止条款必须遵守下列条件:

(1)必须适用于相似的活动。

(2)必须结合工作的性质和范围做出地域上的限制,只有在一定地域内的行为才会给雇主带来竞争。原则上,地域限制不超越一国国界。

(3)不可超过劳动关系终止后 12 个月的时间。

(4)必须包含雇主的单独和补偿性赔偿,除非雇主在雇佣协议终止后 15 天内放弃适用竞业禁止条款。

若雇佣协议在最初 6 个月内终止,或出于雇员方无法控制的原因或雇佣方的原因而终止,则竞业禁止条款不产生效力。

当企业必须符合下列标准中至少一项要求时,可以在国家劳工议会所规定的 CBA 中可预见的情况下,不遵守上述第 2 点和第 3 点的规定以及可以违反上述白领工人的"失效"条款[1]:

(1)拥有经营活动的国际领域或在国际市场中拥有重要的经济、技术或财务利益;

(2)拥有独立的研究机构。

同样的,也存在关于销售代表竞业禁止条款的具休条款。[2]

(九)雇佣协议的中止

雇佣协议可出于多种原因中止,有些与公司经营行为有关,例如年度的假日停业、经济活动放缓、技术中断、恶劣天气以及不可抗力,有些则与劳动层面的紧张气氛有关(罢工、工厂关闭)。但大部分原因(或多或少)与雇员个人生

---

① 1978 年 7 月 3 日法令第 86 条,国家劳动委员会总结于 1978 年 12 月 21 日。

② 1978 年 7 月 3 日法令第 104、105 和 106 条。

活有关,例如年假、因伤残而丧失工作能力、怀孕和生育(以及与此相关的休假如因孕检休假、因哺乳休假等)、教育假、事假(一般包括就医、临终关怀等)、育婴假、陪产假、产假、看护假、因无法控制的事由休假、短期休假(包括家庭活动如家族聚会、葬礼等)、政治原因休假和无薪公休假等。上述部分休假的时间较短,如因无法控制的事由休假;有的则休假时间长达数月,如孕假和产假、事假(可能被安排在兼职方案中)等。因一方不遵守协议而导致雇佣协议中止的情况很常见,但在实践中仍属例外情况。

六、社会保障[①]

在雇佣协议签订以后,雇员被纳入社会保障的范围内以获得权利。一般社会保障计划为蓝领员工因疾病、职业病、除职业性意外事故以外的事故等丧失劳动能力、缺乏医疗费、失业(补助)、退休(包括多种退休金)和追讨假日津贴提供了保障。雇主同样需要在职业事故保险公司(包括职业性意外事故险)、儿童福利基金(向儿童父母发放津贴)和联邦节假日机构(向蓝领员工发放假日津贴)注册登记。出于社会保障管理的目的,雇主应当为雇员在 Dimona 系统(一个雇主登记注册其雇员的电子系统)注册登记。

比利时官方社会保障计划所涵盖的内容(包括儿童津贴等由区域主导的方面)可能与其他私人保险公司提供的附加保险相结合,构成补偿和福利套餐。实践中最常见的是法外养老金计划(由团体保险或养老基金提供)[②]和住院险。

七、工作健康和安全保障

比利时的立法者采取了许多预防措施以防止雇员在工作过程中丧失工作能力。正如上文所述的建筑法中所提及的规定,有大量的关于工作健康和安

---

① 关于比利时社会保障法的书籍,可参阅:Van Langendonck Jef. Handboek Socialezekerheidsrecht. Belguim: Antwerp Intersentia,2011:888.

② 比利时关于法外养老、财税计划养老和其他社会保障福利的主要法令是 2003 年 4 月 28 日法令(参见比利时 2003 年 5 月 15 日官方公报;荷兰语:Wet betreffende de aanvullende pensioenen en het belastingstelsel van die pensioenen en van sommige aanvullende voordelen inzake sociale zekerheid)。

全保障的规定。

在实践中,工作健康和安全保障意味着每一个雇主都应当在工作地点设立内部预防和保护机构(Internal Department for Prevention and Protection,IDPP)。①当 IDPP 无法履行 1996 年 8 月 4 日法令及所有皇家法令的规定时,雇主必须请求在工作地点设立授权的外部预防和保护机构(External Department for Prevention and Protection,EDPP)。② 该 EDPP 包含了在 1996 年 8 月 4 日法令内的各领域(如上所述,在建筑法领域)的专业预防顾问。③

当企业平均聘用至少 50 名员工时,必须在公司内成立预防和保障委员会(Committee for Prevention and Protection,CPP)。其成员应当由企业负责人和一名及多名由其任命的代表(本人或代理人)组成,该代表应当从承担管理职能的人员中选出。这些代表的人数不应超过全体员工代表的人数。④

委员会的其他成员应当为全体员工中的实际代表和副代表。他们通过社会选举的方式选出。实际代表的人数应该不少于 2 人,并不超过 25 人。⑤

预防顾问不应是 CPP 的代表成员。⑥

在没有劳资协议会时⑦,CPP 会承担劳资协议会的部分工作。

八、雇佣协议的终止

(一)一般规定

在实践中,大部分关于雇佣协议的诉讼案件都与雇佣协议的终止有关。⑧

雇佣协议是一种协议,因此一般按照传统方式予以终止,例如因为司法解

---

① 1996 年 8 月 4 日法令第 33§1 条。
② 1996 年 8 月 4 日法令第 33§2 条。
③ 1996 年 8 月 4 日法令第 40 条。
④ 1996 年 8 月 4 日法令第 65 条 1°项。
⑤ 1996 年 8 月 4 日法令第 56 条 2°项。
⑥ 1996 年 8 月 4 日法令第 57 条。
⑦ 1996 年 8 月 4 日法令第 65 条。当公司有至少 100 名员工时,这个公司必须建立劳资协议会;当公司有至少 50 名员工时,可以成立 CPP。
⑧ 大量关于劳动者解雇通知期限的争议是推动比利时雇佣协议法律发展的重要因素,其也促成了 1990 年 3 月 10 日法令的出台。

除、发生解除合同的事由(后决条件)①、暂时性条款②、更新、不可抗力(例如,大火摧毁了企业的经营场址)、协议无效以及双方同意终止协议(实践中这一情况并不罕见,如雇员因为找到新工作而发出离职通知)。

实践中,大多数雇佣协议终止的原因要么是解雇通知或即时效应,要么是以支付赔偿费代替解雇通知或其他紧急的原因。对于后者,如果法庭认为紧急的原因是合理的,并且程序上严守3个工作日的双重条款,将不需要支付赔偿费用代替解雇通知。③

2013年12月26日法令统一了蓝领工人和白领工人的解雇通知期限。对于工作资历不足3个月的雇员,雇主给出的解雇通知的最少期限为2周。对于工作资历在4~5年的员工,解雇通知的最长期限为15周。对于工作资历在5~20年的雇员,每多一年工作资历增加3周的通知期限。工作资历20年的,每年增加2周通知期限;工作资历从第21年起,随着每年工作资历增加额外赋予雇员1周的工作资历。雇员离职的通知期限从1周(雇员工作资历小于3年时)到13周(雇员工作资历大于等于8年时)不等。新的通知期限规定可适用于自2014年1月1日起获得的工作资历。此前获得的工作资历应当遵守在2013年12月26日法令前生效的规定。④

在雇佣协议终止的问题上也有一些特别的情况应予以适用。

(二)权利的滥用

雇佣协议的终止可能造成权利的滥用,这也是适用任何权利行使的原则。例如,当一个人抱有损害他人的目的,或与其所得利益相比,对方的损失更为不合理时,就可能构成权利的不正当行使。在实践中,法院常常不认为白领工人雇佣协议的终止是一种权利的滥用。

直到2014年引入使解雇行为合法化的一般义务规定后,雇主才可以随意与一个雇佣期限不定的蓝领工人终止雇佣协议。根据1978年7月3日法令第63条的规定,雇主可以以无关蓝领工人的适应性或行为的理由解雇他,也可以以无关公司、研究所或机构运行必要性的理由解雇他。如果发生争议,雇

---

① 雇佣协议有一项受时间限制的专门任务,例如年度仓库盘点、制作档案清单等。

② 规定了期限的雇佣协议是一个包含临时性条款的合同,在实践中以这种方式终止合同的情况相当常见。

③ 1978年7月3日法令第35条规定,自知道事实之日起3日内当事人有权终止雇佣协议,并在终止后3日以内公布造成紧急情况的原因。

④ 2013年12月26日法令第110~113条。

主承担举证责任。如果出现任意解雇的情况,雇主应当支付相当于 6 个月薪酬的金额作为补偿。

(三)具体保护措施

有人可能会认为具体保护措施是针对一类劳动者的具体保护措施。但在比利时劳动法中,存在大量的具体保护措施来阻止雇主在某些情况下解雇员工,例如雇员是被选举出来的全体员工代表或未经选举成为全体员工代表候选人、怀孕、事假、产假、陪产假、申诉,包括工作规则修改程序中的申诉、基于男女员工待遇不平等的申诉、基于工作暴力的申诉、基于寻衅滋事或性骚扰的申诉、基于不遵守 2007 年反歧视法令的申诉①,是预防顾问等。原则上,员工不会因为受法律保护而被解雇,例如雇员被选举为全体员工代表或提出申诉等。但员工可以出于其他原因被解雇,例如能够证明终止雇佣协议的紧急事项是合理的。

不遵守阻止解雇员工的具体保护措施的雇主将会受到处罚,雇主必须支付等同于数个月薪酬的赔偿金,在大多数情况下赔偿金相当于 6 个月的薪酬,但如果雇员是被选举的全体员工代表②,则需支付相当于 2 年(工作资历不足 10 年)、3 年(工作资历在 10~20 年)或 4 年(工作资历在 20 年以上)的薪酬加上该员工剩余任期的薪酬。比利时法律对不合法的解雇没有规定更强有力的经济惩罚措施。雇佣协议终止的唯一处罚都是经济上的,类似于"自由雇佣"。

(四)工作保障条款

员工不能签订绑定终身的雇佣协议③,但雇主则可以承诺不解雇某个或多个员工。在实践中,这样的条款被包含在某些部门的劳资协议中,例如保险部门的 306 联合委员会。雇主如果不遵守此类条款,将会被判决支付额外赔偿。

---

① 2007 年 5 月 10 日法令的目的在于对抗某些类型的歧视(参见 2007 年 5 月 10 日比利时官方公报)。荷兰语:Wet ter bestrijding van bepaalde vormen van discriminatie.

② 1991 年 3 月 9 日法令中有关于劳资协议会的代表,安全、健康和工作场地修缮委员会以及全体员工代表候选人的特别解雇规定(参见 1991 年 3 月 29 日比利时官方公报)。荷兰语:wet houdende bijzondere ontslagregeling voor de personeelsafgevaardigden in de ondernemingsraden en in de comitès voor veiligheid, gezondheid en verfraaiing van de werkplaatsen alsmede voor de kandidaat-personeelsafgevaardigden. 修缮(embellishment)是"verfraaiing"一词的翻译。

③ 这与《民法典》第 1780 条不一致。

(五)重 组

雇主通常是一些大公司,下设很多机构并拥有很多雇员。对于跨国公司而言,雇员还分布在多个不同国家。当此类雇主进行企业重组时,可能会造成大量员工被解雇。因此,自20世纪70年代起[①],欧盟和比利时(联邦和地区)的立法者颁布了大量与此类"重组"有关的规定。重组的主要形式有关闭公司、集体解雇和公司转让。公司转让指公司的出售业务或其他类似的业务为新的雇主所有,原则上,公司转让并不意味着雇佣协议的终止,但会让雇员自动转入新雇主的管理之下。[②]其他形式的重组,例如离岸外包,也可能会影响到雇员;而合并和收购等类型的重组,则可能不会对雇员造成直接影响。[③]

九、反歧视

比利时(以及大多数西欧国家)的人口组成已经变得更为多样化,第一代移民充分就业的情况也已不复存在,于是导致了社会问题的出现。因此,欧盟[④]和比利时[⑤]的立法者制定了反歧视法。虽然关于女性歧视的官方法律已

---

① 1966年6月28日法令规定了对于因为公司停业而受到解雇的雇员的赔偿(参见1996年9月2日比利时官方公报,2002年被更换)。20世纪70年代的典型法规有1973年5月8日国家劳动委员会CBA第10条规定的集体解雇、1975年10月2日国家劳动委员会CBA第24条和1976年5月24日皇家法令规定的集体解雇(参见1976年9月17日比利时官方公报)。

② 1985年6月7日国家劳动委员会CBA第32条规定了雇员在公司破产后,雇主因为协议发生变更,接管公司的新雇主在对雇员权利进行限制的情况下雇员如何保障其权益。参见网站 www.cnt-nar.be。荷兰语:Cao nr. 32 bis betreffende het behoud van de rechten van de werknemers bij wijziging van werkgever ingevolge de overgang van ondernemingen krachtens overeenkomst en tot regeling van de rechten van de werknemers die overgenomen worden bij overname van active na faillissement。

③ 因为在法律意义上和实际运营中雇主还是相同的,只是雇主的股东身份发生了变化。

④ 2000年6月29日委员会2000/43/EC指令贯彻了平等对待各种族和各民族的原则(2000年7月19日L180公报)。2000年11月27日委员会2000/78/EC指令建立了一个雇佣和职业过程中平等对待员工的一般性框架(2000年12月2日L303公报)。

⑤ 2007年5月10日法令是为了反对某些类型的歧视(参见2007年5月30日比利时官方公报)。

于 1969 年废止①，但现实情况是，尽管有欧盟②和比利时立法者③的介入，女性在工作中仍然常被作为第二选择。在这些反歧视法令中，雇佣是一个重要的主题。因此，雇主(以及雇员)必须认识到在雇佣关系中基于性别、年龄、性取向、婚姻状况、出身、财富、信仰或人生哲学、政治信念、公会信念、语言、现在或将来的健康状况、残障、身体或遗传特性以及社会出身的歧视是被禁止的。雇佣关系的定义是，包含雇佣、加入工作的条件、雇佣条件、终止雇佣安排的关系，该关系：

(1)存在于公共部门和私人部门；

(2)包含雇佣协议下的雇佣，也包含无偿劳动、作为实习生工作、作为学徒工作、专业环境学习协议或就业起点协议，还包含个体经营者；

(3)包含所有层次的专业分级以及所有部门的经营活动；

(4)包含法定公务员④和雇佣协议中的参与人(地区行政机关或机构的员工以及有特别反歧视规定的教育部门的全体人员)。

十、国际就业

(一)工作许可

在建筑法章节，关于国际就业的主要原则已经简单介绍过了。

因此，在这一部分我们只阐述比利时劳动市场准入法和居住法中关于非欧盟和非欧洲经济区的劳动者的规定。

---

① 1969 年 11 月 21 日法令规定，雇佣协议中约定女性员工结婚后立即结束雇佣关系的条款无效。

② 20 世纪 70 年代中叶欧盟已对该问题发布指令。此领域最近的指令包括欧洲议会 2006/54/EC 指令和委员会 2006 年 7 月 5 日指令，这些指令旨在贯彻在雇佣和工作过程中男女拥有平等机会和平等待遇的原则(2006 年 7 月 26 日官方公报)。

③ 2007 年 5 月 10 日法令反对性别歧视(参见 2007 年 5 月 30 日比利时官方公报)。荷兰语：Wet ter bestrijding van discriminatie tussen vrouwen en mannen。

④ 公务员没有雇佣协议，他们的专业法律地位不由雇佣协议管理，而是由法令或命令所规定。但合同制公务员拥有雇佣协议。

获得工作许可的条件在上文也已作了阐述。①

工作许可有三种:A类(工作种类和有效期不限)、B类(对单一雇佣者有效,并拥有最长为12个月的有效期)和C类(允许某些类型的外国人在限定期间内停留在比利时)。

原则上,雇员只有在雇主为其申请了工作许可后才能在比利时工作。

因此,雇主通常会为雇员申请B类工作许可。这种工作许可只允许雇员为单一雇主工作,并且有效期为最长12个月。

之后,雇员可以申请A类工作许可,这种许可证允许雇员从事任何工作,并且没有有效期限制。如果外国雇员可以证明自己以B类工作许可工作了4年,并且在提出申请之前已经在比利时合法并连续居住的最高年份为10年,那么他有资格获得A类工作许可。

C类工作许可则是发放给有权在有限时间内或临时停留在比利时的外国居民的(例如学生、寻求政治避难者)。在该类许可下,雇员可以在一定的时间期限内从事任何职业。

(二)比利时的签证

与劳动市场准入权(工作许可)联系紧密的是居住权。如果一个人想在比利时停留超过3个月的时间,必须事先得到外国人事务部(荷兰语为Dienst Vreemdelingenzaken)部长或副部长的授权。

在实践中,如果雇员居住在国外,那么他必须亲自向比利时领事馆提出授权停留(签证D)的申请,并且证明他符合居住条件或海外停留的条件。

雇员在提交签证申请时可以提前预约。领事馆也有可能将一些工作外包给外部服务供应商(提供信息、安排预约、接收文件等)。在这种情况下,雇员可能需要支付额外的服务费。

如果雇员所在国没有比利时领事馆,那么在其本国规定允许的情况下他必须联系邻国的比利时领事馆。相关信息可在http://diplomatie.belgium.be/上查询。

申请签证必须提交以下证明材料:

---

① 关于工作许可的基本法律规定体现在1999年4月30日法令中关于雇佣外国雇员的规定(参见1999年5月21日比利时官方公报)、1999年6月9日皇家法令关于执行1999年4月30日法令中雇佣外国雇员的规定(参见1999年6月26日比利时官方公报)。以下关于获得工作许可和居住许可的程序可参见https://dofi.ibz.be上的内容。

(1)完整并附有本人签名的签证申请表(一式两份)①;

(2)可以粘贴签证的、有效期在 12 个月以上的旅行证件(如护照);

(3)有效的 B 类工作许可,或能证明雇员无须获得工作许可的证据,原则上指相关主管部门提供的证明,或其他有权的主管部门提供的足够证明雇员能免于此项义务的证据(如雇佣协议)②;

(4)如果雇员在申请工作许可时无法提交后面的文件③,则可提交医疗证明表明其没有感染可能威胁到国民健康的疾病;

(5)可以证明该雇员没有犯罪和违法行为的证明。

在提交相关材料时必须提交文件的原件及复印件。文件原件将会交还给雇员。

除非两国间有豁免条约,否则任何外国的官方文件都必须是合法的④或有旁注的⑤。与此手续有关的信息可在 http://diplomatie.belgium.be/上查询。

使用除德语、法语和荷兰语以外的语言提交的外国文件,需要经过诚实守信的译者准确及真实地翻译。该翻译文本必须是一份符合其本国、比利时大使馆及比利时领事馆程序要求的、合法的独立文件。

作为一般规则,签证申请会从领事馆送往外国人事务部,由外国人事务部做出最终决定。

粘贴在旅行证件中的签证应当是一个能长期逗留的国家签证(D 签)。

D 签与居住证有着同样的法律效力,使用 D 签可以在申根国家间自由通行。在雇员首次进入申根国 6 个月后可前往另一申根国停留的时间最多不超过 3 个月,但前提是他满足了入境条件且没有被打算前往的申根国列入注意名单。如果该雇员不符合入境条件,他仍有权使用 D 签前往该申根国旅行。

申根区的合作始于 1985 年的申根协定。申根区内允许人员自由流动。申根协定的签署国废除了所有内部边界,取而代之的是一个单一的外部边界。除了英国和爱尔兰,大部分欧盟国家都适用申根协定。丹麦有选择退出的权

---

① 相关信息可在 https://dofi.ibz.be 上查询。

② 在实践中,这是关键文件。

③ 在网页上已被逐字取代。在某些情况下,外国自然人首先申请工作许可,然后申请职业证以便获得个体经营者的地位(如公司董事)。由于在获得工作许可时已经提交过医疗证明,因此在申请职业证时他无须再次提交。

④ 文件上签名和印章的合法性、有效性必须得到授权人士的官方确认。

⑤ 例如,两国间签订了相互承认官方文件的条约,比如 1961 年的《免验证公约》。

利,保加利亚、塞浦路斯和罗马尼亚尚未具体实施申根协定。①

拒绝签发 D 签是外国人事务部的专属权项之一。该决定将由领事馆送交雇员。

雇员有权对上述拒绝决定提出异议。能够提出异议的相关事项在拒绝表上均有列明。

为了保护申请者的隐私,领事馆、外交部和外国人事务部的客服中心均不会向第三方说明拒绝发行签证的理由,即使第三方是主办人或保证人。如果外国人事务部收到书面形式的申请,则会向律师说明拒绝的理由。

雇员能够获知签证申请的进度。首先,雇员可以依照提交签证申请的领事馆网站在其网页公布的指南中查询签证办理的进度。当签证申请被转移到外国人事务部后,可以在 www. dofi. fgov. be 上输入申请号码和受理签证的领事馆的位置来查询签证进度。如有需要,也可以使用电话和电子邮件寻求帮助。

当雇员通常是在比利时之外的国家工作或被比利时以外的国家的公司聘用时,原则上必须在网站 www. limosa. be 上注册。该要求主要适用于雇员被非比利时雇主临时或不完全雇佣的情况。此项义务的例外将会在下文的个体经营者章节予以讨论。

当雇员获得签证并进入比利时后,必须在抵达比利时起 8 日内在他所居住的社区管理机关注册登记,以申请外国人登录证和递送居住证(A 卡)。该居住证被列入申根国居民名录中,允许持有者无须签证进入申根国家。

作为一般规则,居住证的更新必须在不早于到期日 45 日以及不迟于到期日 30 日内提出申请。在雇员提交有效的工作许可后,外国人事务部会批准更新申请。

对于某些特殊类型的雇员,例如实习生、互惠生和卡巴莱歌舞表演者,获得居住权有特定的程序。

对于获得工作许可的雇员家属,法律也规定了具体的获得居住权的程序。

(三)个体经营者的职业证

这部分将详细介绍非欧盟和欧洲经济区的外国个体经营者②如何获得比

---

① 本段内容参见 Eur-lex. europa. eu 中的"申根地区与合作"部分。

② 包括男人或女人。

利时的居住权。①

任何不受关于雇佣外国雇员的法规所管辖的经营活动,都可以认为是一种个体经营活动。

一般来说,外国公民如果想在比利时以个体经营者的身份从事经营活动,他或她必须获得职业证。换言之,在比利时只有获得有权的部门授权之后才能开展个体经营活动。

对于希望在比利时境内从事个体经营活动的外国人来说,职业证是一项强制性义务,并且必须符合以下条件:

(1)以自然人、法人代表或非法人组织代表(无论是否支付薪酬)身份从事此工作;

(2)没有比利时国籍;

(3)没有欧洲经济区任何成员国的国籍(28 个欧盟成员国和 3 个不属于欧盟但属于 EEA 的国家:冰岛、挪威和列支敦士登);

(4)没有瑞士国籍;

(5)没有其他任何免于此手续的理由(详见下列例外)。

自 2015 年 1 月 1 日起,职业证的授权已下放到开展经营活动的地区(设业的地区)。如果有多个设业地点,则以注册地址为准。如果没有在比利时设业,则以经营活动地为准。

职业证的申请应当向申请人居住地或国外暂时逗留地的大使馆或领事馆

---

① 该部分内容的主要参考依据是"De zelfstandigen"(个体经营者),https://dbz.dofi.be;"Beroepskaarten—algemene principles",www.werk.be. 法律依据为 1965 年 2 月 19 日关于外国人从事个体经营活动的法令(参见 1965 年 2 月 26 日比利时官方公报),修改自 1965 年 2 月 19 日法令的 2001 年 2 月 2 日关于外国人从事个体经营活动的法令(参见 2001 年 3 月 8 日比利时官方公报),2003 年 2 月 3 日免除某些类型外国人必须有职业证才能从事个体经营活动义务的皇家法令(参见 2003 年 3 月 4 日比利时官方公报),1980 年 12 月 15 日关于外国人入境、停留、设业和终止业务的法令(参见比 1981 年 10 月 27 日比利时官方公报)。荷兰语:Wet van 19 februari 1965 betreffende de uitoefening van de zelfstandige beroepsactiviteiten der vreemdelingen;Wet van 2 februari 2001 tot wijziging van de wet van 19 februari 1965 betreffende de uitoefening van de zelfstandige beroepsactiviteiten der vreemdelingen;Koninklijk besluit van 3 februari 2003 tot vrijstelling van bepaalde categorieën van vreemdelingen van de verplichting houder te zijn van een beroepskaart voor de uitoefening van een zelfstandige beroepsactiviteit;Wet van 15 december 1980 betreffende de toegang tot het grondgebied, het verblijf, de vestiging en de verwijdering van vreemdelingen;Koninklijk besluit van 8 oktober 1981 betreffende de toegang tot het grondgebied, het verblijf, de vestiging en de verwijdering van vreemdelingen.

提交。大使馆或领事馆会将此项申请转交给有管辖权的地区。如果地区主管部门认为该申请不合格,则会宣告不予受理。

如果申请人已经拥有有效的比利时居住证,他或她便可以向"ondernem-ingsloket"(管理个体经营者的部门,与个体经营者社会基金相联系)提交其职业证申请。

一般来说,有如下 3 个标准来确定是否会被授予职业证。

(1)居住权:如果申请人没有比利时的居住许可,那么他或她在申请职业证的同时应当向大使馆或领事馆申请居住许可。

(2)遵守监管义务:在第一次申请职业证时,如果经营活动要求专业许可证,那么相关部门还要检查个体经营者是否拥有从事相应经营活动的专业许可证。如果个体经营者对上述问题有疑问或无法获得相关许可证,他或她可以联络"ondernemingsloket"获取相关信息。在更新工作许可时,还需要检查申请人是否履行纳税义务和(对个体经营者社会保障基金)社会贡献义务。

(3)项目能给地方(如佛兰德)带来利益:此处所指的利益由经济效用决定,例如符合某项经济需要、创造就业、有益的投资、对当地公司有正面影响、促进出口、创新或专业活动。还可以根据社会、文化、艺术和体育方面的收益做出评价。在审查职业证更新申请时,还需检查申请人第一次申请职业证时所承诺的为地区带来的经济附加值(如创造就业、投资等)的目标是否确实实现。

对于长期居住在其他欧盟成员国的申请人,评价的项目不是经济效用,而是个人信息(相关专业经历、学历等)、现在和预期收入。在审查职业证的更新时,评价的参考标准为拥有至少 12 个月工作资历的 20 岁的人的平均最低月收入。

申请人申请居住权如果不是为了个体经营活动而是出于其他理由(例如,工作许可、合法化等),则只需检查居住权和对监管义务的遵守情况。职业证并不能赋予持证人居住权。如果该申请人的情况发生变化,则需要在工作证上增加居住权,申请人可以单独对此提出申请。这种情况下,经济移民部也会审查项目为地区带来的利益。

如果个体经营活动被授权许可,地区主管部门将会通知领事馆和个体经营者本人。

在收到地区所做决定后,个体经营者本人应当再次前往比利时大使馆或领事馆,以便申请临时居留许可(D 签)。

个体经营者抵达比利时后,必须由本人前往申请表上提及的"ondernemingsloket"部门提交其职业证申请。建议申请人查询地区网站以获得职业证申请程序的详细信息。

(四)个体经营者的比利时签证

个体经营者必须以个人身份向其居住地或暂时的国外逗留地的比利时大使馆或领事馆提交签证申请。

办理程序与上述雇员办理签证的程序相同。

建议申请者咨询有权限的领事馆,以便获得申请签证的实际操作规则等多方面信息。要了解比利时大使馆或领事馆的权限,可以访问以下网站:http://diplomatie. belgium. be/nl/Diensten/ambassades en consulaten/。

如果个体经营者已经抵达比利时并有意停留 3 个月以上,在以下情况下他也可向其住所所在地的社区管理机构获得逗留授权。

他/她拥有有效的 C 签;

或者他/她能够免于办理停留不超过 3 个月的签证义务,或者①出于国籍原因的豁免(有官方的第三国清单,清单上国家的国民可免于申请签证义务);②他/她在某国的居住权可以使其免签(以申根国的居住清单为准);③他/她拥有有效的 D 签。

在这种情况下,个体经营者必须证明他/她拥有:

(1)一份职业证或者由有权的公共服务机构提供的证明,使其能够免于签证义务,或者任何其他由权力机关提供的可以充分证明其可以免签的证据;

(2)一份医疗证明,证明其没有会威胁到公共健康的疾病;

(3)如果其年龄在 18 周岁以上,则需要提供一份刑事档案的摘录或其他同等效力的文件。

在申请签证时必须提交下列文件:

(1)一份完整并附有本人签名的申请表(2 份原件);

(2)可以粘贴签证的、有效期在 12 个月以上的旅行证件(例如,护照);

(3)一份职业证或者由有权的公共服务机构提供的使其免于签证义务的证明,或者任何其他由权力机关提供的可以充分证明其可以免签的证据;

(4)一份医疗证明,证明其没有可以威胁到公共健康的疾病(如果在申请工作许可时提交过这份文件,那么这里可以不用提交);

(5)如果其年龄在 18 周岁以上,则需要提供一份刑事档案的摘录或其他同等效力的文件。

这些文件是个体经营者在申请有权在比利时逗留时必须提交的基本文

件,领事馆可能会要求个体经营者提供额外的文件进行面签,以达到更好的审查效果。

所有的文件必须提供一份原件和一份复印件。原件会归还给申请人。

除非有豁免条约,官方的外国文件必须合法或附有旁注。

德语、法语或荷兰语以外的外文(非比利时官方语言)文件必须经过可信的译者做出与原件内容一致的翻译。该翻译文本必须是一份符合其本国、比利时大使馆及比利时领事馆程序要求的、合法的独立文件。

只有外国人事务部有权决定是否发放签证。领事馆会将此决定告知申请人。

粘贴在旅行证件上的签证是一个能够在比利时停留3个月以上的国家签证(D签)。

申请人有权对上述决定提出抗辩。

能够提出抗辩的相关事项在拒绝表上均有列明。

同时,出于对申请人隐私的考虑,领事馆、外交部和外国人事务部的客服中心均不会向第三方说明拒绝发行签证的理由,即使第三方是主办人或保证人。如果外国人事务部收到书面形式的申请,则会向律师说明拒绝的理由。

在签证办理期间,申请人可以从领事馆或外国人事务部(当申请从领事馆转移到外国人事务部以后)获取申请状态的信息。

个体经营者来到比利时从事临时性个体经营活动,原则上必须在他/她开始从事经营活动前在网站 www.limosa.be 上注册,但也有大量的例外。有些例外(有严格的条件)主要和欧盟内部情况有关(受雇于比利时雇主的跨境工作者和销售代表),但大多数和非欧盟国家的个体经营者有关(少于连续20天并在一年内总计少于60天的国际运输、科学或研究会议、除建筑领域外少于8天的初始装配或首次安装配件、紧急修理或维护、每月经营活动少于5日的个体经营者、经营活动每月不多于5日的公司董事会个体经营者董事和股东大会的代表、科学家、政府人员、外交官等)。这些例外同样适用于雇员。

当个体经营者抵达比利时后,本人应当在8日以内前往其住所地的所在社区的主管部门进行外国人登记并获得居住证(A卡)。

该居住证被列入申根国居民名录中,允许持有者无须签证进入申根国家,自营个体经营者的家属适用类似的具体程序。

欧盟委员会和欧盟议会的实习生也适用类似程序。

第七章　环境法

一、介　绍

比利时是一个人口密集、城镇化程度高的国家,数个世纪以来在其境内有着大量的工业活动。

因此,比利时(主要是依照欧盟法律的指引,有权制定环境法的地区)的立法者设立覆盖众多环境方面的监管框架也是情理之中的事情:城镇和乡村项目、城市开发、水质、地表水水质、海洋环境的保护、防污工程、自然灾害的防范、空气质量、气候变化、土壤净化、粪便污染、废品回收、噪音污染、辐射、产品生产①、转基因生物、部门规章(例如采石场和井坑、地下储备等)、自然保护区、森林和公园管理、危险的感染(例如狂犬病等)、动物保护、濒危动物和植物买卖、固定遗产和自然文化世界遗产、责任和风险②、近邻损害、环境诉讼等。

在实践中,对于一个外国经济参与者而言,这些内容主要会产生两个方面的影响:在不能遵守规定或由于其他失误时,从事经营活动需要获得授权来开展活动及承担责任。征收环境税可能会被视为第三个方面的影响。

---

① 防止和限制损害自然和公共健康的具体规定。
② 从环境破坏的角度来看,包含具体规定。

二、环境许可

(一)介 绍

在建筑法的部分我们已经了解建造房屋需要建设许可。一项经营活动如果可能给环境带来潜在危害,那么原则上需要环境许可。环境许可是由主管部门做出的独立决定①,用于允许经营活动在特定条件下进行②。如果没有此许可,该经营活动将被禁止。

由于环境法不断地在修订,程序也在定期修改,因此在本节的有限篇幅内,我们无法分析在比利时获得环境许可的所有程序。

我们只能以一项获得许可的程序为例,即从 2017 年开始实施的获得邻近许可的程序。

在介绍上述内容之前,我们首先需要介绍一些与外国企业在比利时从事经营活动有关的主要许可。

城市开发许可就是一种非常重要的许可。③ 在下列情况下要求取得该许可证:

(1)建筑项目已经定址或开始建设;

(2)建筑材料被有目的地堆放在一起并开始建设;

(3)摧毁、重建、改建和扩建工程。

上述内容都是较为传统的建筑活动。纯粹的维护工程不受此项义务的约束。某些非传统的建筑活动也需要此项许可,例如采伐森林,砍伐大树,改变土地地形,整理土地用于停车,使用废弃物或材料,改变建筑的(全部或部分)主要功能,分割建筑,建立或改造足球场、网球场、游泳池、高尔夫球场等。

在上述多种情况下,若当事人只有报告的义务,则无须获得城市开发许

---

① 意味着此决定是一项具体决定,而不是普遍规范。

② 定义可参见:W Somers, A Verhoeven, and J Heyman. *Milieurecht in kort bestek*. Belgium, Bruges: die Keure, 2002:91.

③ De Pue, E, Lavrysen, L, Stryckers, P. *Milieuzakboekje*. Belgium, Mechelen: Wolters Kluwer, 2015:300-306.

可。① 其他情况下一般也能完全免除其责任。②

第二种主要的许可是环境许可。所有被认为对人类和环境有害的设施分为3类。③ 运作或改造第1类和第2类设施需要上述环境许可。④ 对于第3类设施则只需要报告。⑤

第1类、第2类和第3类设施的城市开发许可的程序在环境许可下达之前应暂停(强制报告已履行)。⑥

第三种主要的许可是土地划分许可。在获得上述土地划分许可之前,当事人无权划分地域以用于建造房屋和建造可供居住的固定或可移动建筑。⑦

上述许可都是主要的许可。

(二)范例:获得邻近许可的程序

1. 介绍及理念

此程序用于在佛兰德地区获得所谓的"邻近许可"。"邻近许可"首先由佛兰德政府发起,用于减少工业和制造活动中带来的环境管理负担。

从2017年2月23日起,企业家如果想开展工业或工艺活动,将不必获得建筑(城市开发)许可和环境许可,而只需获得邻近许可即可。因为有大量的相关利益者存在,整合这两项许可并不容易,例如公民的权利、工商界的利益、佛兰德各阶层需要的政治政策、各阶层的环境和环境规划管理等。⑧

此程序由2014年4月25日佛兰德邻近许可法令管理。⑨

---

① De Pue,E,Lavrysen,L,Stryckers,P. *Milieuzakboekje*. Belgium,Mechelen:Wolters Kluwer,2015:306-310.

② De Pue,E,Lavrysen,L,Stryckers,P. *Milieuzakboekje*. Belgium,Mechelen:Wolters Kluwer,2015:310-320.

③ 1985年6月28日佛兰德法令第3条关于环境许可的规定(参见1985年9月17日比利时官方公报)。

④ 1985年6月28日佛兰德法令第4§1条。

⑤ 1985年6月28日佛兰德法令第4§2条。

⑥ 1985年6月28日佛兰德法令第5§1条。

⑦ 2009年5月15日佛兰德城乡计划第4.2.15§1条(参见2009年8月20日比利时官方公报)。

⑧ 资料来源:"*Omgevingsvergunning*",www. lne. be.

⑨ 2014年10月23日比利时官方公报,荷兰语:Decreet betreffende de omgevingsvergunning。

在此，我们只介绍此程序的主要原则(2014年4月25日法令文本只有92页)。

佛兰德环境(城镇和乡村)规划法典以及1995年4月5日佛兰德法令关于环境政策的一般规定中指出①，2014年4月25日法令的目标是效率、目的导向型②和整合许可。2014年4月25日法令并没有与上述两个佛兰德法律相冲突。③如果欧洲法规可适用于一个项目，只有在邻近许可的规定是欧洲法规的额外条款时，才可适用邻近许可法令。④佛兰德政府可能会对当地管理机构提供补贴，使其必须适用于2014年4月25日法令(以下简称法令)。⑤

2.范　围

此法令可适用于以下项目⑥：

(1) 获得以下许可的义务：

① 法令中规定的城市开发行为的执行；

② 法令中规定的土地分配；

③ 法令中规定的分类的设业或活动的开发。

(2) 以下报告义务：

① 法令中规定的城市开发行为的绩效；

② 法令中规定的分类的设业或活动的开发。

法令规定包含城市开发行为和分类设业或活动项目的开发，或只包含其中一个的项目，或土地分配，都必须遵守许可义务或报告义务。⑦

3.授权许可

根据法令的规定，如果没有事先的邻近许可，任何人都不可以实施、开发或分割需要履行该法定义务的项目，也无权对法令规定需要许可的项目做出改变。⑧

---

① 1995年6月3日比利时官方公报，法令第3条第1句。

② 这意味着结合了多种其他(上述)程序。

③ 法令第3条第2句。

④ 法令第3条第3句。

⑤ 法令第4条。

⑥ 法令第5条。

⑦ 法令第2，8°条。

⑧ 法令第6条第1句。

根据法令的规定,如果没有进行事先的报告,任何人都不可以实施或开发一项需要履行该法定报告义务的项目,也无权对法令规定需要报告的项目做出改变。①

报告行为指提交可以证明已被授权的文件的行为。②

在某些情况下,如果一个项目应当同时遵守报告义务和获得许可的义务,那么邻近许可对于一个项目需要报告义务的部分同样有效。③

4.程　序

在某些情况下,如果一个现实的项目研究是可行的,那么发起人可以向有关部门申请一个项目会议,以便准备申请许可。④

自然人或法人在进行许可申请时需要支付文件税(500 欧元)。如果他需要向申请的结果提出抗辩,那么他需要再次支付文件税(100 欧元)。⑤

关于下发邻近许可,在行政程序中有两种截然不同的方式⑥:

(1)普通许可程序;

(2)简易许可程序。

简易许可程序可适用于法令规定的非重要项目。⑦

简易许可程序不能适用于申请许可时包含以下至少一项内容的项目⑧:

① 环境影响报告;

② 安全报告;

③ 法令规定的评估报告。

普通许可程序的第一个步骤是受理和完整性评估。⑨

按照法令规定,申请许可须以安全邮件的形式寄给有关部门。⑩

如果项目同时符合分类设业或活动开发中城市发展许可和环境许可的要

---

① 法令第 6 条第 2 句。

② 法令第 2 条 6°项。

③ 法令第 7 条。

④ 法令第 8 条。

⑤ 法令第 12 条。

⑥ 法令第 17§1 条。

⑦ 法令第 17§2 条。

⑧ 法令第 17§3 条。

⑨ 法令第 18~22 条。

⑩ 法令第 18 条第 1 句。

求,并且各方面都不可避免地与其他方面相联系,那么许可申请应当包括以下这些方面。①

首先,需要审查许可申请的完整性。如果申请不完整,那么有关部门会要求补充安全邮件中缺失的信息或文件,并决定补充的期限。②

如果一个项目在筛选记录(环境影响报告书的筛选记录)中被依法认为是提交了许可申请的,则将被相关部门审查,用以决定这个项目是否需要提交环境影响报告。③

审查结果必须在收到申请或收到要求的缺失信息或文件后的 30 日内通过安全邮件的方式给出。④

如果审查结果要求必须提供环境影响报告,即意味着获得许可的程序立即终止。⑤发起人可以提交一份充实的请求以获得免于提交报告的义务。⑥

如果相关部门认为申请不归其管辖,则会立即将申请交给有权的相关部门,并通知发起人。⑦相关部门收到申请的时间是提出申请的正式时间。⑧

如果程序继续进行,公众对许可申请的查询是允许的。⑨在查询期间,任何自然人或法人都可以发表自己的观点、评论和异议。⑩这些规定同样适用于环境影响报告和邻近安全报告。⑪

法律要求的建议必须以符合完整性和可预见程序(包括期限)的方式提出。⑫如果该建议没有给出可预见的期限,则该建议将被认为是赞同意见的。⑬

如果被有权判定环境影响报告和邻近安全报告的主管部门否决了这些报告,则申请许可的程序即终止。⑭

---

① 法令第 18 条第 2 句。
② 法令第 19 条第 2 句。
③ 法令第 20 条。
④ 法令第 21 条第 1 句。
⑤ 法令第 21 条第 2 句。
⑥ 法令第 21 条第 4 句。
⑦ 法令第 22 条第 1 段。
⑧ 法令第 22 条第 2 段。
⑨ 法令第 23 条第 1 段。
⑩ 法令第 23 条第 2 段。
⑪ 法令第 23 条第 3 段。
⑫ 法令第 24、25、26 条第 1 句以及第 27 条。
⑬ 法令第 26 条第 2 句。
⑭ 法令第 28 条第 2 句。

在公众查询后,许可申请可以被修改。①

如果许可的申请包括道路工程,而这个申请原则上会被有关部门批准,那么社区委员会在决定道路工程相关事项上有优先权。②

5. 授予许可的决定

有关部门需要在规定的时间内决定是否批准许可申请,一般时限至少为105 天。③

如果有关部门在固定期限内没有做出决定,在延长期限内也没有做出决定,则表示该邻近许可的申请被拒绝。④

该决定应当提及义务和条件,包括可适用于项目的特殊环境条件。⑤

如果申请人在首次公告后 35 日内没有收到通知,则可以使用邻近许可来暂停行政上诉。⑥但此原则也有例外,某些情况下申请人可以直接开始使用邻近许可。⑦

获得许可的简易程序和普通程序非常类似,主要区别在于相关部门是否需要在 60 日以内做出决定。⑧

6. 变更的报告义务

本章的法令也提及分类的设业和活动的经营者如果要对许可增加分类或修改分类,必须在开始增加或变更分类之日起的 6 个月内向有关部门陈述该事实。⑨在这种情况下,开发可能会持续进行,直到颁布关于批准邻近许可的最终决定。⑩

7. 申诉的权利

根据具体情况,佛兰芒政府(Flemish government)和其他省级政府有权

① 法令第 30 条。许可能够被公众查询并修改。
② 法令第 31 条。
③ 法令第 32,§1,§2,§3 条。
④ 法令第 32,§4 条。
⑤ 法令第 33 条。
⑥ 法令第 35 条第 1 段。
⑦ 法令第 35 条第 2 段。
⑧ 法令第 46,§1 条。
⑨ 法令第 51 条第 1 段。
⑩ 法令第 51 条第 3 段。

作为对获得许可的程序中所做的快速或沉默决定进行申诉的最终行政手段。①

申诉可以由以下主体提出②:

(1)许可的申请人、持有人或运营者;

(2)有关的公众;

(3)必须提出建议的机构责任公务员,或者在建议机构已按时提出建议或因错误无建议要求情况下,责任公务员缺席时的代理人;

(4)准时提出建议或因错误无建议要求情况下的市长和市议员;

(5)环境部、自然和能源部的责任公务员,或在其缺席情况下的代理人;

(6)空间规划部、防务政策部和固定遗产部的责任公务员,或在其缺席情况下的代理人。

根据法令规定,申诉原则上必须在30日内提起才能被接受。③

作为例外情况,申诉会推迟行政决定的执行,将该执行日期延迟到最终行政决定做出后的第2天。④

根据法令的规定,申诉必须通过安全邮件的方式向有关部门提交才能被接受。⑤当事人必须向法令中规定的所有相关方送达申诉的复印件。⑥

按照法令规定,相关部门需要检查申诉是否合规且完整。⑦

如果申诉中的举证材料不完整,有关部门或其代理方可以以安全邮件的方式要求上诉人在14日以内补充缺少的信息或文件。⑧

如果上诉人不遵守此要求,那么此申诉会被认为是不完整申诉。⑨

审查的结果将在30日以内通过安全邮件的形式告知上诉人。⑩按照法令的规定,申诉内容不完整或不符合要求都会导致申诉程序终止。⑪此决定会通

---

① 法令第52条。
② 法令第53条。
③ 法令第54条。
④ 法令第55条。
⑤ 法令第56条第1段。
⑥ 法令第56条第2段。
⑦ 法令第57条第1段。
⑧ 法令第57条第2段。
⑨ 法令第57条第3段。
⑩ 法令第58条第1段。
⑪ 法令第58条第2句。

知法令中提及的所有当事方。①

佛兰德政府会指派机构就邻近许可申请的申诉提出建议。②同时,佛兰德政府也会决定给出建议的期限以及需要包含的内容。③ 佛兰德政府如果在规定的期限内没能给出建议,则会被视为支持申诉。④

法令规定申请人和上诉人有权参与多个主管机构审理的旁听。⑤

有关主管部门审查整个许可申请资料。⑥

根据申诉的不同,许可的申请可能会被修改。⑦在这种情况下,除非法令规定的某些条件得到满足,否则必须进行一轮新的公众查询。⑧如果没有开展强制性公众查询,则有关部门无须考虑修改许可申请。⑨

在法令规定的某些情况下,社区委员会必须对任何被提议的道路工程做出一个新的决定。⑩

有关部门必须在法令规定的期限内对申诉做出决定。⑪如果在法令规定的期限内没有做出决定,那么申诉将会被视为驳回,许可的原决定将产生最终效力。⑫

8.许可的有效期

原则上,邻近许可是无限期的。⑬在法令规定的 9 种情况下,邻近许可的全部或部分内容是具有有效期的。⑭其中一种情况就是试用许可。⑮

---

① 法令第 59 条第 3 句。
② 法令第 59 条和第 60 条。
③ 法令第 61 条第 1 段。
④ 法令第 61 条第 2 段。
⑤ 法令第 62 条。
⑥ 法令第 63 条。
⑦ 法令第 64 条第 1 句。
⑧ 法令第 64 条第 2、3 段。
⑨ 法令第 64 条第 3 段。
⑩ 法令第 65 条。
⑪ 法令第 66§1、§2 条。
⑫ 法令第 66 条第 3 段第 2 句。
⑬ 法令第 68 条第 1 句。
⑭ 法令第 68 条。
⑮ 法令第 68,4°条和第 69 条。

对于有时限的邻近许可的更新,同样有着具体的程序。①

9. 具体条件和费用

对于保护森林②、使人类或环境免于遭受开发带来的不可接受的风险和阻碍,法令也做出了具体的规定③。对于被授权的项目施加的条件必须足够精确并且比例合理。④

邻近许可同样受到费用的管制。⑤ 这些费用包含绿地工程、城市规划工程、公共利益分配等⑥,还包括土地用途的转变,例如在何处修建道路等⑦。对于被授权的项目,费用比例必须合理。⑧如果债务人不能按时支付费用,相关部门可能会亲自执行债权,使债务人履行支付义务。⑨

10. 其他事项

邻近许可可以被转让。⑩

邻近许可可以涉及项目的多个阶段或多个部分。⑪

项目正在履行或者已经履行邻近许可的,需要取得正规化许可。⑫

在法令规定的条件下,有关部门可以修改或完善环境条件⑬以及邻近许可的目标或期限。⑭

无论是主动执行的相关部门⑮还是土地所有者⑯,如果要更改城镇和乡村

---

① 法令第 70 条。
② 法令第 71 条。
③ 法令第 72、73 条。
④ 法令第 74 条第 1 段。
⑤ 法令第 75 条第 1 句。
⑥ 法令第 75,1°条。
⑦ 法令第 75,2°条。
⑧ 法令第 76 条第 1 句。
⑨ 法令第 77 条。
⑩ 法令第 79 条。
⑪ 法令第 80 条。
⑫ 法令第 81 条。
⑬ 法令第 82 条。
⑭ 法令第 83 条。
⑮ 法令第 85 条。
⑯ 法令第 86 条。

的规划规定,则必须依法令的规定对土地分配的邻近许可也做出更改①。

对于此类更改许可的申请,有关部门会依照法令审查其合规性和完整性。②

根据法令的规定,必须在规定的期限内决定申请是否通过,即至少为105日。③该决定可以申诉。④

在法令规定的条件下,邻近许可可以被延迟或撤销。⑤

执行城市规划项目或开发设业和经营活动的邻近许可在法令提及的情况下会归于无效。

此规定同样适用于土地分配的邻近许可。⑥项目开发商可以单方面放弃邻近许可中的权利。⑦

作为最后的救济方式,当事人有权对行政决定进行申诉,申诉应当提交到许可争议委员会。⑧

法令也对主管部门在城市规划项目、分类的设业或经营活动的开发等问题上规定了一系列强制性沟通措施。⑨

三、环境破坏责任

(一)介　绍

正如本部分开头所言,环境法第二个重要的内容就是自然人或法人破坏环境后需要承担的法律责任。⑩

---

① 法令第 84 条。
② 法令第 87 条。
③ 法令第 89,§1 条。
④ 法令第 90 条。
⑤ 法令第 92～97 条。
⑥ 法令第 99～101 条。
⑦ 法令第 102、103 条。
⑧ 法令第 104 条。
⑨ 荷兰语：Raad voor Vergunningsbetwistingen；法令第 105 条。
⑩ 法令第 106～113 条。

(二)一般的非合同责任

在比利时法中,传统非合同责任的法律依据是《民法典》第 1382 条(和第 1383 条)。这些条款规定,任何人因为故意、过失或疏忽大意而对他人造成损害的,都需要承担责任。这也包括了权利的滥用。权利的滥用指一个人不正当地行使权利,例如一个人抱有损害他人的目的,或与其获得的利益相比,对方的损失更为不合理的情况。然而这仅是案例法中的实践案例,尚未有明确的结论。

如果能够证明某些因素破坏了环境(在环境案件中,这常常很复杂),就可以要求侵权人进行损害赔偿。然而,在有些破坏环境的案件中,例如对空气的污染、对河流的水污染,这些受破坏的物并没有所有人(拥有者)。在传统民法中,一个人必须在利益受损的情况下才可以获得损害赔偿,因此只有物的所有人或者至少是法定拥有者才有权利主张损害。遭受环境破坏侵害的物如果没有所有人,就无法在传统民法中提出法律主张。

(三)基于所有权或合同的主张

在环境索赔案件中,另一种传统民法主张主要是基于《民法典》第 544 条。根据该条款中的规定,案例法对此类主张进行了发展与丰富。该条款对所有权进行了定义,当某人为了自身的利益行使权利,而遭受了财产上不相称的损失时,尽管所有人没有《民法典》第 1382 条和后续条款规定的过失,但其也应当承担责任。在这种情况下,所有权是必需的。

基于合同条款而承担的环境破坏责任同样参照上述规定。

(四)客观的责任

为了把无主之物的损失纳入赔偿责任的范围内,也为了避免正当的诉求因为证明困难而无法得到伸张,立法者创造了一些客观的责任。这意味着设业或经营活动的受益者如果对环境造成损害就需要承担责任,即使当事人没有过错,也没有所有人遭受损失。以下是一些具体事例[①]。

核能:管理核电站的公司对核事故造成的一切损失负责,不论事故发生在

---

① 本部分关于环境法责任的介绍基于"Deel 9. Privaatrecht",参见:E De Pue, L Lavrysen and P Stryckers. *Milieuzakboekje*. Belgium, Mechelen: Wolters Kluwer, 2015:1217-1330.

核电站内部还是因为核材料安装失误而发生在运输途中。核动力船只适用类似的规定。

有毒废物：1974 年 7 月 22 日法令规定，有毒废物的生产者对有毒废物运输、中和、消除、破坏过程中造成的一切损失负责。

海上油污染：海船所有人对其船舶造成的石油污染损失负责。这条规定同样适用于海难、事故和故意向海中放油的情况，例如因需要清洗油箱而放油。

地下水采集：地下水采集的经营者和公私工程的代理人由于采集活动造成地下水水位下降的，应对造成损害的房地产、植被[1]和农作物[2]承担客观赔偿责任。

修补工程的费用：如果群众防护和消防队不得不参与到污染或突发性扩散的污染的救援中，则国家或社区有法定义务要求造成该损害或有直接威胁的相关运营者承担费用，或者要求生产所有人支付费用。

土壤卫生：行为人如果因为排放而对土壤造成了污染，就需要对此损害承担责任。如果导致该排放的开发行为是拥有许可或已依法报告过的，则应该由该建设活动的运营者而非其雇员承担责任。

海洋环境的保护：行为人对环境造成了损害或破坏（对比利时领海内的海洋环境），或者造成事故、侵权的，则负有对其进行修复的义务。

比利时立法者还规定了其他客观责任的情形，包括矿山破坏、气体类产品的运输和管道运输、气体的原地储存、飞机对地面的损害[3]（噪音污染造成的损害除外）、野生动物、有缺陷的产品和石棉带来的损害。

在执行 2004 年 4 月 21 日关于 2004/35/CE 环境责任的指令上，针对以下造成环境破坏的事由，比利时立法者引进了防止环境破坏和修复环境损伤的具体责任规定[4]：

（1）公路、铁路、内河航运、航海或航空过程中造成危险或造成污染；

（2）转基因生物和外来入侵物种；

（3）一些专业活动。

---

[1]　例子可见 E De Pue, L Lavrysen and P Stryckers, op cit，第 1240-1242 页。

[2]　例如玉米、棉花等。

[3]　例如倾倒原料或厕所垃圾、碰撞等。

[4]　2004 年 4 月 30 日官方公报。

四、环境税

如上文所述,征收环境税可以被认为是环境法的第三个主要内容。环境税主要是向固体废品加工[1](由废品处理工厂产生)、水污染、采集地下水、粪肥、饮料包装、一次性产品、电池、一些工业产物的包装、杀虫剂、除草剂和废纸的产业征收。[2]

---

① 每周回收的废品。

② 参见上文所提及的 W Somers,A Arhoeven and J Heyman,第 80-88 页。由于该列表已有 10 年之久,因此并非穷尽式的列举。后者(不能保证该列表是穷尽的)对环境法部分的所有列表有效。

第八章　境外实体争议解决的法律规定

一、法院管辖权:国内

就法院系统而言[1],商事法院对于企业("商人")之间、消费者和企业之间的争议的管辖权优于民事法院。基层法院有权管辖小型诉讼(目前的规定是标的不超过 2500 欧元[2])和其他具体事项,例如租赁争议。[3] 所有上诉案件均由上诉法院管辖。

雇主和雇员之间关于社会保障和其他与社会保障相关的(例如,工伤)的法律争议由劳工法庭和劳工上诉法庭管辖。

一般主体(自然人和法人)与行政机关之间的争议在原则上最终由国家委员会管辖。

所有上诉案件都可以向最高法院请求法律解释。宪法法院管辖歧视以及地方机构与联邦机构之间的争议。

是否符合比利时法和欧盟法的相关争议可以提交到位于卢森堡的欧盟法院。如果所有内部(国内)上诉手段都已经用尽,上诉人可以向斯特拉斯堡的欧洲人权法院提起上诉,该项上诉不适用比利时法律,而适用《欧洲保护人权

---

[1]　比利时法院体系的相关内容可参见:K Van Den Broeck and T Mertens, Allen & Overy LLP, "Litigation and Alternative Dispute Resolution", www. allenovery. com。

[2]　《司法法典》第 590 条。

[3]　《司法法典》第 591 条。

与基本自由公约》。

二、法院管辖权:国际

国际争议的管辖意味着争议涉及两个以上受国际私法管辖的国家,如同欧洲议会 Nr. 1215/2012 法规和 2012 年 12 月 12 日委员会关于民事和商事案件中判决的承认和执行问题。①

三、法庭程序

法庭程序主要为书面形式。法庭程序始于起诉状(劳动法案件)或传唤书。之后各方递交自己的陈述意见,以口头形式在听证会上就争议问题向法官陈述。依照比利时程序法的规定,审判由当事人主导而不是由法官主导,但传唤证人时除外。还可能存在其他的具体程序,例如专家介入等。法官最终做出判决。原则上败诉方必须向另一方支付法定程序赔偿金。各方仍应当支付律师费。

四、替代性争议解决方式

(一)一般规定

在商事领域,当事人通常认为传统的诉讼程序耗时长,且法官对商事领域的现实状况没有足够认识,这导致在商事领域产生了替代性争议解决方式(Alternative Dispute Resolution,ADR)。当然,并不仅仅是只有商业领域使用 ADR。

(二)调　解

ADR 机制的第一种方式是调解。由于多种因素,例如司法资源不足及由

---

① 2012 年 12 月 20 日官方公报。

此带来的过度拖延现象、提起法律诉讼的成本过高的现象，以及公众认为司法系统不以得出双方满意的结果为导向等[1]，调解成为一种替代性争议解决方式。以调解的方式解决争议最早起源于美国并主要用来解决民事争议。

在比利时，调解最初主要用于一些民法案件中，例如离婚程序和邻里争议。近年来，调解已经可以适用于商事争议。在商业活动中，替代性争议解决方式中发展得最为成熟的是仲裁，在本部分将会对其做进一步的介绍。

在荷兰，有两种调解方式："bemiddeling"和"mediatie"。其中"bemiddeling"（在法语中被翻译为"intermédiaire"）是更为普遍的调解方式。在日常生活中，该方式意味着第三方参与到双方当事人的争议当中，它是将不再对话的双方拉拢到一起寻找解决争议的方案。法律上的"调解"更接近"mediatie"（法语中的"mediation"）。

调解[2]被认为是双方同意的替代性争议解决方式。[3] 通过该程序，争议当事人可以请求第三方即调解人，使争议尽量得到友好解决。这种解决方式可以由当事人之间的合同关系或其他关系予以确定。调解和仲裁的不同之处在于调解的结果不具有约束力。调解人无权将解决方案强加给当事人。调解人可以帮助当事人达成解决方案或提出建议，但当事人可以选择接受或不接受解决方案。

调解要求有冲突的当事人完全配合中立的调解人，并且有意向以建设性的方式寻求解决方案，以避免更有约束力和正式的程序，例如仲裁。

在实践中，调解人具有多种职能。调解人的作用可以被限定于召集当事人重回谈判，让当事人自己协商解决方案等。调解人也可以引导当事人寻求解决方案，或者扮演一个技术性的角色等。这意味着不同类型的调解需要不同类型的调解人。

为了使调解更为便利，比利时立法者在比利时 2005 年《司法法典》中插入了三个具体章节。第一章内容是民事争议，第二章内容为自愿调解的可能性，第三章内容为司法调解的可能性。

第一章包含了一些可能给临时[4]调解程序提供思路的原则。《司法法典》

---

① Karl J Mackie. Dispute resolution: The new wave//K J Mackie. *A Handbook of Dispute Resolution. ADR in Action*. London and New York: Routledge and Sweet & Maxwell, 1991:5.

② 以下两段内容参见比利时仲裁机构 Cepani 网站（www. cepani. be）上的"Wat is mediatie?"。

③ 与仲裁相比。

④ 这意味着该程序是由具体案件的参与方组织，而不是基于法律或机构调解。

第1725§1条对调解条款做出了定义。调解条款意味着在涉及有效性、合同的成立、解释、执行或违约的争议时,应当首先寻求调解,然后才可以使用其他争议解决方式。第1728§1条规定了保密义务。该义务的相关原则要求对调解程序过程中的文件和交流记录进行保密,且不会将其用于司法、行政、仲裁或其他任何解决同一争议的程序中,也不会被用来作为证据。参与调解方之间只有达成了协议,才能够放弃保密义务。他们如果违反了保密义务,则需要承担赔偿。调解人也受保密义务的约束。

自愿调解指在对司法或仲裁程序过程不造成损害的情况下,在程序开始前、进行中或结束后由争议的任意一方提起调解提议。当事人双方合意选择调解人,或指定第三方做调解人。①这个程序应当严格遵守诉讼法第1730§2~§3的规定。

在与调解人达成一致的前提下,当事人可以规定调解的具体规则以及期限。当事人的协议应当写在调解议定书上,并由当事人和调解人签字。调解费用由双方当事人共同负担,除非双方另有协议。②

《司法法典》第1731§2条规定了调解协议必须包含的内容。第1731§4条规定,经双方当事人的合意、一方当事人或者调解人通过挂号信的形式通知另一方终止调解意向一个月后,调解程序便终止。③

《司法法典》第1732条规定,当各方当事人达成调解协议后,应当将协议内容以书面形式记录,并附上日期和调解人的签名。如果情况需要,调解人应当在协议中表明自己拥有执照。这份协议明确规定了各方当事人的义务。

《司法法典》第1733条规定,各方当事人或一方当事人可以将调解协议提交给主管法官以获得确认。

《司法法典》第1734条规定,除地区法院和最高法院外,在案件最终答辩以前,法官都可以在当事人提出请求或法官主动提议并获得当事人同意的情况下展开调解。第1734~1737条包括了这条规则的程序。

正式的调解是商业领域最近常用的ADR方式。这种方式的最大好处是可以让当事人将最终决定权掌握在自己手中。

---

① 第1730§1条。
② 该段内容参见《司法法典》第1731§1条。
③ 该指令在调解程序中便已中止。

（三）仲　裁

作为 ADR 机制中的一种传统做法,仲裁在中世纪早期英国商人争议解决的实践中便已采用。英国关于仲裁的立法比威廉·莎士比亚(1564—1616)①只晚了一个世纪。仲裁是最正式的 ADR 方式,它与法庭程序最为接近并且允许各方当事人将案件交由正式法庭外部的专家裁定。

联合国国际贸易法委员会(United Nations Commission for International Trade Law,UNCITRAL)制定了自己的仲裁规则。在比利时,比利时仲裁和调解中心(CEPANI)也制定了自己的仲裁规则。②

仲裁的主要特征是,双方将其争议提交给外部机构以获得最终裁决,仲裁庭由当事人选择一名或多名仲裁员担任(或参与方指定的机构)。

在合同中,仲裁的效力来源于专门的仲裁条款。CEPANI 为此提供格式条款,具体包含以下内容。

（1）定义(第 2 条);

（2）应如何提出仲裁请求(第 3 条);

（3）另一方应该如何答辩,如可能,提起反诉(第 4 条);

（4）在没有具体条款时不能仲裁(第 6 条);

（5）仲裁规则的适用(第 7 条);

（6）程序规则:书面通知和通信,术语(第 8 条);

（7）当事人超过两方的具体条款(第 9 条);

（8）不止一份合同的具体条款(第 10 条);

（9）第三方干预(第 11 条);

（10）仲裁庭的管辖权(第 12 条);

（11）合并案件(第 13 条);

（12）被任命为仲裁员的条件(第 14 条);

（13）仲裁员的任命(第 15 条);

（14）对仲裁员的质疑(第 16 条);

（15）仲裁员的更换(第 17 条);

（16）向仲裁庭提交文件(第 18 条);

---

① John Parris. *The Law and Practice of Arbitrations*. London:George Godwin Limited,1974:2.

② 参见 www. cepani. be。

(17)一方当事人的代理人的证明(第 19 条);

(18)程序的语言(第 20 条);

(19)仲裁的地点(第 21 条);

(20)工作的分配和程序的议程(第 22 条);

(21)案件的审查(第 23 条);

(22)辩论的终止(第 24 条);

(23)仲裁程序的保密(第 25 条);

(24)仲裁庭组成前的临时和保障措施(第 26 条);

(25)仲裁庭组成后的临时和保障措施(第 27 条);

(26)6 个月的任期,做出裁决的时间有可能延长(第 28 条);

(27)书面的仲裁裁决(第 29 条);

(28)由双方当事人在仲裁院进行登记(第 30 条);

(29)仲裁裁决的通知,并将其提交给有权管辖的民事法庭(第 31 条);

(30)仲裁裁决的明确性和可执行性(第 32 条);

(31)对仲裁裁决的改进和解释——由民事法院对仲裁裁决返还仲裁院改进和解释(第 33 条);

(32)仲裁费用的性质和数额——参与方的费用(第 34 条);

(33)仲裁的律师费(第 35 条);

(34)关于仲裁费用和参与方费用的决定(第 36 条);

(35)对仲裁员、比利时仲裁和调解中心、其成员和员工的责任限制(第 37 条);

(36)在缺乏监管和义务的情况下,承诺适用仲裁规则的精神,并有义务尽最大的努力做出具有可依法执行的裁决(第 38 条)。

CEPANI 针对标的金额不大的案件还设计了简化程序。

当仲裁涉及弱势的个人当事方,例如雇员和消费者时,对其高额费用的担心是制约仲裁发展的一个重要障碍。1978 年 7 月 3 日雇佣协议法令第 13 条明确禁止在争议发生前签订仲裁条款。

为了便于仲裁,比利时立法者在《司法法典》中也加入了相关条款。① 这些规定和仲裁规则的规定基本相似,同时,这些规定也确定了哪些仲裁裁决可以由比利时法院负责执行。

在这些规定中,需要重点关注的是:

_____

① 与调解一样。

(1)如同非所有权的争议能够成为和解协议的客体一样,任何所有权性质的争议都可以成为仲裁程序的客体;①

(2)有能力达成和解协议的任何人,均可以订立仲裁协议;②

(3)公法上的法人原则只能用在订立有关于达成该协议的目的的仲裁协议③中;

(4)一整套关于临时和保护措施的具体规定;④

(5)在比利时或海外做出的仲裁决定的强制执行,此种情况只发生在民事法庭根据《司法法典》第 1720 条的规定对仲裁裁决全部或部分强制执行的情形下,该条包含了权限以及可适用程序的详细内容;

(6)《司法法典》第 1721 条提到在有限的情况下,民事法院可以拒绝承认与执行仲裁裁决,无论这个裁决出自哪个国家;

(7)仲裁裁决确定的责任,自仲裁裁决之日起 10 年后失效。⑤

最后,WTO 的争端解决机制只限于其成员国。⑥ 从 20 世纪 80 年代后期开始,大量的贸易协定中包含了 ISDS 条款⑦,该条款允许外国投资者在因缔约国的行为而遭受损失的情况下在仲裁庭对其提起申诉。⑧

ISDS 有效地将贸易争议解决的管辖权转移给了常规司法系统以外的特定机制,这在政治上存有争议。本章写作之时,欧盟和美国正在进行"跨大西洋贸易和投资伙伴协定"(Transatlantic Trade and Investment Partnership ,

---

① 《司法法典》第 1676§1 条。

② 《司法法典》第 1676§2 条。

③ 《司法法典》第 1676§3 条。

④ 《司法法典》第 1691~1698 条。

⑤ 《司法法典》第 1722 条。

⑥ 1994 年,WTO 成员方达成《关于争端解决规则和程序的谅解》(Understanding on Rules and Procedures Governing the Settlement of Disputes or Dispute Settlement Understanding , DSU)。根据 DSU 的规定,成员方可以通过磋商的方式解决涉及"覆盖协定"的争议,如果磋商不成功,WTO 的专家小组会受理案件。参见 "Dispute settlement in the World Trade Organization",En. wikipedia. org.

⑦ ISDS 机制是指允许投资者在不需要其母国干涉的前提下,能够直接将东道国诉诸国际投资仲裁庭。资料来源:Transatlantic Trade and Investment Partnership,en. wikipedia. org, under:"Democracy and national sovereignty: from investor-state dispute settlement to investment court system."

⑧ Transatlantic Trade and Investment Partnership,en. wikipedia. org, under:"Democracy and national sovereignty: from investor-state dispute settlement to investment court system."

TTIP)谈判。在谈判初期,欧盟有意在贸易协定中纳入 ISDS,但有批评家指出"ISDS 条款限制了国家政府为其公民利益而作为的权力",甚至会破坏民主,因此,欧盟撤回了对在 TTIP 中纳入 ISDS 机制的支持。①

译者:邓婷婷

中南大学法学院副教授,香港城市大学法学博士

---

① Transatlantic Trade and Investment Partnership,en. wikipedia. org, under: "Democracy and national sovereignty: from investor-state dispute settlement to investment court system. "

捷克

Michal Radvan 副教授
Markéta Selucka 院长
Johan Schweigl 博士
Hana Cejpek Musilova 讲师

作者介绍

　　Michal Radvan 是捷克共和国马萨里克大学法学院负责外交和对外事务的副院长,是金融法和经济学系金融法专业副教授。他擅长税法。他著有 5 本书,合著近 50 本书。他于著名期刊和会议论文集中发表 80 多篇关于自己科学研究成果的评论、文章。他是欧洲税法教授协会和中欧及东欧国家公共财政和税法研究信息和组织中心的成员。

　　Markéta Selucka 是捷克共和国马萨里克大学法学院院长。她是民法专家,专门研究消费者保护。她发表了许多关于欧盟消费者保护规定转化、融入捷克法律的研究;她著有 5 本书,合著近 30 本书,并撰写了大量基于欧盟法背景下捷克民法相关的文章。她是现有欧共体私法欧洲研究小组(Acquis Group)的成员。

　　Johan Schweigl 是捷克共和国马萨里克大学金融法和经济学系博士研究生。他主要研究银行监管、货币政策和支付系统。他著有 2 本书和数十篇文章。

　　Hana Cejpek Musilova 是捷克共和国马萨里克大学法学院环境法和土地法系的讲师。她主要研究环境法,特别是农业、农业政策和农业活动相关的法律。她著有 Environmental Aspects of Agricultural Entrepreneurship in the Context of Rules on Cross－compliance,同时参与合著数本专著。她还在几篇期刊和会议论文集中发表文章,介绍她的科学研究成果。

概　述

捷克共和国是中欧境内一个拥有约 1050 万人口的统一的民族独立国家。首都和最大的城市是布拉格,它有超过 120 万居民。捷克共和国的领土包括历史上的波西米亚、摩拉维亚和西里西亚。该国的近代史始于 1918 年捷克斯洛伐克的成立。继 1948 年政变后,捷克斯洛伐克在苏联的影响下成为一党制的社会主义国家。1968 年,随着国民对政权的日益不满,一场名为"布拉格之春"的改革运动达到了高潮。这场运动是以苏联为首的武装入侵而告终的。捷克斯洛伐克的政权维持了多年,直到 1989 年的天鹅绒革命,社会主义政权垮台,该国成立了多党议会共和制。1993 年 1 月 1 日,捷克斯洛伐克和平解体,从而成立了捷克共和国和斯洛伐克两个独立的国家。捷克共和国于 1999 年加入北约,2004 年加入欧盟;它还是联合国、经合组织、欧安组织、欧洲理事会的成员国。①

捷克共和国实行多元多党代议民主制,以总理为政府首脑。议会为两院制,有众议院和参议院。总统为正式的国家元首,有限定及特定的权力,他的最重要的权力是将法案退回议会。自 2000 年以来,捷克共和国分为首都布拉格及其他 13 个地区。每一个地区都有自己选举产生的地区议会和地方议会。在布拉格,议会和总统权力由市议会和市长执行。②

捷克拥有基于欧陆式的民法体系,植根于日耳曼法律文化中。捷克司法系统的主要法院实行三方执政:宪法法院监督违反宪法的行为,由立法机关或政府的 15 名宪法法官组成;最高法院是捷克共和国几乎所有法律案件的最高

---

① https://en. wikipedia. orgwikiCzech_Republic,2016 年 3 月 23 日访问。
② 同上。

— 171 —

上诉法院,由 67 名法官组成;最高行政法院决定程序和行政适当性问题,它还有许多政治事务的管辖权,如政治性聚会的形成与终结,政府实体之间的管辖权力,以及评定参选公职人员的资格。① 表 1 给出了捷克共和国的一些关键数据。

表 1　捷克共和国的关键数据②

面积	78866 平方千米
人口	10553446 人
人口密度	134 人/平方千米
国内生产总值(GDP)	3439310 亿美元
人均国内生产总值	32622 美元
2015 年国内生产总值增长率	2.7%
2015 年通货膨胀率	0.3%
2015 年失业率	5.7%
平均工资	26287 捷克克朗
最低工资	9900 捷克克朗
法定货币	捷克克朗(CZK)
成员国身份	北约、欧盟、联合国、经合组织、欧洲安全与合作组织、欧洲委员会等
信用评级	穆迪 A1,标准普尔 AA−,惠誉 A+
投资评级	穆迪 A1,标准普尔 AA−,惠誉 A+

---

① https://en. wikipedia. orgwikiCzech_Republic,2016 年 3 月 23 日访问。

② https://www. kpmg. com/CZ/cs/IssuesAndInsights/ArticlesPublications/Factsheets/Documents/KPMG-Investment-in-the-Czech-Republic-2015. pdf,2016 年 3 月 23 日访问;https://en. wikipedia. orgwikiCzech_Republic,2016 年 3 月 23 日访问.

第一章　海关制度和法律

作为欧盟成员国,捷克共和国也是关税同盟区的一部分。几乎所有的捷克海关法律都遵循欧盟成员国法律和欧盟统一海关法规原则。这些法律中最重要的是《欧盟海关法》(UCC),其于 2013 年 10 月 9 日被采纳作为欧洲议会和理事会 2013 年第 952 条法规(欧盟)。它于 2013 年 10 月 30 日生效,同时废止了欧洲议会 2008 年第 450 项规定,并由委员会在 2008 年 4 月 23 日确定了共同体海关法。其大多数实质性规定在通过《欧盟海关法》的相关委员会法案(授权和实施法案)之后,于 2016 年 5 月 1 日开始实施。《欧盟海关法》是欧盟海关现代化过程的一部分,在整个欧盟地区为海关的规则和程序提供框架规则。《欧盟海关法》及其相关授权和实施行为包括[1]:

(1)简化海关立法和程序;

(2)为企业提供更广泛的法律确定性和统一性;

(3)提高整个欧盟海关官员的透明度;

(4)简化海关规则和程序,促进更加高效地处理符合现代需求的海关事务;

(5)推动海关完成向无纸化和完全电子化的环境的转变;

(6)加速办理符合标准和值得信赖的经营者(授权经济运营商)的通关手续。

根据《欧盟运作条约》第 290 条和 291 条,通过成员国和企业界的适当参与完成了对这一法规规则的塑造。[2]

---

① http://ec. europa. eu/taxation_customs/customs/customs_code/union_customs_code/index_en. htm,2016 年 5 月 14 日访问。

② 同上。

2015 年 11 月 24 日，欧盟委员会通过了《欧盟海关法》的实施法案。《欧盟运作条约》第 291 条赋予委员会执行权，委员会实施对某些要素进行指定的程序规则。这样做的必然结果是，在清晰、精确、可预见的利益前提下，法案的实施旨在确保所有成员国执行《欧盟海关法》时存在统一的条件以及适用程序。①

根据 1993 年《海关法》第 13 条的修订，一些领域的海关检查权归属于每个欧盟成员国（如用于保护关税的责任和违反海关规定的方法）。

一、捷克海关总署

捷克海关总署②，类似于其他欧盟成员国的海关部门，有两个基本任务：其一是保护和规范国内市场，其二是确保进口货物不危及人、动物或植物的生命（生长）及健康。如上所述，这一规定不仅受经济条件影响，还受欧洲法规以及长期近似于欧洲标准的海关立法和海关程序等的影响。增加条例取消了捷克共和国边界过境点的正规海关管制，同时将新的任务分配给海关管理，例如，在共同农业政策或进口增值税贸易统计领域让海关进行管理。③

在捷克共和国，海关总署也是一个安全部队，其职责来自于欧盟单一关税地区海关监管制度框架的一部分。它在欧盟统一海关规定的基础上，实施此项监管。它将货物分配给海关核准机构，包括发放进入海关的手续，并对这些货物进行评估及征收关税。海关总署作为安全部队的其他职责还包括：确保控制军用物资的对外贸易，实施欧盟的共同农业政策，进行废物处理，达成保护植物和保护动物的贸易，以及控制外国人非法就业。海关总署是消费关税（消费税）的专属管理者，负责确保正确评估及征收消费税的工作。不论是否涉及从（或向）欧盟以外的国家进口（或出口）的商品，还是欧盟市场内部的贸易或在捷克共和国生产或消费的商品都由海关总署管理。管理消费税还需要监督有关选定产品在生产、储存和运输过程中的处理是否遵守法规。海关总

---

① http://ec. europa. eu/taxation_customs/customs/customs_code/union_customs_code/index_en. htm，2016 年 5 月 14 日访问。

② More in Šramková, D. et al. *Celní správa v organizačním a funkčním pojetí. Vybrané kapitoly*. Brno：Masayk University，2011.

③ https://www. celnisprava. cz/en/about-us/Pages/default. aspx，2016 年 3 月 13 日访问。

署的一项长期重点工作是知识产权的执法。海关总署从两个层面对这方面进行控制,一是在海关程序的框架内,二是在执行对内部市场和消费者保护的检查时。①

捷克海关总署一直在参与源于欧盟(先前的)《现代化海关法》之海关程序现代化及计算机化进程的工作,这与海关手续的统一计算机化程序即"电子海关"(e-Customs)密切相关。该系统大量使用电子报关单,不仅被用于过境手续(使用 NCTS 系统)和出口程序(使用电子出口系统),而且被用于所有进口海关手续(使用电子进口系统)。在捷克共和国,99.9%的过境和出口程序的报关单都使用电子报关单,进口程序超过 93%,这表明捷克共和国的海关程序在现代化和信息化上达到较高水平。②

捷克共和国除国际机场外无欧盟外部边界(因为它的邻国,即德国、奥地利、波兰、斯洛伐克都是欧盟成员国)。因此,捷克海关当局负责履行其所有有关国际机场的传统边境海关管制的职责。最繁忙的国际机场是布拉格的哈维尔机场及布尔诺、俄斯特拉发、卡罗维发利和帕尔杜比采国际机场。各个区域的海关办公室是捷克共和国海关总署的主要行政主体,负责所有的基本活动。有关海关或税务程序的某些业务,可在个别地区海关办事处的区域分支机构中进行处理。③ 上诉机构是海关总署,位于布拉格。

二、海关总署的权力

如上所述,捷克共和国海关总署不仅是一个行政机构,还是安全部队。其主要职责是在欧盟单一关税区域范围内通过海关进行货物的监管。这种监管是在欧盟统一海关条例的基础上实施的。捷克海关总署的特定机构(关于已选定的犯罪行为)具有与警察机关(负责刑事诉讼机构)相同的地位。但是,其主要负责对海关程序和关税的管理,例如:④

(1)海关监督检查货物的进口、出口和过境手续;

---

① https://www.celnisprava.cz/en/Pages/default.aspx,2016 年 3 月 13 日访问。

② https://www. celnisprava. cz/en/about-us/nase-ukoly/Pages/customs-proceedings. aspx,2016 年 3 月 13 日访问。

③ 同上。

④ https://www.celnisprava.cz/en/about-us/kompetence/Pages/default.aspx,2016 年 3 月 13 日访问。

（2）将货物分配给海关核准机构,保障海关债务,对关税进行评估;

（3）监督遵守捷克共和国和欧盟的贸易规则,并遵循有关商品进口、出口或过境的限制和禁止,如有违反海关规章的事件即可提出诉讼,并对有关货物进行扣押;

（4）寻找或从海关监管中截留非法进口或出口的货物,通过海关监管搜查扣留货物者、参与犯罪者或最终收货者。

如上所述,捷克海关总署的任务之一是消费税（包括与消耗能量相关的产品之税赋）的管理,即整个消费税的管理,燃料销售商登记管理,有关天然气等气体、固体燃料、电力的相关职责管理。①

捷克海关总署的其他职权包括以下几项。②

（1）共享管理:征收与执行其他国家权力部门在其特别诉讼程序内且依据《捷克行政程序法典》而施加的货币支付（刑罚）,只要这些款项是国家预算收入、国家基金会或地方市政当局预算的一部分;

（2）现金支付限制:检查超过一定价值的付款是否通过银行转账支付;

（3）对货币和贵重物品的进出口情况履行报告义务:在欧盟外部边界（或捷克共和国国际机场）检查运输中价值超过一万欧元的货币或贵重物品（例如黄金、钻石等）;

（4）知识产权保护:检查任何侵犯了捷克共和国的知识产权的产品;

（5）保护环境:尤其是在检查进口、出口、转口和过境货物时,特别注意寻找《野生动植物濒危物种国际贸易公约》(CITES)的标本;

（6）自然和文化遗产保护:检查运输对象是否具有相关许可证（例如从捷克共和国出口货物的出口许可）;

（7）麻醉品和精神药物:检查走私毒品和合成代谢物;

（8）道路交通控制:称量卡车,检查使用收费公路的付费,在高速公路指定收费路段（某一特定时间段的收费款项）、高速公路检查站（支付使用路线的特定部分收费）是否付款,检查卡车是否满足运输危险货品的条件;

（9）外国人就业:检查雇主是否对欧盟及欧盟以外的外国雇佣者履行其法律责任;

（10）刑事诉讼程序:在特定情况下,如针对违反海关和税收法规的刑事案

---

① https://www.celnisprava.cz/en/about-us/kompetence/Pages/default.aspx,2016 年 3 月 13 日访问。

② 同上。

件,捷克海关总署选定机构参与刑事诉讼中。

三、移　居

欧盟已经建立单一市场,以确保人员、货物、服务和资本自由流动。在欧盟成员国之间流动时,自然人的个人财物不受任何海关手续的影响。进口关税减免的条件由欧洲法规所规定。根据条件,由自然人带入捷克共和国(欧盟)境内的个人财务,除了某些特定产品项目,如酒类产品、烟草及烟草制品、用于商业用途的运输工具等外,都免征关税。①

四、货物从第三国(非欧盟成员国)进口至欧盟境内

对来自第三国的旅客免征关税、增值税(VAT)和非商业性质货物的消费税,也就是在货物作为进口者自用或作为礼物送给私人的情况下,此类进口按规定只能偶尔进行。若进口货物的总价值不超过每人 300 欧元,则适用减免关税、增值税和消费税的规定。若旅客乘坐空中或海上运输工具,则最高减免经济阈值为每人 430 欧元。15 岁以下旅客的最高减免金额为每人 200 欧元。

减免关税的货物的总价值不包括旅客临时进口到该国的货物、旅客临时出口后重新进口的货物,以及旅客的自用药品。

海关进口货物的关税总价值不包括香烟和烟草制品、酒精、汽车燃料,因为它们有一定的海关自由限制:200 支香烟或 100 支重为 3 克的小雪茄,或 50 支雪茄,或 250 克烟丝;总共 1 升的酒精,或酒精含量超过 22%(体积)的酒精饮料,或至少占 80%(体积)的未处理的烈酒酒精,或总共 2 升酒精和酒精含量超过 22%(体积)的酒精饮料,或总共 4 升葡萄酒和 16 升啤酒;进口的汽车燃料须符合常规汽车油箱的升数,最多可再加上用罐装容器携带的 10 升。

关税的统一从价税率达 2.5%,其申请金额限度为 700 欧元。它仅适用于完全非商业性商品的进口。关税的统一从价税率并不适用于关税表中"关税税率"列表下标注了"例外"(without)的货物,也不适用于关税表的第 24 章

① https://www. celnisprava. cz/en/clo/informace-pro-fyzicke-osoby/Pages/moving-of-natural-persons. aspx,2016 年 3 月 13 日访问。

(烟草和烟草制品)所列物品,因为这些物品属于超出随身携带限度的旅客托运物品或托运行李中的物品,这些物品已被免除进口关税。

对适用于边际价值的货物托运可进行关税减免。适用于"边际价值的货物托运"与所有托运相关,并涉及由第三国(非欧盟成员国)直接发送到位于共同体(欧盟)关境内的收件人处,所有货物限免关税150欧元。但并不适用于含酒精类产品、香水和花露水、烟草和烟草制品。

每批非商业性质的货物托运可免除进口关税达45欧元。此限制不适用于烟草制品、酒精饮料和香水。

包含在由私人发送和私人接受的或包含在旅客行李之中的小型托运物品,被视为原始产品,不受包含在发票中的格式和/或申报单一致的原始产地证明书的限制,这些物品有权获得优惠待遇,前提是:这些物品用于非商业目的且声明此类物品符合《土产税法》第四节第三条所规定的条件要求,此种声明不容置疑。偶尔有进口行为的个人物品,其中包括专门的供个人或收件人消费,或供旅客或他们的家庭成员消费的产品,只要从产品的性质和数量检测其并非用于商业目的的,均被视为非商业性进口。产品的总价值规定为小型货物托运不得超过500欧元,若包含在游客的个人行李内,则不得超过1200欧元。

除了某些类型的出口货物(如兽医用品、具有文化价值的物品、武器、弹药和爆炸物、上瘾物质和药物、金融基金等)的禁止和限制,任何非商业性质的出口产品在适用欧盟区内无须缴纳出口关税或其他出口费用。

如上文所述,捷克海关总署负责管理消费税。自然人从欧盟成员国内运输指定的个人消费产品(非商业性质)应缴纳消费税,但只要其运输数量低于消费税法案中规定的数量,即可免除消费税。规定的最高限额为:在压力容器中携带的矿物油,除液化油气外,其重量可达40千克,其中在普通舱运输中重量可再增加20升;压力容器内的液化油气含量达40千克,包括5个压力容器;酒精类产品,10升制成品;啤酒110升;中间产品20升;葡萄酒90升,其中包括60升气泡酒;香烟800根;重为3克每支的小雪茄和雪茄400支;其他雪茄200支;烟丝1千克。[①]

---

① https://www.celnisprava.cz/en/dane/informace-pro-fyzicke-osoby/Pages/quantity-limits-regarding-transported-goods-for-natural-persons.aspx,2016年3月13日访问。

五、进口程序①

所有经营者(企业和个人)从事涉及欧盟海关立法的活动,均需从欧盟国家的海关当局获得经济经营者登记及身份证明识别(EORI)号码,这是一个特定的标识符。经营者在和欧盟国家海关部门打交道时,比如在报关时,都要使用该识别号码。

入境摘要报关单包含有关进入欧盟托运的预先货物信息。货物承运人必须在第一个海关入境处办理摘要报关单(尽管在某些情况下,可能由进口商、收货人、承运人或进口商的代理人来完成),即使货物不打算进口到欧盟内。

提交入境摘要申报单的截止日期取决于携带货物的运输方式。

(1)集装箱海运货物:在外国港口开始装载前至少 24 小时;

(2)大宗海运货物:抵达前至少 4 小时;

(3)短途海运:抵达前至少 2 小时;

(4)短途飞行(少于 4 小时):至少在飞机实际起飞的时间前;

(5)长途飞行(4 小时以上):抵达欧盟海关辖区的第一个机场前至少 4 小时;

(6)公路交通:抵达前至少 1 小时。

货物到达欧盟海关入境处时,应放置在由海关监管(海上运输货物不超过 45 天,其他情况下不超过 20 天)的临时仓储中,直到被用于以下海关批准的处理和用途中。

(1)自由流通放行:用于消费的货物一旦满足所有的进口条件即可被放行,这些条件即所有适用的关税、增值税、消费税已经支付,以及所有适用的授权和证书(如配额、卫生要求等)已经核准。

(2)运输过程:货物在欧盟不同国家的海关部门之间流动时,通关手续可转移至目的地的海关。

(3)海关仓储:进口货物可以储存在专门指定的设施内,并将关税、税款和手续暂停,直到货物被分配到另一个海关核准部门审批。

(4)内部加工:货物可以不收取关税、税款和手续费而进入欧盟,在海关监

---

① http://exporthelp.europa.eu/thdapp/display.htm? page = rt/rt _ EUImportProcedures.html,2016 年 3 月 13 日访问。

管下将其进行加工,然后再出口到欧盟。如果成品最终未出口,则需收取适当的关税和手续费。

(5)临时进口:货物可以不支付进口关税而进入欧盟,只要其一直用于再出口。临时进口的最长期限为2年。

(6)进入自由区或仓库:自由区是欧盟海关领域内的特殊领域,货物进口可以无须缴纳关税、增值税和消费税,且不需要其他的进口手续,直到被分配给另一海关核准机构或再出口;在此过程中,货物可以进行简单的操作,如相应处理和重新包装。

货物被放置在海关核准处或使用欧共体统一单证(SAD)。欧共体统一单证可由进口商或其代理人呈交给海关部门,无论是通过电子文件形式(每个欧盟国家都有自己的系统),还是直接交付给海关办公处。欧共体统一单证涵盖任何海关手续下的各种货物安置(尚未使用新的电脑化过境系统的出口、进口、过境、仓库、临时进口、进出口加工等),而不论其使用何种运输方式。欧盟统一单证的目的是确保国家行政要求的公开化;对于行政文件的合理化与简化,要减少要求的信息量以及规范和协调数据。

大多数关税和增值税都是以进口货物价值的百分比来表示的。海关当局根据其商业价值在其进入欧盟海关时确定其在报关时的商业价值,包括进价加上货物从始发地到海关的运输费用。该价值并不总是与销售合同上注明的价格一致,可能需要进行具体的调整。

六、出口程序①

出口程序对于货物离开欧盟海关辖区是强制性的,只有少数例外。基于这一事实,该过程必须确保所有出口措施得到正确应用,例如,出口限制和监控措施,以及农产品出口退税支付。

出口程序预设为两个阶段:

(1)在其所在地的海关部门或其货品包装、装载所在地的海关部门中,出口商或报关员呈现其货物、出口报关单、必要时的出口授权证或许可证。如出于行政原因无法实现这一操作,出口报关单可交给能够处理这种问题的海关

① http://ec. europa. eu/taxation _ customs/customs/procedural _ aspects/export/proce-dure/index_en. htm,2016 年 3 月 13 日访问。

部门审批。最后,只要说明这样做的正当理由,出口报关单也可以由其他海关部门采纳。如果未使用简化程序,则出口报关单可通过欧共体统一单证(SAD)或类似的电子系统制成。口头(或隐含)的报关还可以在特定情况下被(出境海关部门)采纳。然而,对于出口退税或履行偿还责任的货物,受限制或需要办理其他特殊手续的货物,无论是口头还是隐含的报关均不予以批准。海关对已呈交货物和报关单的出口货物的放行条件是,其在离开欧共体关税地区时的情况与其报关单核准时的情况是一致的。

(2)随后,货物和出口报关单的副本将被提交到海关出口处,办事处认为所提交货物与所申报货物相符即可准许通过,并监督其自然离去。在铁路、邮政、空运或海运出口货物的情况下,海关出境处可能是主管部门,通过单一运输合同接管货物并运输到第三国(如第三国的港口、机场、火车站)。出境海关允许复制欧共体统一单证或任何其他文件替换它,并将其返还给申报人或其代表(作为出口证明,可用于免征增值税和消费税)。虽然申报出口货物由海关监管,但完成该程序不受海关监督(即商品的介绍和在出境海关申报)。鉴于欧盟货物可以在整个关税领土内自由流动,凡非欧盟货物在海关程序下受经济影响打算再出口时,均适用出口手续。

七、中国—欧盟海关合作①

2004 年,欧盟和中国政府在海牙就海关事务的合作与行政互助签署了协议。该协议规定了欧盟和中国之间的海关合作与行政互助的框架,并设立了中欧联合海关合作委员会(JCCC),使其负责监督协议的正常运行。该协议为欧盟和中国海关当局提供了有效的沟通和合作机制,这使双方能相互协助,以确保海关法规的正确应用并防止、调查和打击任何违规行为。例如,欧洲官员可能会在一定条件下,对在中国开展的走私活动进行调查,反之亦然。基于协议,欧盟和中国海关部门在一些领域共同努力,如打击知识产权(IPR)侵权,促进供应链安全和贸易便利化,以及预防易制毒药物转移。

2010 年,专员 Algirdas Šemeta 和中国海关总署署长盛光祖签署了加强中国—欧盟海关合作的战略合作框架,以促进合法贸易。该框架旨在提高不同

① http://ec.europa.eu/taxation_customs/customs/policy_issues/international_customs_agreements/china/index_en.htm,2016 年 3 月 13 日访问。

领域合作的连贯性,并通过单一的管理结构进行统一管理。它还确定了明确的合作重点和目标。2014—2017 年,为了进一步巩固与拓展中国与欧盟之间的合作重点与目标,欧盟专员 Šemeta 和中国海关总署盛光祖署长于广州召开的第七届欧盟—中国联合海关合作委员会上签署了新的战略合作框架协议。

欧盟和中国之间海关合作的主要领域包括:打击知识产权侵权行为;供应链安全和贸易便利化;相互承认;海关废品的非法贸易;易制毒药物。以下对其中的各方面进行简要描述。

(一)打击知识产权侵权作为

《中欧海关 2014—2017 年知识产权合作行动计划》由专员 Algirdas Šemeta 和盛光祖署长在第七届中欧联合海关合作委员会上签署,该协议基于 2009 年通过的行动计划版本并做了进一步发展。该协议包括:

(1)通过交换和联合分析扣押统计数据来监测总的趋势和风险,更好地针对高风险货物采取措施。

(2)通过在欧盟和中国港口、机场工作的海关官员,在网络上交换有关逮捕案件的信息。

(3)增强海关和其他执法机构之间的合作,以消除侵犯知识产权货物的生产和销售网络。

(4)中国和欧盟的海关当局与工商界人士应建立合作伙伴关系,以使权利人了解如何更好地行使自己的权利,以及如何协助海关以最优化的方式控制目标。

(5)彼此交流在知识产权执法政策和实践方面的经验。

(二)供应链安全和贸易便利化

2006 年,欧盟与中国启动了安全智能贸易航线(SSTL)试点项目,该项目基于多层次的风险管理,加强从终端到终端的供应链的安全。出口管控使得海关在供应链的开始阶段就能更好地发现危险的交通运输行为。因此,贸易便利化有利于合法贸易。运营阶段于 2007 年开始,中国、荷兰和英国海关当局交换了关于海运集装箱的电子信息。第一阶段涉及 5000 个集装箱的装运。2011 年,港口参与数量从 3 个上升到 9 个:在欧盟有安特卫普、热那亚、汉堡、勒阿弗尔,以及英国的费利克斯托、荷兰的鹿特丹;在中国有重庆、上海和深圳。其范围扩大到包括非授权经营者公司,以及统一的集装箱转运。2013 年 6 月 27 日,欧盟与中国的安全智能贸易航线(SSTL)试点项目扩展到西班牙的巴塞罗那、瓦伦西亚等地。

(三)互 认

在第七届会议之际,中欧联合海关合作委员会通过研究决定,相互承认对方的授权经济经营者(AEO)计划。一旦付诸实施并充分运行后,它将发挥关键作用,提高从终端到终端的供应链安全,促进可信贸易商的交易,同时使海关当局关注高风险的交易商。2015 年 6 月 29 日,在布鲁塞尔第 17 届欧盟—中国峰会上,欧盟和中国签署了联合声明,相互承认彼此信赖的交易商计划。此外,相互认可交易商可防止国际贸易伙伴之间不兼容的标准扩散,并有助于在全球范围内推行一种更协调一致的贸易方式。与中国签订互认协议后,欧盟的认证交易系统在世界上被广泛接受,因为美国和日本(以及欧洲经济区国家)也已经与欧盟签订了互认协议。

(四)海关废品非法贸易

在《2014—2017 年战略合作协议》签署之际,中国和欧盟开拓了一项关于环境保护的新合作领域,以解决海关废物的非法贸易问题。双方将一起对问题的本质进行联合评估,并就今后的发展道路提出建议。

(五)药物前体

药物前体是非法生产麻醉药品或精神药物(如摇头丸和安非他命)所使用的化学物质。2009 年《欧共体—中国对非法制造麻醉药品或精神药品中经常使用的药物前体和物质协议》中规定,双方将共同对药物前体的贸易进行监督并开展相互行政协作。

八、欧盟—中国香港海关合作[①]

1999 年 5 月 13 日,当时的欧共体和中国香港签署了《海关事务合作与行政互助协议》(CCMAA)。《海关事务合作与行政协作协议》于 1999 年 6 月 1 日生效,是香港在 1997 年回归中国后第一个有约束力的海关合作协议。该协

---

① http://ec.europa.eu/taxation_customs/customs/policy_issues/international_customs_agreements/hong_kong/index_en.htm,2016 年 3 月 13 日访问。

议提供了一个法律框架,以促进供应链安全和贸易便利化,旨在加强打击欺诈行为,并寻求提高知识产权保护的合作。

2001 年,我国香港与欧洲自由贸易联盟(EFTA)的 4 个成员国签署了一项全面的自由贸易协定,该协定涉及的问题有贸易便利化、知识产权执法等。

第二章　外贸制度和法律

　　世贸组织称,出口量和外国直接投资额的猛增使捷克经济从1997—1999年的衰退趋势中复苏,并且根据世贸组织对捷克共和国贸易政策和措施做出的报告,可以看出经过三年的负增长,捷克国内生产总值在2000年增长了2.9%。在应对经济衰退过程中,捷克政府不但采取了国内改革而且采取了促进贸易和投资自由化等重要措施以改善其经济环境。经济和贸易活动的法律环境,在捷克共和国也得到显著改善。一个大致连贯的商业和贸易法体系现在已经到位,大部分的进展可以归因于捷克共和国是欧洲联盟(欧盟)成员。[1]

　　捷克共和国高度融入世界经济。2000年,商品贸易(出口和进口)为国内生产总值的120%(较1994年的105%有所提高),外国投资占国内生产总值的比例为5.3%(1999年为9%)。[2] 根据世界银行的数据,2014年的最终测算显示,捷克共和国的商品贸易(占国内生产总值的百分比)为158.63%。商品贸易占国内生产总值的比重是商品出口和进口总和除以国内生产总值(以美元为单位)。[3]捷克共和国总出口额的增值部分在过去几年显著增长。如果说1995年出口的国外价值增值率为30%,那么在2011年该比率已经超过了45%。其中前三大的出口行业是汽车、计算机和电子机械设备。捷克共和国产品的前三大出口国家分别为德国、波兰和英国。[4]

---

[1]　https://www.wto.org/english/tratop_e/tpr_e/tp174_e.htm,2016年3月29日访问。

[2]　同上。

[3]　http://www.tradingeconomics.com/czech-republic/merchandise-trade-percent-of-gdp-wb-data.html,2016年3月29日访问。

[4]　https://www.wto.org/english/res_e/statis_e/miwi_e/CZ_e.pdf,2016年3月29日访问。

一、世贸组织成员国

捷克共和国是世贸组织的成员国。虽然捷克斯洛伐克作为关贸总协定的创始国之一,世贸组织从未取消它的成员国资格,但它也从未积极参与其中。捷克斯洛伐克国家解体后,后继国(捷克共和国和斯洛伐克共和国)成为关贸总协定的成员国。捷克共和国也是世贸组织的创始国之一。因此,世贸组织协定所代表的基本框架也成为捷克共和国对外贸易的政策指南。一般情况下,世贸组织所有重大决策都是由全体会员国共同做出的,或者通过至少两年一度的部长级会议,或者通过各成员国大使或代表在日内瓦定期召开的会议。决定通常会取得共识。在这方面,世贸组织与其他一些国际组织,如世界银行和国际货币基金组织(IMF)不同。在世贸组织中,权力并没有委派给董事会或该组织的负责人。世贸组织规则对各国的政策施加约束,形成世贸组织成员之间的谈判结果。这些规定是由世贸组织成员根据协商一致的程序制定的,包括贸易制裁的可能性。但是,这些贸易制裁却是由各成员国基于其会员国资格而强行实施的,这与其他部门的官僚机构可以通过拒绝给予信贷等威胁手段来促使一个国家改变其政策的做法差别很大。[①]

二、捷克共和国作为世贸组织和欧盟的成员国

2005 年 5 月 1 日,捷克共和国在世贸组织的地位发生了变化。捷克共和国虽然仍然是世贸组织的一员,但不再积极参与其中,因为欧盟统一代表了所有的欧盟成员国家。从世贸组织来看,欧盟是一个由欧洲委员会派出代表组成的关税联盟。[②]

世贸组织的最高决策机构是部长级会议,至少每两年召开一次。在这个论坛组织里,欧盟贸易专员 Cecilia Malmström 即代表欧盟。在世贸组织全体理事会中,委员会代表欧盟,并且不同机构定期召开会议,例如争端解决机构

---

① https://www.wto.org/english/thewto_e/whatis_e/tif_e/utw_chap7_e.pdf,2016 年 3 月 29 日访问。

② http://www.mpo.cz/dokument7894.html,2016 年 3 月 29 日访问。

和贸易政策审议机构。委员会还代表欧盟作为世贸组织的附属机构,如货物贸易理事会或贸易与环境委员会。①

欧洲联盟(欧盟)和 28 个欧盟成员国都是世贸组织的成员。欧盟委员会经由欧洲理事会授权而代表欧盟参与谈判。在谈判期间,委员会通过咨询贸易政策委员会,与欧盟成员国密切协调。贸易协调委员会是一个负责讨论全面贸易政策问题的工作组。该委员会旨在协调欧盟成员国的关切问题和世贸组织合作伙伴要求的优先事项。委员会定期向欧洲议会报告由国际贸易委员会(INTA)通告的世贸组织关键的决策问题。该委员会在理事会支持下发起并处理世贸组织投诉,并向理事会提出报复性措施建议。当世贸组织谈判达成协议时,委员会需要理事会和欧洲议会的正式授权,以代表欧盟签署协议。委员会还会咨询制定政策的其他利益团体。②

根据《里斯本条约》(TOL)的内容,特定国家及其外贸影响力发生了进一步改变,改变了其于欧盟内的竞争力。《里斯本条约》于 2009 年 12 月 1 日生效。③《里斯本条约》(207 法案)在对外贸易的各个关键方面扩展了同所有服务业、与贸易有关的知识产权及外国直接投资等相关的欧盟贸易政策,使其由欧盟专门管辖。④《里斯本条约》还增强了欧洲议会有关贸易政策的权力。《贸易谈判见解》中出现的一篇文章解释了如下变化:"首先,207 法案第(2)条表示,委员会将共享普通立法程序(相当于以前的共同决策)下规定的权力并采取措施,以明确实施共同商业政策(即欧盟有关对外贸易的法律)的框架。截至目前,欧洲理事会已确定欧盟贸易条例诸如反倾销规则等的实施。"⑤但欧洲议会不能采取贸易手段,因为这仍然是欧盟委员会的主要职责。

《贸易谈判见解》中出现的一篇文章接着说:"其次,第 207 条第(2)款意味着欧洲议会强化了在贸易谈判中对欧盟委员会的影响力,欧洲议会的'国际贸易委员会(INTA)'将得到与欧洲理事会贸易政策委员会(原'133 条委员会')在同样条件下的信息,但却显示出后者保留了更多协助欧盟委员会的权力。"鉴于欧盟委员会只需要向 INTA 提交报告,《里斯本条约》不赋予欧洲议会授

---

① http://trade.ec.europa.eu/doclibdocs2013/april/tradoc_150988.pdf,2016 年 3 月 29 日访问。

② 同上。

③ http://www.ictsd.org/bridges-news/trade-negotiations-insightsnewsthe-treaty-of-lisbon-implications-for-eu-trade-policy,2016 年 3 月 29 日访问。

④ 同上。

⑤ 同上。

权欧盟进行贸易谈判的权力。《里斯本条约》207 法案第(3)条(原 133 法案)和 218 法案第(2)条(原 TEC 第 300 条)明确规定,根据理事会对委员会的建议,保留其授权展开谈判的权力。因此,欧洲议会无权授权并设置贸易谈判的目标。然而,欧洲议会可以通过给最终同意设定一些先决条件,为其在形成谈判目标方面寻求更大的发言权。这可能会成为后《里斯本条约》时期新的机构间框架协议中的一个特色。"第三,《里斯本条约》强化了欧洲议会在批准贸易协定中的作用。第 218 条第(6)款(a)项(V)目中增添了一项标准:要求欧洲议会'认可'(以前为'赞同')某项协议,前提是该协议覆盖了'普通立法程序(OLP)'适用的所有领域。由于贸易现在由普通立法程序覆盖,这似乎证实,在所有贸易协定被采用之前,欧洲议会必须给予其同意。"[1]

除此之外,第 205 条将欧盟的贸易政策纳入欧盟共同对外行动中。第 218 条第(3)款授权理事会可以提名委员会或负责欧盟外交事务和安全政策(HRFSP)的高级代表,使其作为欧盟谈判者。[2]

三、卫生和植物检疫问题

由于欧盟关于卫生和植物检疫问题的规则适用于捷克,我们将参考欧盟的法律做出陈述。[3]《实施动植物卫生检疫措施的协定》(SPS)对保护人类、动物和植物的生命(生长)或健康往往至关重要,包括保护他们免受进口货物所带来的风险。这些措施是根据世贸组织发布的《实施动植物卫生检疫措施的协定》、国际标准、指南或建议,或基于科学原理制定。然而,第三国常常会因为强制的不合理的卫生和植物检疫措施,而对欧盟出口农业和渔业产品造成负面影响。[4]

对于中国,我们参考以下欧盟关于卫生与植物卫生问题的最重要的措施:

(1)中国—SPS—非洲猪瘟—非识别分区检疫措施;

(2)中国—活禽及其产品检疫措施;

---

① http://www.ictsd.org/bridges-news/trade-negotiations-insightsnewsthe-treaty-of-lisbon-implications-for-eu-trade-policy,2016 年 3 月 29 日访问。

② 同上。

③ 下面的文字,一定程度上摘自欧盟委员会信息网站。

④ http://madb.europa.eumadbsps_crossTables.htm,2016 年 3 月 29 日访问。

（3）中国—SPS—对欧盟牛/羊及其产品长期禁令；

（4）中国水果—生产企业审批、对锤状实蝇的担忧；

（5）中国—SPS—出于邻苯二甲酸酯含量而对酒精饮料所设置的不合理障碍；

（6）中国—SPS—对于出口到中国的肉类企业的审批过程烦琐、不合理；

（7）中国—SPS—乳制品及乳制品的进口条件。

现在，我们将简要介绍上述 7 项措施。

（一）中国—SPS—非洲猪瘟—非识别分区检疫措施

据欧盟委员会称，自 2014 年 2 月起，中国的主管部门（国家质检总局和农业部）在检测出非洲猪瘟（ASF）后，对欧盟成员国出口的肉类实施了全面禁令。世界动物卫生组织（OIE）明确界定了允许非疫区（分区识别措施）继续安全贸易的条件。在检测到病毒后，欧盟立即在受影响的地区实施了严格的控制措施，并实施区域化措施，确保生猪及生猪产品的持续贸易。这些措施完全符合国际标准，而且各贸易伙伴提供了已采取严格的欧盟措施的详细信息，以保障安全贸易能够继续进行。因此，欧盟认为中国由于检测出非洲猪瘟而实行全国范围的禁令不符合国际标准或世贸组织《实施动植物卫生检疫措施的协定》规定的要求。波兰是受这一贸易壁垒影响的主要国家之一。欧盟对业已确定的受灾地区所采取的严格措施已经到位，即便如此，中国还实行全面禁止生猪贸易而不是仅限于欧盟已经采取措施的受病毒感染地区的生猪贸易，欧盟认为这种做法与中国应承担的国际义务是不相适应的。不相适应体现于中国没有在世界贸易组织卫生和植物检疫措施协议下对非感染区进行识别，未遵守世界动物卫生组织制定的国际标准。中国解除该禁令的程序缺乏透明度，也没有提供科学的风险分析以维护此项国家禁令。此程序违背了世贸组织《实施动植物卫生检疫措施的协定》，尤其是"附件 C：控制、检验和批准程序"。附件 C 指出，这些程序必须进行，并不得无故迟延。进口产品应使用不亚于国内同类产品的有利方式来完成检测。欧盟委员会已在不同的论坛上对中国提出这个问题。双方的讨论仍然在进行中，以期寻找到迅速的解决方案。①

---

① http://madb.europa.eumadb/sps_barriers_details.htm? barrier_id＝145486&version＝3,2016 年 3 月 29 日访问。

(二)中国—活禽及其产品检疫措施

欧盟委员会称,中国主管部门(国家质检总局和农业部)对于欧盟(欧盟不同成员国)近期检测出高致病性禽流感(HPAI)实施了进口条件限制措施。一系列产品因这些限制而受到影响,包括一般活禽及其产品。中国对每个受到禽流感病毒感染的欧盟成员国均实施全面进口禁令,而不是对欧盟已采取严格措施以防止进一步蔓延的感染区与非感染区实行区别对待。因此,欧盟认为中国由于对欧盟部分地区检测出禽流感而实行全国范围的禁令,不符合国际标准或世贸组织《实施动植物卫生检疫措施的协定》的要求。此外,中国若需要在全国范围内解禁,则需要冗长和烦琐的过程。世界动物卫生组织的国际标准中明确规定,在自由状态的国家、区域、车厢已应用了杀灭病毒的措施后,可以在三个月后恢复正常贸易。欧盟适用的严格的扑杀政策符合世界动物卫生组织的国际规则,并且在使用时会相应地通知世界动物卫生组织和其贸易伙伴。尽管正在获取所有的详细信息并将其提供给中国,欧盟也认为安全的贸易能够继续进行,但中国并不承认已到位的欧盟区域化措施和世界动物卫生组织三个月期限的解除贸易限制的规定。在双边和多边背景下,这一重要问题经常被提出,但到目前为止中国还没有对欧盟的要求做出回答。这一原则也适用于欧盟识别区域化原则。[①]

(三)中国—SPS—对欧盟牛/羊及其产品长期禁令

欧盟委员会称,自 2000 年以来,中国主管部门(国家质检总局和农业部)因检测出来自欧盟的部分产品有牛海绵状脑病(BSE)和传染性海绵状脑病(TSE),而对应对措施到位的欧盟牛(羊)及其产品保持进口禁令。自 2014 年起,中国与一些欧盟成员国的谈判已取得一些进展。自 2015 年开始,一个欧盟成员国(匈牙利)被允许出口牛肉到中国;2014 年以来,罗马尼亚已获准活牛出口到中国。然而,中国对这些商品的进口条件甚至比国际标准更加严格。尽管其他各成员国已经将被要求的所有出口产品的详细信息提供给中国,以使其完成最终评估,但是这些成员国的相关产品仍未获准进入中国市场。中国对贸易伙伴存在不合理的歧视,其将由世界动物卫生组织评估的具有相同风险状况的感染疯牛病的国家,与已被世界动物卫生组织评估为微小等级感

---

① http://madb. europa. eumadb/sps_barriers_details. htm? barrier_id=060024&version=5,2016 年 3 月 13 日访问。

染的多数欧盟成员国相提并论,并允许从前者进口。根据世贸组织《实施动植物卫生检疫措施的协定》的内容,成员国的卫生和植物检疫措施应立足于国际标准,不应无理由区分各成员。此外,欧盟认为中国针对欧盟的烦琐和冗长的进口手续是不必要的。这个过程主要是针对世贸组织《实施动植物卫生检疫措施的协定》的"附件 C:控制、检验和批准程序"。该附件指出,这些程序必须进行,并不得无故延迟。进口产品应使用不亚于国内同类产品的有利方式来完成检测。一些欧盟成员国在 2005 年对中国提出申请,欧盟会继续向中国提出这一问题,以期找到一个对于欧盟牛肉/绵羊和其他牛/羊产品业已实施的长期进口禁令能妥善解决的方案。这个问题已经在不同层面被提出,无论是在世贸组织卫生和植物检疫措施委员会全体会议的技术层面还是在政治层面。①

(四)中国水果—生产企业审批、对锤状实蝇的担忧

欧盟委员会称,现在的问题限于欧盟和中国针对某些害虫采取了不同的适用措施。②

(五)中国—SPS—出于邻苯二甲酸酯含量而对酒精饮料所设置的不合理障碍

欧盟委员会称,中国主管部门(国家质检总局,负责出口和进口)已经设立了一个临时进口限制,要求出口国提供邻苯二甲酸酯实验室测试报告(2013年 2 月生效)。中国对某些邻苯二甲酸盐评估拥有非常低的水平要求,却在 2014 年他们自己完成的风险评估规定中制定了更加严格的安全水平等要求,这也创造了一项繁重的贸易壁垒。主要是酒精饮料,如这些法规所涵盖的烈酒和葡萄酒,大多数希望出口酒精饮料到中国的成员国,因此都受到影响。首先,这些等级水平并非是基于风险评估。2014 年,中国对邻苯二甲酸酯的酒精含量风险评估已经完成,并发表声明,邻苯二甲酸酯的酒精含量等级是安全的,比经国家质检总局规定的进口酒产品含量等级更高。到目前为止,中国在近期的风险评估基础上还未修改这一要求。出于这个原因,这样的要求就是

---

① http://madb. europa. eu/madb//sps_barriers_details. htm? barrier_id＝040039&version＝10,2016 年 3 月 29 日访问。

② http://madb. europa. eu/madb//sps_barriers_details. htm? barrier_id＝050023&version＝6,2016 年 3 月 29 日访问。

不符合规定的,首先是用中国自己的风险评估,其次是世贸组织卫生和植物检疫措施协定的第 5 条指出的,措施必须根据具体情况,以风险评估为基础。这件事已在双边会议上提出。在 2015 年 3 月的会议上,欧盟要求中国说明如何保证中国的风险评估的结果被跟进,并要求解除临时禁令。这个问题仍然没有得到解决。①

(六)中国—SPS—对于出口到中国的肉类企业的审批过程烦琐、不合理

欧盟委员会称,多年来,中国主管部门在对出口到中国的肉类企业的审批过程中,始终维持一个烦琐的申请程序。每个申请国和每个商品的当局都需要向中国提交肉类/肉类产品的市场准入申请。中国审批的过程并不清楚,可能需要数年才能最终确定标准,然后相关产品才被允许市场准入。这一措施阻碍了欧盟出口商和中国之间的贸易流动,被认为是贸易壁垒。此程序涵盖的广泛商品包括:猪肉,猪肉制品,牛肉,牛肉制品,绵羊肉,绵羊肉制品和禽肉(新鲜、冷藏或冷冻)。目前,中国的法规要求对所有要出口产品到中国的机构都进行事先的检查,以核实有关产品的进口要求。如果某特定商品的授权国家的附加机构希望向中国出口,那么需要提供新的适用程序申请并由中国在相应的机构进行事先的检查。然而,国际食品法典委员会在国际标准中规定,这样的审核应集中在出口国权威的表现,如果所有要求出口国都已履行,就应先行一步允许其商品的出口。这意味着,国际标准以正式的检查和认证形式给出了明确的偏好,而不是对具体的商品或机构进行评价。中国的烦琐程序会导致不必要的延误和阻碍市场准入。除此之外,目前的申请过程冗长、不可预测而且不透明。欧盟认为,中国不遵守世贸组织卫生和植物检疫措施协定(附件 C:控制、检验和批准程序)。它指出,这些程序必须进行,并不得无故延迟。进口产品应使用不亚于国内同类产品的有利的方式来完成检测。此外,每个程序的标准处理周期需要被公布或预期的处理周期应传达给申请程序人。多年来,欧盟在双边会谈中频频提出其担忧,强调中国应遵循国际标准,并遵守其国际义务。欧盟会继续与中国讨论这一重要的问题,以期找到一个

---

① http://madb. europa. eumadb/sps_barriers_details. htm? barrier_id=155505&version=3,2016 年 3 月 29 日访问。

友好的解决办法。①

(七)中国—SPS—乳制品及乳制品的进口条件

欧盟委员会称,中国的奶酪标准不符合国际标准。因此,这些规定不能阻碍欧盟出口到中国产品的贸易流通。参考相关这些产品的中国标准:2010 年引进的,有国标 5420－2010、国标 25912－2010 和国标 19646－2010。目前中国的进口要求包括大量的测试要求,这使得出口商增加了不必要的交易成本。与国际标准相比,中国标准最主要的差别是:酵母和霉菌、干酪的定义、使用方法及允许使用的原材料列表。由于这一规定,希望出口乳制品到中国的成员国受到影响。中国标准与国际接轨,这些中国进口标准与国际进口标准的不一致违背了世贸组织卫生和植物检疫措施协定,具体到第 3 条(协调),其中规定,成员应基于国际标准、指南或建议制定其卫生和植物检疫措施。欧盟已在不同的双边会议上向中国提出这一问题,以期找到一个友好的解决办法。中国也已计划审查其奶酪的标准,受到欧盟的肯定。②

四、原产地规则

由于捷克共和国是欧盟成员国而且适用欧盟原产地规则,因此我们将再次参照欧盟法律。③ 欧盟存在两种基本制度:一种是优惠制度,另一种是非优惠制度。

(一)非优惠原产地规则

非优惠原产地规则是产品进入一个国家时首先要确定该产品的"国籍"。此类规则用于所有非优惠商业政策法律文件的贯彻(比如最惠国待遇、反倾销税、保障措施、关税配额、贸易统计等的申请等)。世界上每个国家都可能拥有自己的非优惠原产地规则。进口国因此有权要求提供原产地证书以证明进口

---

① http://madb.europa.eumadb/sps_barriers_details.htm? barrier_id＝050022&version＝8,2016 年 3 月 29 日访问。

② http://madb.europa.eu/madb//sps_barriers_details.htm? barrier_id＝145502&version＝2. 2016 年 3 月 29 日访问。

③ 下文在一定范围内摘录自欧盟委员会信息网站。

货物的非优惠原产地性质。这个原产地将依据业已生效的原产地非优惠规则来确定。然而，一些国家没有他们自己的非优惠原产地规则。在这种情况下，出口商将被允许使用出口国的非优惠原产地规则。请注意，该原产地可能要由与欧盟有自由贸易协定的国家加以证明。出口商可通过联系其所在会员国的商务部和海关部的主管部门获得必要的证书。①

非优惠原产地规则可用于各种商业政策措施，如反倾销税和反补贴税、贸易禁运、保障和反制措施、数量限制，也可用于关税配额、贸易统计、公开招标、原产地标记。此外，在共同农业政策的框架内，欧盟的出口退税往往是基于非优惠原产地规则。有用以确定货物原产地的两个基本概念，即"完全获得"产品和业已经历"最终实质性改变"的产品。如果只有一个国家被涉及，"完全获得"的概念将被应用。在实践中，这将主要局限于在自然状态下获得的产品和从完全获得的产品中衍生的产物。如果两个或更多国家涉及货物的生产，那么将会运用"最终实质性改变"概念来决定商品的原产地。②

一般而言，最终实质性改变的标准表述方法有三种：

(1) 通过要求在海关税务协调(HS)术语名称中关税表(次级)标题变化的规则；

(2) 通过授予或不授予此类商品原产地国家身份的制造或加工公司列表；

(3) 通过增值规则(由于装配公司以及原材料法人组织代表着该产品出厂价的具体水平而导致的增值)。③

非优惠原产地规则的法律依据是《欧洲理事会条例 2913/92(C)C》中第22条至第26条、《欧盟委员会条例 2454 / 93(IPC)》中第35条至65条及其附件9到附件11。《欧洲理事会条例 2913/92(C)C》第23条第(2)款中包含"货物在一国完全获得"的定义。《欧洲理事会条例 2913/92(C)C》第24条确定了生产涉及一个以上国家的货物之原产地。该定义是有普遍性的，但具体的标准被用于确定纺织产品的原产地(第36~38条，附件9和10 IPC)和其他数量有限的产品(附件9和11 IPC)。《欧洲理事会条例 2913/92(C)C》第25条包含反规避条款，该条款适用于此类产品：其制作或处理只是为了规避适用于来

---

① http://madb. europa. eumadbrulesoforigin_nonpreferential. htm,2016 年 3 月 29 日访问。

② http://ec. europa. eu/taxation_customs/customs/customs_duties/rules_origin/non-preferential/article_410_en. htm,2016 年 3 月 29 日访问。

③ 同上。

自某些国家的该类产品的法律规定。《欧洲理事会条例 2913/92(C)C》第 26
条规定了海关立法或专门立法要求原产地证明的可能性。《欧盟委员会条例
2454 / 93(IPC)》中第 35～40 条具体规定了适用于纺织品和其他数量有限的
产品的最后实质性转变。本条例第 41～46 条包含涉及组成机器、仪器或车辆
等标准设备的附件、备件和工具之原产地的具体规定。本条例第 47～54 条载
有关于该原产地证书必须满足的条件之具体规定。本条例第 55～65 条包含
涉及某些接受具体进口安排的农产品原产地证书之具体规定以及涉及此类证
书的行政合作方面的具体规定。①

(二)优惠待遇规则

此类规则是用于确定从欧盟出口的产品是否与欧盟有充分关联的手段，
通过此类手段可使得出口国基于自由贸易协议而享有伙伴国给予的关税优
惠。如果打算基于某优惠规则从欧盟出口到第三国，那么仅仅出于该产品是
从欧盟国家出口这一项是不够的：该产品还必须原产于欧盟国家。原产地规
则强调：某产品可以被认为原产于欧盟国家并因此在进入伙伴国市场时享受
优惠待遇。各伙伴国的原产地规则并非在所有情况下都是整齐划一的。每项
优惠制度都有一些具体的附加原产地规则。出口商必须咨询他们所感兴趣的
有关优惠制度的原产地规则。②

《欧盟自由贸易协定》(FTAs)中的原产地优惠规则对于全部在欧盟获得
的物品和在受益人国家或伙伴国得到充分改变的物品进行了区分：

(1)全部在欧盟获得的物品。

欧盟委员会解释说，此类物品指的是其生产不涉及与任何其他欧盟国家
之外的国家关系的物品，即该类物品仅由欧盟加工且没有涉及任何欧盟以外
国家的加工材料。此类情况涉及植物、矿物、活体动物等。针对此类情况，如
果蔬菜收获于欧盟国家，那么可以认为此类蔬菜原产于欧盟；如果动物出生和
成长于欧盟，那么可以认为此类动物原产于欧盟；如果矿物出产于欧盟，那么
可以认为此类矿物原产于欧盟。③

(2)在受益人国家或伙伴国得到充分改变的物品。

---

① http://ec. europa. eu/taxation_customs/customs/customs_duties/rules_origin/non-
preferential/article_410_en. htm,2016 年 3 月 29 日访问。

② http://madb. europa. eumadbrulesoforigin_preferential. htm,2016 年 3 月 29 日访问。

③ 同上。

欧盟委员会所规定的此类物品指:该物品的生产涉及欧盟以外国家,即产品通过第三国的材料制作而成或部分为国外处理。对于此类情况,《欧盟自由贸易协定》里的原产地规则包含一个很长的清单,其中对于具有明确关税规定和具体描述的各类物品都设定了必须在欧盟进行的加工要求,从而可以将其视为原产于欧盟。①

(三)最小操作

欧盟委员会解释道:除了对于某产品的具体原产地规则要求之外,出口商还需要核实对于其出口的产品在欧盟进行的操作要低于欧盟原产地规则中对于此类产品的具体规定的最低限度要求。在关于原产地规则的所有集合中,都有列出一系列操作(即包装、简单切割、简单装配、简单混合等)的一项条款。如果该类产品在欧盟的生产属于列表中的一类且除此之外的其他各项均不在欧盟进行(即无材料生产或转化),则该产品即使被认为满足原产地规则的要求也不能被认为原产于欧盟。②

(四)累积评估

累积评估可分为三类,即双边累积评估、对角累积评估和完全累积评估。

(1)双边累积评估:原产于伙伴国的材料可作为原产于欧盟的材料。此类累积评估在所有优惠制度中都存在。③

(2)对角累积评估:原产于累积相关规定中所提及的某特定国家的材料可作为原产于欧盟的材料。④

(3)完全累积评估:在累积相关规定中所提及的某特定国家所进行的各类工序可被视为在欧盟国家进行的工序。与双边累积评估或对角累积评估相反,完全累积评估允许出口商考虑不是原产于伙伴国的材料。这意味着,有更多来自伙伴国的进口材料可能被用于此种特定类型的累积目的。⑤

(五)公差或最低减让标准

即便应用于某产品的原产地规则未得到满足,该产品仍有可能被视为原

---

① http://madb. europa. eumadbrulesoforigin_preferential. htm,2016 年 3 月 29 日访问。
② 同上。
③ 同上。
④ 同上。
⑤ 同上。

产于欧盟,其条件是:不满足该规则要求的非原产地材料的价值未超出各类原产地规则中具体规定的限度(正常情况下不超过该产品出厂价的 10% 或 15%)。①

(六)直接输送规则或禁止操作规则

欧盟委员会解释道:即使产品原产于欧盟国家(即基于 3.1、3.2、3.3 和 3.4 等节所具体规定的要素的考虑,该产品属于完全获得或充分转化的类型),仍有必要确保该产品是直接由欧盟国家输送到伙伴国的,而不是经过第三国的操作(确保产品处于良好状态的简单操作除外)之后才输送到伙伴国的。②

(七)退税的禁止规则

在某些种类的原产地规则中,存在阻碍对于进口至欧盟国家被用于旨在获得伙伴国优惠待遇的产品生产材料使用退税制度的条款。退税制度指的是此类机制:允许进口不交税或用于深加工的材料,而且使用此类材料的成品是用于出口的材料的进口完税的退还。③

(八)原产地证明④

即使产品原产于欧盟并且满足其他条件,欧盟出口商也需要提供其产品的原产地证明书以便获得关税优惠待遇。有各种不同类型的原产地证明,视具体种类的原产地规则而定。一般来说,商品的原产资格可以通过欧盟海关总署出具的证明或欧盟出口商的发货单证明。

(1)由欧盟海关总署颁发的证书。

为获得该证书,出口商需要向海关总署和欧盟政府当局申请这些证书中的一种——"优惠原产地证"即 FORM A(对于关税一般特惠制度)、"欧洲—地中海证书"即 EUR MED(对于泛欧洲—地中海制度)或"欧共体原产地证书"即 EUR 1(在其他所有情况下)。⑤

---

① http://madb. europa. eumadbrulesoforigin_preferential. htm,2016 年 3 月 29 日访问。
② 同上。
③ 同上。
④ 同上。
⑤ 同上。

（2）由欧盟出口商出具的发货单证明。

这可能是一批价值高达 6000 欧元的装运货物。在某些情况下,如果装运货物价值超过 6000 欧元,发货单证明或原产地证明也可能由欧盟国家的出口商做出,但该出口商必须是被认证的出口商。①

五、金融服务

（一）金融服务通则

金融服务领域完全由欧盟法律进行规范。欧盟委员会解释道:金融服务政策应实现金融市场的稳定、安全和高效,确保在不同政策领域诸如银行、保险、证券及投资基金、金融市场基础设施、零售金融服务及支付系统之间的一致性和相容性。②

随着 2008 年金融危机的爆发,金融市场的稳定成为优先选项,而金融部门改革是实现金融市场稳定的关键手段。填补金融部门监管的空白以及加强对欧洲金融部门的监管,一直是两项主要工作。为此,欧盟建立了具有实际权力的欧洲监察机构,通过立法这项手段来处理包括对冲基金、卖空策略、信用评级机构和"场外交易"衍生品等方面的金融市场过度波动的情况。采取重要立法手段以改进对银行和资本市场监管的工作正在进行之中,银行危机预防和管理框架以及存款担保体系建设等方面的工作也在加紧进行。随着新的挑战与需要优先考虑事项的出现,欧洲金融部门的转型过程需要继续推进。尤其是为了促进银行和政府之间的相互信任,欧洲需要建立一个真正的银行联盟,同时充分保护金融服务的单一市场。欧盟委员会还提出了这方面的立法建议和综合路线图。在全球层面上,欧盟将与国际伙伴合作积极参与 20 国集团峰会(G20)等国际论坛,旨在改进全球金融监管和危机管理。尤其是,欧盟委员会是"金融稳定理事会"(FSB)的成员之一。欧盟委员会还与欧盟主要贸易伙伴,即美国(在欧美金融市场对话框架下)和日本,以及中国、印度、俄罗斯和巴西的新兴金融服务市场,开展了监管或其他方面的对话。

---

① http://madb. europa. eumadbrulesoforigin_preferential. htm,2016 年 3 月 29 日访问。

② http://ec. europa. eu/finance/general-policy/index_en. htm,2016 年 3 月 29 日访问。

（二）商业银行的监管

为应对 2008 年出现的金融危机,欧盟委员会采取了一揽子措施为欧洲单一市场建立了一个安全、稳健的金融部门。这些措施包括对银行更严格审慎的监管要求,改进了存款人保护和破产银行管理方面的规则,在欧盟 28 个成员国所有金融参与者中形成了单一规则手册等。单一规则手册是金融业联盟的基础。① 随着金融危机演变并转变为欧元区债务危机,事态越来越明朗化：欧元区国家之间的相互依赖性更强,更加需要金融体系的深度整合。这就是为什么在欧盟委员会制定的金融联盟路线图的基础上,欧盟各机构会同意建立一个单一的监管机制和一个单一的金融业解决机制。金融业联盟适用于欧元区国家。非欧元区国家也可以加入。作为一个全面的金融业联盟迈出的又一步,在 2015 年 11 月,欧盟委员会提出了一个欧洲存款保险计划提议(EDIS),这将为该金融联盟中所有储户提供更强大、规格更一致的保险覆盖。②

对于捷克共和国而言,应该指出的是,并非所有的金融业联盟的概念规则都适用于捷克共和国。金融联盟单一监管的核心的确只适用于欧元区成员国,而捷克共和国的货币却是克朗。该金融联盟负责规范资金的第三大支柱的其他领域,同样也只适用于欧元区国家。

---

① http://ec.europa.eu/finance/general-policy/banking-union/index_en.htm,2016 年 3 月 29 日访问。

② 同上。

第三章　外商直接投资制度和法律

在捷克共和国投资的最好方式是通过捷克行业和投资开发局来进行投资,该开发局隶属于产业贸易部,而产业贸易部是一个主要通过其服务和发展计划吸引外资并发展国内企业的机构。根据捷克行业和投资开发局发布的文件,在捷克投资的主要原因有[①]:

- 安全的投资环境;
- 技术过硬及受过良好教育的劳动力;
- 适中的劳动力成本及价格稳定性;
- 处于欧洲中心位置;
- 高密度、高质量的基础设施;
- 透明的投资激励机制;
- 对研发的高度重视;
- 稳定的社会和政治制度;
- 欧盟成员国身份;
- 与西方国家一致的精神、文化和态度;
- 高品质生活[②]。

[①]　捷克共和国投资环境:http://www.czechinvest.org/en/why-invest-in-the-czech-re-public,2016 年 3 月 19 日访问。

[②]　对捷克共和国外国投资规律的总体讨论见 Radvan M. 和 Švec M. 合作的《捷克共和国税收和双边投资协议之间的关系》一文,载于《双边投资协议对税收的影响》(林德出版社)。

一、双重课税协议

捷克共和国是一个发达经济体,与其他国家,主要是欧洲联盟具有很强的经济联系。捷克共和国是世界上签署双重征税协议最多的国家之一。[①]

表 2　签署的双重征税协定

国家/地区	生效日期	协议编号	国家	生效日期	协议编号
阿尔巴尼亚	1996.9.10	270/1996 Sb.	立陶宛	1995.8.8	230/1995 Sb.
亚美尼亚	2009.7.15	86/2009Sb. I. T.	卢森堡	2014.7.31	51/2014 Sb.
澳大利亚	1995.11.27	5/1996 Sb.	马其顿	2002.6.17	88/2002 Sb. I. T.
奥地利	2007.3.22	31/2007Sb. I. T.	马来西亚	1998.3.9	71/1998 Sb.
阿塞拜疆	2006.6.16	74/2006Sb. I. T.	马耳他	1997.6.6	164/1997 Sb.
巴林	2012.4.10	59/2012Sb. I. T.	摩洛哥	2006.7.18	83/2006 Sb. I. T.
巴巴多斯	2012.6.6	69/2012Sb. I. T.	墨西哥	2002.12.27	7/2003 Sb. I. T.
白俄罗斯	1998.1.15	31/1998 Sb.	摩尔达维亚	2000.4.26	88/2000 Sb. I. T.
比利时	2000.7.24	95/2000Sb. I. T.	蒙古	1998.6.22	18/1999 Sb.
波斯尼亚和黑塞哥维那	2010.5.12	58/2010 Sb. I. T.	荷兰	1974.11.5	138/1974 Sb.
巴西	1990.11.24	200/1991 Sb.	新西兰	2008.8.29	75/2008 Sb. I. T.
保加利亚	1999.7.2	203/1999 Sb.	尼日利亚	1990.12.2	339/1991 Sb.
加拿大	2002.5.28	83/2002Sb. I. T.	挪威	2005.9.9	121/2005 Sb. I. T.
中国	1987.12.23	41/1988 Sb.	朝鲜	2005.12.7	3/2006 Sb. I. T.
经济互助委员会	1979.1.1	49/1979 Sb.	菲律宾	2003.9.23	132/2003 Sb. I. T.
经济互助委员会	1979.1.1	30/1979 Sb.	波兰	1993.12.20	31/1994 Sb.
克罗地亚	1999.12.28	42/2000Sb. I. T.	葡萄牙	1997.10.1	275/1997 Sb.

[①]　更多详情,参见网页:http://www.mfcr.cz/cs/legislativa/dvoji-zdaneni,2016 年 3 月 29 日访问。

续表

国家/地区	生效日期	协议编号	国家	生效日期	协议编号
塞浦路斯	2009.11.26	120/2009Sb. I. T.	罗马尼亚	1994.8.11	180/1994 Sb.
丹麦	1982.12.27	53/1983 Sb.	俄罗斯	1997.7.18	278/1997 Sb.
埃及	1995.10.4	283/1995 Sb.	沙特阿拉伯	2013.5.1	42/2013 Sb. I. T.
爱沙尼亚	1995.5.26	184/1995 Sb.	塞尔维亚和黑山国家联盟	2005.6.27	88/2005 Sb. I. T.
埃塞俄比亚	2008.5.30	54/2008Sb. I. T.	斯洛文尼亚	1998.4.28	214/1998 Sb.
芬兰	1995.12.12	43/1996 Sb.	斯洛伐克	2003.7.14	100/2003 Sb. I. T.
法国	2005.7.1	79/2005Sb. I. T.	南非共和国	1997.12.3	7/1998 Sb.
格鲁吉亚	2007.5.4	40/2007Sb. I. T.	新加坡	1998.8.21	224/1998 Sb.
德国	1983.11.17	18/1984 Sb.	西班牙	1981.6.5	23/1982 Sb.
希腊	1989.5.23	98/1989 Sb.	斯里兰卡	1979.6.19	132/1979 Sb.
中国香港	2012.1.24	49/2012Sb. I. T.	瑞典	1980.10.8	9/1981 Sb.
匈牙利	1994.12.27	22/1995 Sb.	瑞士	1996.10.23	281/1996 Sb.
冰岛	2000.12.28	11/2001Sb. I. T.	叙利亚	2009.11.12	115/2009 Sb. I. T.
印度	1999.9.27	301/1999 Sb.	塔吉克斯坦	2007.10.19	89/2007 Sb. I. T.
印度尼西亚	1996.1.26	67/1996 Sb.	泰国	1995.8.14	229/1995 Sb.
爱尔兰	1996.4.21	163/1996 Sb.	突尼斯	1991.10.25	419/1992 Sb.
以色列	1994.12.23	21/1995 Sb.	土耳其	2003.12.16	19/2004 Sb. I. T.
意大利	1984.6.26	17/1985 Sb.	乌克兰	1999.4.20	103/1999 Sb.
日本	1978.11.25	46/1979 Sb.	阿拉伯联合酋长国	1997.8.9	276/1997 Sb.
约旦	2007.11.7	88/2007Sb. I. T.	英国	1991.12.20	89/1992 Sb.
哈萨克斯坦	1999.10.29	3/2002 Sb. I. T.	美国	1993.12.23	32/1994 Sb.
韩国	1995.3.3	124/1995 Sb.	乌兹别克斯坦	2001.1.15	28/2001 Sb. I. T.
科威特	2004.3.3	48/2004Sb. I. T.	委内瑞拉	1997.11.12	6/1998 Sb.
拉脱维亚	1995.5.22	170/1995 Sb.	越南	1998.2.3	108/1998 Sb.
黎巴嫩	2000.1.24	30/2000Sb. I. T.			

捷克共和国的纳税人遵守世界范围的纳税义务。定居或居留在捷克共和国的自然人以及在捷克共和国具有注册办事处或总部的法人（即捷克纳税人），应对在捷克共和国所得收入以及在国外所得收入负有缴纳所得税的法律义务。相比之下，非捷克纳税人只对在捷克共和国内所得收入负有缴纳所得税的法律义务。双重课税协议使用所有可能的方法（全额抵免和最常见的限额抵免方法、全额免税方法或累进免税方法）来限制国外所得收入双重征税时的不公平及避免经济上不便的问题。

捷克国家法律规定，消除对于自然人相关活动所得收入的双重征税：法律规定（从而允许自由裁量权）在任何双重征税协议中都存在适用申请豁免的方法，如在某一协议规定下，其纳税人可使用限额抵免方法（参见捷克共和国与斯洛伐克、奥地利和波兰三国之间签署的协议）。当捷克和其他国家之间无双重课税协议时，捷克国家法律规定基于扣除法消除双重征税：国外缴纳的任何税均被视为在捷克共和国减少税基方面的花费。《欧共体理事会 2003 号指令》第 48 条指出，不可忽略对以利息形式的储蓄所得的征税。该指令在捷克法律系统中的体现为：捷克法律规定，凡捷克纳税人在国外被扣缴的以利息形式支付的所得税数额高于相关协议所规定数额，只要该被扣缴的税额是依据《欧共体理事会 2003 号指令》第 48 条做出的，那么该被扣缴税额可被用于抵免在捷克共和国的纳税税额。根据《欧共体理事会 2003 号指令》第 48 条，凡应纳税总额低于依据本指令而被扣缴的税额，那么两者之间的差额就构成了多缴税款。基于《母子公司指令（2011/96／EU）》的基本原则，捷克共和国制定了参与免税条例。该指令旨在消除纳税人在从其处于其他欧盟国家的子公司对调利润时所面临的劣势。①

企业净收益所得税税率为 19％。在任何欧盟成员国以及挪威和冰岛，所降低的 5％的税率用于国内与外来投资的基金和退休养老基金的设立。

二、双边投资协议

双重课税协议通常与双边投资条约相联系，以下是捷克共和国与多国签

---

① 更多详情，参见 M Radvan 和 D Šrámková 的《激励投资的税法要件》一文，载于 K B Brown 的《征税与发展：比较研究》（斯普林格出版社）一书。

订促进投资及相互保护的事项列表。①

表3 签署的双边条约

国家名称	生效日期	协议编号 *	国家名称	生效日期	协议编号
阿尔巴尼亚	7. 7. 1995	183/1995 Sb.	毛里塔尼亚	27.4.2000	62/2000Sb. I. T.
阿根廷	23.7. 1998	297/1998 Sb.	墨西哥	13. 3. 2004	45/2004Sb. I. T.
澳大利亚	29. 6. 1994	162/1994 Sb.	摩尔达维亚	21.6. 2000	128/2000 Sb. I. T.
奥地利	1. 10. 1991	454/1991 Sb.	蒙古	7. 5. 1999	104/1999 Sb.
阿塞拜疆	9. 2. 2012	14/2012 Sb. I. T.	黑山共和国	29. 1. 2001	103/2000 Sb. I. T.
巴林	17.11.2009	117/2009 Sb. I. T.	摩洛哥	30. 1. 2003	15/2003 Sb. I. T.
白俄罗斯	9. 4. 1998	213/1998 Sb.	荷兰	1. 10. 1992	569/1992 Sb.
比利时（和卢森堡）	13. 2. 1992	574/1992 Sb.	尼加拉瓜	24.2. 2004	51/2004 Sb. I. T.
波斯尼亚和黑塞哥维那	30. 5. 2004	74/2004 Sb. I. T.	挪威	6. 8. 1992	530/1992 Sb.
保加利亚	30. 9. 2000	103/2000 Sb. I. T.	巴拿马	20.10.2000	96/2005 Sb. I. T.
加拿大	22. 1. 2012	8/2012 Sb. I. T.	巴拉圭	24.3. 2000	38/2000 Sb. I. T.
柬埔寨	23.10.2009	104/2009 Sb. I. T.	秘鲁	6. 3. 1995	181/1995 Sb. I. T.
智利	5. 10. 1996	41/1997 Sb.	朝鲜	10. 10. 1999	250/1999 Sb.
中国	9. 1. 2006	89/2006 Sb. I. T.	菲律宾	4. 4. 1996	141/1996 Sb.
哥斯达黎加	5. 3. 2001	68/2001 Sb. I. T.	波兰	29.6. 1994	181/1994 Sb.
克罗地亚	15. 5. 1997	155/1997 Sb.	波兰	3. 8. 1994	96/1995 Sb.
塞浦路斯	25. 9. 2002	115/2002 Sb. I. T.	葡萄牙	17. 9. 1999	294/1999 Sb
埃及	4. 6. 1994	128/1994 Sb.	南非	28. 7. 1994	198/1994 Sb.
塞尔瓦多	28. 3. 2001	34/2001 Sb. I. T.	俄罗斯	6. 6. 1996	201/1996 Sb.
芬兰	23.10.1991	478/1991 Sb.	沙特阿拉伯	13. 3. 2011	15/2011 Sb. I. T.
法国	27. 9. 1991	453/1991 Sb.	新加坡	8. 10. 1995	57/1996 Sb.

---

① 只在首份协定中提及多边协议及法律文件,更多详情参见网页:http://www. mfcr. cz/cs/legislativa/prehled-platnych-dohod-prehled-platnych-dohod-o-podpore-2012-7155,2016 年 3 月 20 日访问。

* Sb 指的是出处为"法案集",Sb. I. T. 指的是出处为"国际法案集"。

续表

国家	生效日期	协议编号	国家	生效日期	协议编号
格鲁吉亚	13. 3. 2011	18/2011 Sb. I. T.	塞尔维亚	29. 1. 2001	23/2001 Sb. I. T.
德国	2. 8. 1992	573/1992 Sb.	斯里兰卡	28. 3. 2011	ratification
法国	30.12.1992	102/1993 Sb.	西班牙	28.11.1991	647/1992 Sb.
危地马拉	29. 4. 2005	86/2005 Sb. I. T.	瑞典	23. 9. 1991	479/1991 Sb.
匈牙利	25. 5. 1995	200/1995 Sb.	瑞士	7. 8. 1991	459/1991 Sb.
印度	6. 2. 1998	43/1998 Sb.	叙利亚	14.8. 2009	62/2009 Sb. I. T.
印度尼西亚	21. 6. 1999	156/1999 Sb.	塔吉克斯坦	6. 12. 1995	48/1996 Sb.
以色列	16. 3. 1999	73/1999 Sb.	泰国	4. 5. 1995	180/1995 Sb.
约旦	25. 4. 2001	62/2001 Sb. I. T.	突尼斯	8. 7. 1998	203/1998 Sb.
哈萨克斯坦	2. 4. 1998	217/1999 Sb.	土耳其	18. 3. 2012	21/2012 Sb. I. T.
韩国	16. 3. 1995	125/1995 Sb.	乌克兰	2. 11. 1995	23/1996 Sb.
科索沃	29.1. 2001	23/2001 Sb. I. T.	乌拉圭	29.12.2000	10/2001 Sb.
科威特	21. 1. 1997	42/1997 Sb.	乌兹别克斯坦	6. 4. 1998	202/1998 Sb.
拉脱维亚	1. 8. 1995	204/ 1995 Sb.	阿拉伯联合酋长国	25.12.1995	69/1996 Sb.
黎巴嫩	24. 1. 2000	106/2001 Sb. I. T.	英国	26.10.1992	646/1992 Sb.
立陶宛	12. 7.1995	185/1995 Sb.	美国	19.12.1992	187/1993 Sb.
卢森堡（和比利时）	13. 2. 1992	574/1992 Sb.	委内瑞拉	23. 7. 1996	99/1998 Sb.
马其顿	20. 9. 2002	116/2002 Sb. I. T.	越南	9. 7. 1998	212/1998 Sb.
马来西亚	3. 12. 1998	296/1998 Sb.	也门	4. 9. 2009	65/2009 Sb. I. T.

　　欧盟委员会呼吁终止欧盟内部国家之间的双边投资协议（BITs），因此捷克共和国已终止与以下国家的欧盟内部国家之间的双边投资协议：

表 4　欧盟内部双边投资协议：终止

国家名称	生效日期	协议编号	国家名称	生效日期	协议编号
丹麦	2009.11.18	109/2009 Sb. I. T	马耳他	2010.9.30	89/2010 Sb. I. T
爱沙尼亚	2011.2.20	11/2011 Sb. I. T.	斯洛伐克	2004.5.1	105/2009 Sb. I. T.
爱尔兰	2011.12.1	105/2011 Sb. I. T	斯洛文尼亚	2010.8.13	73/2010 Sb. I. T.
意大利	2009.4.30	37/2009 Sb. I. T			

三、吸引投资的优惠政策

　　根据后来经过修正的《投资激励法案(编号 72/2007)》("条约集")的规定,国内投资商和外国投资商均有机会参与洽谈关于制造或装配生产事项的投资激励政策。投资激励政策通常是由相关欧盟法规规定的,旨在对区域性投资和就业及教育提供支撑。捷克国家条例为促进本国经济发展和创造就业机会规定了投资激励的条件。投资激励政策包括以优惠价格转让土地、对创造新的就业机会提供物质支持、对员工转业和培训提供物质支持、对购买长期有形和无形财产提供物质支持以及减免所得税等。投资奖励政策可以只针对加工和服务行业、技术(软件)中枢和关键服务中枢(会计、金融、人力资源管理、市场营销和信息系统管理)等领域。该政策的实施通常需要满足的两个必要条件是:(1)进行一定的最小投资,包括对于机械设备的最小投资;(2)创建若干最低数量的新工作岗位。任何企业实体,无论是法人实体还是自然人实体,均可申请享受国内或是国外投资激励政策。然后,捷克投资局对该实体是否具有享受相应投资激励政策的条件进行评估并拿出评估意见。劳工和社会事务部、财政部、环保部负责评估投资激励政策应赋予对象的先决条件,最终决定是由工业贸易部做出的。申请人可在以上决定的基础上,向投资管理局递交一份其应享受相应投资激励政策的申请。①

　　根据捷克投资局公布的材料②,投资激励政策不仅适用于开展生产或扩大再生产的投资商,也适用于技术中心和商务服务中心。得益于 2015 年 5 月 1 日生效的关于投资激励政策的法案修正案(编号为 72/2007,"条约集"),投资者可申请更多类型的投资激励政策。投资激励政策所支持的领域包括工业(制造业部门的生产引进或扩大再生产)、技术中心(研发中心的建设或扩展)和商务支持服务中心(启动或扩大共享服务中心、软件开发中心、高科技维修中心、数据中心和客户支持中心即呼叫中心)。国家激励方案如下③:

　　• 税收优惠:对新公司的企业所得税减免十年以及对于现有公司的部分

---

　　① 详见 M Radvan 和 D Šrámková 的《激励投资的税法要件》一文,载于 K B Brown 主编的《征税与发展:比较研究》(斯普林格出版社)一书。

　　② 同上。

　　③ 同上。

企业所得税减免十年;

- 就业补贴:为创造新就业机会的企业提供财政资金支持;
- 培训和再培训补贴:为培训和再培训新员工提供财政资金支持;
- 资本投资的现金补助:为制造业及战略中心的投资提供财政资金支持;
- 财产税优惠政策:财产税减免,为期五年;
- 场所支持:以优惠价格转让公有土地。

企业所得税激励政策有两种形式:一是如果就某一投资项目成立了一个新公司(法人实体),那么该公司可享有长达十年的企业所得税减免;二是如果投资采取的形式是现有的捷克公司(法人实体)内的扩张项目,那么该公司可享有长达十年的部分企业所得税减免。当某公司已达到所允许的最大国家援助强度(25%,在首都布拉格地区不会减免企业所得税)时,其税收减免将被终止。[①]

此外,捷克共和国还允许对研发费用的超级减免。这意味着,研发费用可以适用两次:其一是当其与其他免税项目一道来决定税基时,可作为减小税基的项目;其二是也有可能从税基花费中扣除一部分以支持教育事业。由于规定纳税期限内的低税基或税收损失,无法减免的纳税也可以在随后的三个纳税期内减免。[②]

创造就业岗位补贴与培训和再培训补贴只适用于失业率比全国平均水平及特殊工业区高出至少25%的地区。创造就业岗位补贴有三个层面:

- 在特殊工业区的每个新工作岗位补助30万捷克克朗;
- 在失业率高于全国平均水平至少50%地区的每个新工作岗位补助20万捷克克朗;
- 在失业率高于全国平均水平25%～50%地区每个新工作岗位补助10万捷克克朗。

培训和再培训补贴金额为相关培训费用的25%～50%,具体费用视不同地区而定。[③]

资本投资的现金津贴仅适用于关键投资项目。对于这一类项目的资本投

---

① 详见 M Radvan 和 D Šrámková 的《激励投资的税法要件》一文,载于 K B Brown 主编的《征税与发展.比较研究》(斯普林格出版社)一书。

② 同上。

③ http://www.czechinvest.orgdatafiles/fs-04-investment-incentives-4671-en.pdf,2016年3月20日访问。

资,财政支持的水平可能达到其合格投资花费的 10%。此优惠政策可用于制造业和技术中枢项目。符合条件的项目对其提供政策支持的决定将由捷克共和国政府做出。①

在特殊工业区的财产税豁免(由市政当局做出),为期 5 年。特殊工业区指的是由捷克共和国政府指定的区域。②

在以优惠价格转让土地的情况下,国家补贴包括对有关土地购买价格与市场价格之间差额的补贴。③

四、资格标准④

所有类型的活动,在未得到捷克政府批准优惠政策前,不得启动工作项目(即不得获取任何资产包括订购机器和设备,也不得开始施工作业)。在利用国家援助的整个期间(至少为期 5 年)内,接受国家援助者必须保有所要求的资产以及创造就业机会。

制造业投资资格标准:
• 投资者必须在三年内投资至少 1 亿捷克克朗(约 400 万美元),在接受国家特殊援助的地区和特殊工业区,此限额为 5000 万捷克克朗;
• 必须投资至少 5000 万捷克克朗(200 万美元)于新设备;
• 投资者必须创造至少 20 个新的就业机会。

关键部门投资:
• 投资者必须在三年内投资至少 5 亿捷克克朗(约 2000 万美元);
• 必须投资至少 2.5 亿捷克克朗于新设备;
• 投资者必须创造至少 500 个新的就业机会。

技术中枢投资资格标准:
(1)投资者必须在三年内投资至少 1000 万捷克克朗(约 40 万美元);
(2)必须投资至少 500 万捷克克朗于新设备;

---

① http://www. czechinvest. orgdatafiles/fs-04-investment-incentives-4671-en. pdf,2016 年 3 月 20 日访问。
② 同上。
③ 同上。
④ 同上。

（3）投资者必须创造至少 20 个新的就业机会。

关键部门投资：

（1）投资者必须在三年内投资至少 2 亿捷克克朗（约 800 万美元）；

（2）必须投资至少 1 亿捷克克朗于新设备；

（3）投资者必须创造至少 100 个新的就业机会。

商务支持服务中枢投资资格标准：

（1）在软件开发中心和数据中心创造至少 20 个新的就业机会；

（2）在共享服务中心和高科技维修中心创造至少 70 个新的就业机会；

（3）在客户支持中心（呼叫中心）创造至少 500 个新的就业机会。

在捷克共和国，允许的最大国家援助力度为大企业总合格花费的 25％。数据中心的最大国家援助力度为 6.25％。国家援助的形式是：企业所得税优惠、创造就业补贴、土地转让价格优惠、财产税减免和对于资本投入的现金补助。培训和再培训补贴不计入国家最高援助力度，因为这些属于额外现金补助。固定资产——当机器设备的价值具有至少所要求财产价值的一半价值时，或所创造的新就业岗位的两年工资总额的，可以将其作为合格花费，可作为最大国家援助力度的条目而考虑。

五、在捷克共和国的中国投资

根据捷克投资局发布的材料，过去申请到捷克投资激励政策的 5 家母国为中国的企业是[1]：

- 长虹电器股份有限公司欧洲子公司
- 上海梅林（捷克）股份有限公司
- SOLAR EXPRESS 有限公司
- 亚普捷克汽车系统有限公司

很明显，中国和捷克共和国之间的经济和政治联系越来越紧密。以一个捷克华人商会互助合作组织为例，其在布拉格就设有中国投资论坛。[2] 两国总统与总理都对两国之间所有类型的合作持开放态度。

---

[1]　http://www.czechinvest.org/en/investment-incentives-new，2016 年 3 月 20 日访问。

[2]　http://www.czechchina.com/cif/，2016 年 3 月 20 日访问。

捷克共和国与中国的几个良好实践范例如下[①]：

· 华信的活动：华信持有捷克最古老足球俱乐部"斯拉夫布拉格"的大部分股份；持有捷克国家旅行社 10％的股份，成为 Smart Wings 航空公司运营商，是继大韩航空公司后捷克航空公司的第二大股东；持有啤酒商洛布科维奇集团 79.4％的股份；在布拉格市中心拥有两栋楼房；持有 J&T 金融集团 9.99％的股份，在通信公司 Medea 集团和媒体公司 Empresa Media 持有部分股权，该媒体公司拥有电视频道 TV Barrandov 以及负责出版 Tyden 周刊。

· 长虹电子有限公司——电视、冰箱、洗衣机等家电；

· 大连橡胶及塑料机械设备有限公司；

· 亚普汽车零部件有限公司；

· 中信马米思自行车有限公司（捷克）——自行车的设计和生产；

· 上海梅林正广和股份有限公司；

· 山东临沂尉犁有限公司——粮食生产；

· 华为公司——电信；

· 中兴集团——电信部门；

· 山西运城电镀集团——印刷机械；

· 北京菲特公司——水晶生产；

· 金融集团 J&T 和中国华信能源公司的战略合作使得在捷克开设了中国银行分行；

· 开通从北京和上海到布拉格的直飞航班；

· 中国游客数量不断增加；

· 突出布拉格最美景观的中国影片；

· 在赫拉德茨—克拉洛韦设有中医诊所。

中国国家主席习近平在 2016 年 3 月底对捷克共和国进行访问期间，达成了进一步的各项合同（共计 109.06 亿欧元）谈判，其中包括[②]：

· J&T 金融集团和平安银行之间的战略伙伴关系和合作（50 亿欧元）；

---

① J Hovet. 中国华信助力航空公司，酿酒交易捷克抢购风潮. http://www. reuters. com/article/us-czech-china-cefc-idUSKCN0R50B320150905. 2016 年 3 月 20 日访问。

G Du Bois，M Davidova. 中国和捷克共和国近期政治转变. http://www. nouvelle-europe. eu/en/china-and-czech-republic-recent-political-shift. 2016 年 3 月 20 日访问。

② iDNES. cz，ČTK. 概要：与中国就金融与工业领域签署协议列表. 参见网页：http:// ekonomika. idnes. cz/cinane-na-prazskem-hrade-podepsali-dohody-za-desitky-miliard-seznam-1px-/ekonomika. aspx？ c＝A160330_164724_ekonomika_rts。

• 上汽汽车有限公司与大众和斯柯达汽车之间的合作备忘录（21亿欧元）；

• 中国国家开发银行和J&T金融集团之间的金融合作协议框架（8亿欧元）；

• 中国华信能源有限公司和恒丰银行股份有限公司与波德布雷佐瓦钢铁公司之间的战略合作协议（7200万欧元）；

• 中国国电集团与捷克SWH集团就再生与清洁能源领域达成合作协议，捷克获得中国风力发电厂建设项目（5.50亿欧元）；

• 中国国家开发银行与捷克出口银行之间的金融合作协议（5亿欧元）；

• 捷克飞机工业公司和新疆维吾尔自治区石河子政府之间达成出售20架L410飞机合作备忘录（1.11亿欧元）；

• 中国东方航空股份有限公司与捷克航空控股有限公司之间达成战略合作协议框架（布拉格—上海直飞航班）；

• 中国水利水电建设集团与捷克欧洲能源部就沟通"奥德河、易北河和多瑙河"的运河建设达成合作协议；

• 就任命帕维尔·内德维德出任2016—2018年度中国足球超级联赛特使达成协议。

第四章　货币银行体系和法律

　　该领域扮演主要角色的是捷克国家银行(CNB)。捷克国家银行是捷克共和国的中央银行,是捷克金融市场的监管者和捷克议决案的权威机构。捷克国家银行是依据捷克共和国宪法建立的,根据捷克国家银行的 1993 年第 6 号法案及其修正案以及其他有关条例进行活动。捷克国家银行是欧洲中央银行系统的组成部分,旨在完成该系统的各项目标和任务。捷克国家银行也是欧洲金融监管系统的组成部分,与欧洲体系风险监管理事会和欧洲监管当局进行合作。捷克国家银行的最高管理机构是银行董事会,该董事会由捷克国家银行行长、两位副行长和另外 4 个银行董事会成员组成。银行董事会所有成员均由捷克共和国总统任命,各成员最多有两个 6 年任期。[①]

　　根据捷克共和国宪法以及欧盟基本法的规定,捷克国家银行的首要目标是保持价格稳定。实现和保持物价稳定即创造低通胀经济环境是央行对于创造可持续经济增长的持续贡献。本着其首要目标,捷克国家银行负责制定货币政策。捷克国家银行发行纸币和硬币,监管货币流通,以及银行之间的支付与结算系统。捷克国家银行还负责银行业、资本市场、保险业、养老基金、信用社、电子货币机构和外汇兑换等方面的监管工作。[②]

---

① https://www.cnb.cz/en/about_cnb/,2016 年 3 月 20 日访问。

② https://www.cnb.cz/en/monetary_policy/,2016 年 3 月 20 日访问。

一、货币政策

根据捷克宪法和捷克国家银行法的规定,捷克国家银行的主要目标是保持价格稳定。在不妨碍其主要目标的情况下,捷克国家银行亦支持政府的总体经济政策。捷克国家银行通过使用相关手段,关键是利率手段对货币状况进行调整,从而实现其主要目标。捷克国家银行董事会的货币政策决定是建立在对于当前宏观经济预测和风险评估基础之上的。[①]

货币政策的主要手段包括以下几点。[②]

• 公开市场买卖:在经济活动中调整利率。公开市场买卖通常使用回购的形式(基于金融市场的常规交易协议)。

• 自动设施:用于快速供应和存储流动资金。

• 特别设施:2008 年秋季,捷克国家银行推出两个星期和三个月到期的特别流动资金回购买卖,旨在支持政府债券市场的运作,以及自 2011 年 1 月起,只剩下两个星期到期的特别流动资金回购买卖活动。

• 最低储备金:在捷克大量流动资金过剩的经济环境中,最低储备金的作用是减少货币流通,该手段主要为银行之间支付系统的平稳运行提供缓冲。根据捷克国家银行法的规定,在捷克共和国具有银行执照或打算基于"单一执照"在捷克共和国经营业务的各银行、建筑协会、外国银行分行,同样也包括信用社在内,必须具有最低储备金,即在捷克国家银行的账户上具有预先明确数额的流动资金。

• 外汇干预:由捷克国家银行在外汇市场上购买或销售对捷克克朗不利的外汇,旨在抑制外汇市场动荡以及(或者)放宽(或紧缩)货币政策带来的影响。2013 年秋,捷克国家银行董事会采取了一项汇率干预措施,在外汇市场上削弱克朗,从而使克朗与欧元的汇率保持在接近 27∶1 的水平上。

---

① https://www.cnb.cz/en/monetary_policy/,2016 年 3 月 26 日访问。

② https://www.cnb.cz/en/monetary_policy/instruments/,2016 年 3 月 26 日访问。

二、外汇市场

捷克国家银行通过央行设定汇率的方式以及设定其他外汇之间汇率的方式来宣布捷克货币与外国货币之间的汇率。这些汇率旨在达到涉及此类汇率的法律法规(如会计法和海关法)所设定的目标。捷克国家银行不将所宣布的利率用于商业目的。①

三、金融市场监管

捷克国家银行是捷克共和国金融市场的监督机关。因而捷克国家银行负责监督金融业、资本市场、保险业、养老基金、信用社、货币兑换处和支付系统各机构。捷克国家银行负责制定确保金融业、资本市场、保险业和养老金计划产业等领域稳定的规则。捷克国家银行负责系统规范和监督工作——如发现有不遵守该规则的情况或部门出现,可予以适当惩处。②

捷克国家银行致力于依据国际标准对捷克金融市场及其相应机构进行监管。捷克国家银行积极监控金融领域的发展,审慎执行新要求或启动相应步骤来执行这些新要求。捷克国家银行监管工作的关键战略框架是《有效金融监管核心原则》,该《原则》由巴塞尔银行监管委员会于 2012 年发布。该《原则》就其结构而言表述了关于监管事务的核心原则,间接声明了对于监管具体要求的认同,并对这些要求如何执行进行了简要评述。捷克国家银行通过非现场监管和现场监管的方式来行使其监管权力。非现场监管的选择依据的是捷克国家银行对于每一个具体案例的有效性。监督工作通过系统的规划,按照内部政策进行执行以确保内部的一致性。在其监督活动中,捷克国家银行使用的是广泛的信息库,信息库既包括可公开获得的信息也包括机密信息。所获得信息受制于正规而又特别(专题)的评估约束,该评估使用的是捷克国家银行开发的分析工具和手段。这些工具和手段包括:对于各个银行和保险

---

① http://www.cnb.cz/en/financial_markets/foreign_exchange_market/,2016 年 3 月 20 日访问。

② http://www.cnb.cz/en/supervision_financial_market/,2016 年 3 月 20 日访问。

公司的各类定期压力测试,以及对于金融市场交易的监控系统。监管者使用正式和非正式的沟通工具与被监督实体就所发现的相关问题进行沟通。基于立法或特定的协议和安排,捷克国家银行成立了一个与其他(国外)监管者进行合作的机构。捷克国家银行与其他(国外)监管者进行积极合作以确保其职权范围内有效金融监管以及危机情况的协同处理。由于是国内金融监管者,捷克国家银行成立了一个监管协会并负责该协会的工作,该协会是一个合作的基础平台。这样做是考虑到被监管群体以及构成该群体的个体机构的风险的预测和系统的重要性。在捷克国家银行属于金融监管活动主办者的情况下,捷克国家银行与国内金融活动监管者合作,对其自身各种活动进行协调和规划,确认共同关注的问题。捷克国家银行为达到有效行使其监管权力之目的,与国内监管者进行坦诚交流与密切合作。这种沟通主要关注的是与被监管群体或受捷克国家银行监管的机构相关联的重大风险。捷克国家银行参与国内监管者组织的各种现场检查,并许可国内监管者参与捷克国家银行所进行的检查。捷克国家银行在金融监管领域与欧盟各机构(欧洲银行管理局、欧洲保险和职业养老金管理局、欧洲证券和市场管理局)就统一监管程序及为国内监管者与国外监管活动主办者之间的紧密合作创造条件。[①]

适用于金融市场的法律法规,既包括由财政部以及在某些情况下由司法部制定的法律,也包括通常由捷克国家银行发布的实施法令和规定。捷克国家银行是负责对于以下所有金融市场运营商进行监管的唯一机构。对于金融市场进行监管涉及的一系列活动,包括发放许可证和履行审批手续、履行通知职责、现场监管和场外监管、国际合作等。随着金融市场监管工作融入捷克国家银行职责范围内,上述事项正在逐渐得到结合与统一。

就信贷机构而言,上述关于金融市场的法律法规适用于银行,包括建筑协会、来自非欧洲经济区国家的外国银行分行,以及在有限范围内来自欧洲经济区国家却受其总部所处国家监管的外国银行分行。该法规针对许可证的发放和审批程序等要向捷克国家银行和中央信贷登记处提供信息等。

保险业领域(保险和再保险公司与保险中介)的法律法规适用于受制于《保险条例》的国内保险公司和国内再保险公司,以及受制于《保险中介及独立理赔条例》的保险中介人和独立理赔人。来自非欧洲经济区国家的外国保险和再保险公司的分支机构在捷克共和国境内进行的相关活动同样受到保险业

---

① http://www.cnb.cz/en/supervision_financial_market/supervisory_strategy,2016 年 3 月 20 日访问。

法律法规的制约。来自欧洲经济区国家的外国保险公司分公司受到其总行所在地国家的管控和监督。

养老金领域(养老金管理公司和基金组织、养老中介机构)的规章适用于受制于《追加退休金储蓄法案》的养老金管理公司及参与基金组织和转化基金组织;适用于受制于《退休储蓄法案》的退休基金组织;适用于受制于《职业退休金基金会活动法案》而在捷克共和国境内提供职业养老金服务的国外机构。该领域规章同样适用于负责退休金储蓄和追加养老金储蓄的经销商以及经营养老保险业务的保险公司。在过渡期内(到 2013 年 1 月 1 日为止),养老金领域的规章还覆盖了受制于《国供追加养老金保险法案》以及该法案导言的若干修正案的抚恤基金。

投资服务领域(投资公司和投资中介机构)的规章适用于银行和非银行投资公司(包括来自非欧洲经济区国家的各分支公司)、投资中介公司以及投资公司和投资中介公司的捆绑代理商。在有限范围内,该领域规章也适用于来自欧洲经济区国家的投资公司支公司。

管理公司和投资基金领域遵循的法规是《另类投资基金经理指令》(AIFMD)和《可转让证券集合投资计划指令》(UCITS)。该领域规章涵盖产品(基金)和供应商(基金经理、管理员、保管人)规章及其他规章(跨境服务规章、营销规章)。提供额外投资服务(MiFID)的供应商(管理公司、主要管理人员)同样应遵循与 MiFID 相关的法规。

支付系统机构(支付机构、电子货币机构、小型支付供应商和小型电子货币服务发行商)领域的法规适用于被授权或注册进行活动的支付机构实体、电子货币机构、电子货币发行机构或小规模的支付服务供应商。其中一些机构受到类似银行和信用社管理规章的约束。银行和信用社也可以依据银行或信用社活动行为规章所规定的条件提供支付服务。

金融集团监管涉及对金融集团中各银行、信用社、投资公司和保险公司的额外监管。此类监管尤其包括制定对于各类金融团体的活动进行具体监管的规章。

规范市场、结算和市场滥用等领域的监管条例涉及规范市场的金融法律文件,包括对市场经营者的法律地位和结算系统及其经营者的法律地位等的具体要求,同样也涉及对市场操纵和内幕信息(内幕交易)滥用等禁令。

关于证券发行和登记、收购标的和股东挤压等方面的法规覆盖了证券发行、证券发行人和证券寄存(中央存管处)人的法律地位,同样也覆盖了自愿和强制收购标的、公开招股购买或交换证券以及对上市公司的少数股东的挤压。

外汇管理条例主要针对所谓的现金货币兑换外汇实体,即货币兑换所的活动。此外,该条例还对居民和非居民增加了一些义务。

洗钱方面的条例旨在阻止恐怖组织筹措资金和洗钱。此类条例对于各类可疑金融交易活动进行了界定,指定了进行金融交易活动的评估实体并规定了在发现可疑金融交易时可以遵循的评估程序。此类条例适用于金融市场几乎所有的运营实体,也适用于金融市场之外的某些经营者。贯彻执行国际制裁的此类条例对每个人都具有约束力。

非处方药管理条例包括《欧洲市场基础设施监管规则》(EMIR)。欧洲议会和欧洲理事会于 2012 年 7 月 4 日发布了关于非处方药物制剂、制剂交易核心搭档(CCPs)及制剂贸易贮藏处(TRs)的《欧盟 648/2012 条例》,该条例提出了旨在提高非处方药物制剂市场透明度以及降低相应市场风险的具体要求。为达此目的,《欧洲市场基础设施监管规则》要求:满足一定条件要求的非处方药物制剂均应承担清算义务,同时对于所有不集中清算的非处方药物制剂要采取降低风险的技术措施。此外,所有非处方药物制剂交易活动情况均应该汇报给制剂贸易贮藏处(TRs)。最后,《欧洲市场基础设施监管规则》建立了行业编制办法和关于 TRs 及 CCPs 的谨慎标准。非处方药物制剂条例规定了药物制剂交易搭档应尽的强制性义务。

关于实体矫正和解体的法规适用于信贷机构和某些投资公司、控股公司以及其他类型金融机构。这些法规还对解体实体主管部门之于其股东和债权人的权力进行调整。

最后(但并非最不重要)是有关审计和评估机构的法律。①

捷克国家银行网页提供了很多金融机构的实用数据,尤其是关于许可证发放和审批程序②以及信息义务③方面的数据。捷克国家银行有义务在其网站上披露受其监管的实体的信息。依据相关的具体部门法规,捷克国家银行对这些实体进行注册登记以及列表排布出符合相关部门的具体法规的实体。这些列表通过名为监管机构的申请以标准化方式列出,属于注册金融市场实

---

① http://www.cnb.cz/en/supervision_financial_market/legislation/,2016 年 3 月 23 日访问。

② http://www.cnb.cz/en/supervision_financial_market/conduct_of_supervision/licensing_approval_proceedings/,2016 年 3 月 23 日访问。

③ http://www.cnb.cz/en/supervision_financial_market/conduct_of_supervision/information_duties/,2016 年 3 月 23 日访问。

体名单。①

在捷克共和国经营的银行名单如下:②

- 艾尔银行
- 古特曼银行股份公司
- 中国银行
- 东京三菱银行
- 法国巴黎银行富通银行
- 花旗银行
- 德国商业银行股份公司
- 法国农业信贷银行
- 捷克出口银行
- 捷克国家银行
- 捷克储蓄银行
- 捷克—摩拉维亚建筑协会
- 摩拉维亚保障和发展银行
- 捷克斯洛伐克贸易银行
- 德意志银行
- Equa 银行
- ERB 银行
- Expo 银行
- Fio 银行
- 通用电气高能货币银行
- 汇丰银行布拉格分行
- 抵押贷款银行
- 荷兰国际集团银行有限公司
- J&T 银行
- 捷克商业银行
- mBank 银行
- 麦尔银行

① https://apl. cnb. cz/apljerrsdad/JERRS. WEB07. INTRO_PAGE? p_lang＝en,2016年 3 月 23 日访问。

② http://www. banky. cz/prehled-bank,2016 年 3 月 23 日访问。

- 莫德拉金字塔建筑储蓄银行
- 奥博银行有限公司
- 邮政储蓄银行
- Poštovní sporitelna 银行（捷克）
- PPF 银行
- 私人银行有限公司
- 建设银行
- 赖夫艾森银行
- 莱夫艾森银行 IM Stiftland eG
- 苏格兰皇家银行
- 丹麦盛宝银行
- 俄罗斯联邦储蓄银行
- 捷克银行储蓄银行
- 欧洲三井住友银行
- 意大利联合信贷银行
- eG 勒鲍—齐陶大众银行
- 捷克通用银行
- 1842 年—威尔特尔银行
- 西联国际银行
- 西方储蓄银行
- 西方抵押贷款银行
- Zuno 银行

第五章　与基础设施建设相关的法律

一、条例的种类

在基础设施建设方面,捷克既有自己的法律也有欧盟的法律。此外,还有国际准则,诸如《联合国国际贸易法委员会公私合伙指引/特许权法(2000)》《欧洲复兴开发银行现代特许法核心原则》《经济合作与发展组织关于公私合伙的公共管理原则》等。

鉴于捷克立法者已采用基础设施建设方面的国家法律以及捷克作为欧盟成员的欧盟法律(指令、条例以及欧盟法院的可能判决),另外三个国际准则的法律性质不同:

(1)《联合国国际贸易法委员会公私合伙指引/特许权法(2000)》

在 2000 年,联合国国际贸易法委员会公布了关于私人投资的基础设施项目的立法指南。该指南旨在协助建立一个有利于公共基础设施领域的私人投资的法律框架。该指南提供的建议旨在促进及鼓励私人参与基础设施项目与东道国的各种利益之间达到平衡。该指南在《2003 年关于私人投资基础设施项目示范的立法规定》中陈述了其建议。①

(2)《欧洲复兴开发银行现代特许法核心原则》

欧洲复兴开发银行(EBRD)为现代特许法界定了一系列核心原则以作为

---

① http://ppp.worldbank.org/public-private-partnership/legislation-regulationlawsppp-and-concession-laws#unictral_guidance,2016 年 3 月 29 日访问。

立法指南(以英语、法语、俄语三种语言表述)。EBRD 法律转换集团准备了纸质的《EBRD 现代特许法核心原则》,其中解释了各条原则及各条原则的制定理由。[①]

(3)《经济合作与发展组织关于公私合伙的公共管理原则》

经济合作与发展组织关于公私合伙的公共管理原则为政策制定者提供了关于如何确保使公共领域投资体现其价值的具体指引。[②]

二、PPP 或 BOTs 概述

在 1990 年,公私合伙伙伴关系(PPP)项目(或 BOTs)在捷克已相当普遍。有人认为这是因为缺乏"政府资金"[③]。一方面,对"政府资金"的解释是正确的,但另一方面也应注意到,自 1989 年捷克斯洛伐克社产主义政权垮台以来,市场自由化以及私人参与公共事务在捷克共和国已成为一种态势。

一般情况下,公私合伙伙伴关系涉及某一公共实体与某一私人行业实体之间所签订的合同。BOTs(建设—经营—转让)性质类似。世界银行将BOTs(建设—经营—转让)解释为:"在 BOTs 项目中,公共部门特许权授予人授予私人公司在规定期限(项目期限)内开发经营公共项目中的某项设施或系统的权利。"该项目本该属于公共部门项目,通常是分立的未开发区域的建设项目。

在项目期限内,经营者出资、拥有并建设基础设施或系统并进行商业化经营,期限过后将该设施转让给政府。BOTs 是项目融资的典型方式。由于它涉及的是新建项目,所以刚开始并没有收入来源。因此贷方急于确保项目资产仅仅用于项目经营公司,并确保项目相关风险由相关参与方承担或转移到相关参与方身上。经营者被禁止开展其他业务。因此,经营者通常是特殊功能公司,收入一般来源于单一承购商(如公用事业公司或政府)对该项目公司的项目产品购买(这跟产品直接卖给消费者和终端用户的纯特许经营不同)。

---

① http://ppp.worldbank.org/public-private-partnership/legislation-regulationlawsppp-and-concession-laws#unictral_guidance,2016 年 3 月 29 日访问。

② 同上。

③ http://transint.xred.cz/doc/vz_analyza_ppp_implementace_en.pdf,2016 年 3 月 20日访问。

这在电力行业表现为《电力购买合同》。想了解更多信息,可以参阅《电力购买合同》。承购商要支付的款项一般具有最低金额限制——只要项目经营者能证明设施可以提供相应服务(按可用性付款)以及对于所提供服务数量的总体付款高于最低限制金额。在特许权期限内,项目公司要为项目进行融资,负责设计和工程施工以及设施的经营。项目公司为特殊功能公司,其股东通常包括一般具有建设及/或经营经验以及投入供应和承购能力的公司。考虑到BOTs项目的特殊风险,此类项目非常有必要拥有具备类似项目管理经验(比如与不同及多元文化公司合作经验)的股东。承购商/公司也十分希望关键股东能在一定期限内留在项目公司,因为该项目已经受益于关键股东的专业技能和财务能力。项目公司将按照特许协议要求来协调项目建设和经营。承购商会想知道谁是建设分包商和经营者。电力项目的项目公司(以及贷方)希望能有可靠的燃料供应。电力项目的项目公司一般会签订大宗燃料供应协议,而燃料供应商有可能就是电力购买协议中的电力购买者即国家电力公司。如需寻找例证,可点击链接"燃料供应协议/大宗燃料供应协议"。水处理厂或废水处理厂同样需要消耗电力,因此经营者需要确保电力消耗以及电力供应的稳定性。经营阶段的收入用于生产费用、设备维护、本金(本金占了开发和建设成本的很大一部分)债务偿还、融资开销(包括利息和费用),以及对于特殊用途公司股东的回报。贷方提供无追索权或有限追索权融资,与项目公司及股东一起承担剩余风险。项目公司承担着很多风险,因此十分希望来自特许权授予人那里的风险能得到防护。项目公司一般会要求政府给予某些担保以及/或者承诺(尤其对于电力项目),并将这些担保以及/或承诺写进执行协议。为使剩余风险(因为贷方只想承担有关项目尽可能少的有限商业风险)降到最低限度,贷方会坚持通过合同的方式如建设合同、经营维护合同将项目公司承担的风险转移给其他项目参与者。①

三、国家层面法律

在这方面,捷克主要的立法是关于特许权合同和特许权程序的第139/2006号法案即《特许权法案》。该法案规定了特许权授予当局在合作框架内

---

① http://ppp. worldbank. org/public-private-partnership/agreements/concessions-bots-dbos,2016 年 3 月 20 日访问。

跟其他实体签订特许权合同的条件和程序,不包括依据其他独立法规另行规定的条件和程序。该法案与相关的欧盟条例结合使用。总体而言,该法案规定:在启动特许程序之前,特许权授予人应确定特许合同标的物的预估价值,以及特许权获得者从履行特许合同中能获得的估计总收入(下文简称为特许权获得者的预计收入);特许权合同标的物以及特许权获得者的预计收入的计算方法应根据所执行的法规进行确定。①

特许权程序应通过发布特许权布告的形式来启动。如果特许权授予人根据第六章6(1)节的规定在特许权布告中提出保留取消特许权程序的权利,则该授予人有权取消该特许权程序。此外,适用条款是该法案中关于撤销公共合同授予程序包括撤销理由的条款。② 特许权布告应当旨在邀请数量不限的经营者提交他们参与某一特许权程序的请求并证明他们具备必要的资质;此类布告应根据该法案中§31的规定进行发布。有意参与的经营者应在某特许权布告发布之日起的52天之内提交参与该特许权程序的请求。③

依据特许权程序的结果,特许权授予人应该选择被评估为最具经济竞争力经营者的投标人,并与之签订特许权合同。特许权授予人应在选定特许权获得者后的5天内将特许权授予通知发给所有参与该特许权程序的经营者。特许权授予通知应包括:

- 参与该特许权程序的经营者身份识别材料;
- 评标结果,包括投标排名、评估标准框架内的评估要素以及评估数据;
- 若特许权授予人未遵守评估委员会建议而自行选定特许权获得者,则需要给出其如此选择的正当理由。

应用该法案关于公共合同的相关条款,应类比所递交的对于特许权授予人选择特许权获得者决定的异议和对于被拒绝参与该特许权程序决定的异议。应用关于签订公共合同的该法案的相关条款,应类比特许权合同的签订。④

该法案也规定了特许权合同应包括的核心原则。如上文所述,在这方面的另外一个重要法案是《公共合同法(第137/2006号法令)》。《公共合同法》

---

① http://www.portal-vz.cz/getmedia/8084e441-6b86-4ed9-bed8-9f423604243c/Act_No
_139_on_Concession_Contracts_and_Concession,2016年3月29日访问。

② 同上,第6节。

③ 同上。

④ 同上,第12节。

涉及范围的规定如下:"本法案结合了欧盟各国相关法规条例,对以下各事项做出了规定:公共合同授予、设计竞赛、本法案的执行监管等的程序,维护的条件,以及所核准经营者名单和已认证经营者的系统等。"①

在此,我们发现有必要对《公共合同法》中的部分条款加以简要描述。根据本法案,"公共合同"指签订合同当局与一个或多个经营者为了金钱利益而签订的合同,合同标的为供应产品、提供服务或实施公共工程。根据《公共合同法》规定,授予签约实体的公共合同应为书面形式签订。依据不同的标的,公共合同可划分为公共供应合同、公共服务合同、公共工程合同(下文简称为"公共合同类型")。依据不同的预计价值,公共合同可划分为级限以上的公共合同、级限以下的公共合同与小型公共合同。②

《公共合同法》第 8 节对"公共供应合同"做出如下界定:

(1)公共供应合同的标的应为货物采购(下文称为"产品")的公共合同,特别是以购买、分期付款购买、租赁的方式购买(租赁)产品;

(2)此外,根据本法案第§8(1)规定,将产品采购作为标的的公共供应合同,还应将提供如场地选择、安装或为此目的租赁可操作产品的服务作为偶发事项写进合同,除非此类活动构成了公共合同的基本目的,然而此类活动是履行公共供应合同的必要活动。③

《公共合同法》第 9 节对"公共工程合同"做出如下界定:

(1)公共工程合同应为将下述事项作为标的的合同:

①与附件 3 提及的任何活动相关的公共工程的实施;

②根据本法案第§9(1)(a)中的规定,实施公共工程以及任何相关的设计或工程活动;

③以建筑或安装的结果(如果合适的话,也可包括相关的设计或工程活动)作为某项工作的完成,以及将这些活动作为一个整体本身就可以实现某项经济或技术功能。

(2)此外,将履行本法案中第§9(1)规定的事项作为标的的公共工程合同,还应在必要时将供应产品包括在内,或在必要时把提供经营者履行公共合同必需的服务也包括在内。

---

① 所引用的英文版本可查看网页:http://www.portal-vz.cz/getmedia/50657500-3743-426a-8463-e3b46830ae04/ZVZ_english,2016 年 3 月 29 日访问。

② 同上,第 7 节。

③ 同上,第 8 节。

（3）非签约实体的某人利用中间人或相似服务使签约实体完成某项公共工程的工程应被视为公共工程。①

除以上两部主要法规外，还应当提到的是捷克共和国财政部为公私合伙颁布的特别行动纲领。该行动纲领颁布的时间是 2013 年 4 月。该行动纲领旨在为打算参与公私合伙项目的国家行政体系和地方行政体系的雇员提供参与公私合伙项目的必要信息，也为打算参与公私合伙项目的私营部门成员提供参与公私合伙项目的必要信息。该行动纲领提供了关于公私合伙项目的详细的程序信息。②

四、欧盟层面法律

（一）《欧盟公共采购 2014 年第 27 号指令》

如上文所述，捷克共和国国内立法很大程度上是以欧盟法律为基础的。最重要的欧盟层面法律之一是欧洲议会和欧洲理事会于 2014 年 2 月 26 日颁布的《欧盟公共采购 2014 年第 27 号指令》，同时废除了之前的欧洲理事会 2004 年颁布的第 18 号指令。该新指令于 2014 年 4 月 17 日生效。该指令对公司或个人实施工程、供应产品和提供服务的公共合同使用以及可以申请的各类豁免做出了规定。欧盟委员会已提供了该指令的摘要。③

该指令规定，当通过国家机关政府采购要求的投标者实施工程、供应产品或提供服务时，国家机关必须对所有投标者平等对待，不得存在歧视。国家机关的政府采购必须透明。

（1）级限：当涉及总金额超过以下限值时，关于公共合同的这些规定必须得到遵守：

---

① 所引用的英文版本可查看网页：http://www. portal-vz. cz/getmedia/50657500-3743-426a-8463-e3b46830ae04/ZVZ_english，2016 年 3 月 29 日访问。第 9 节。

② http://www. mfcr. cz/cs/legislativa/metodiky-pruvodce-metodikami-pro-realizaci-ppp-pr-12335，2016 年 3 月 29 日访问。

③ http://eur-lex. europa. eu/legal-content/EN/TXT/HTML/? uri＝URISERV：180203_1&from＝CS&isLegissum＝true，2016 年 3 月 29 日访问；http://eur-lex. europa. eu/legal-content/EN/TXTHTML？ uri＝URISERV：180203_1&from＝CS&isLegissum＝true，2016 年 3 月 29 日访问。

- 公共工程限额为 5225000 欧元(自 2016 年 1 月 1 日起);
- 中央政府合同限额为 135000 欧元(自 2016 年 1 月 1 日起);
- 地方和地区性政府合同限额为 209000 欧元(自 2016 年 1 月 1 日起);
- 社会服务和其他特定服务合同限额为 750000 欧元。

每两年欧盟委员要对这些级限进行一次评估,以确定是否根据欧盟国际义务的变化对它们做出更改。

(2)标准:合同将授予依据价格—质量的最佳比率而被确定为经济上最具优势的投标者。这个标准考虑到了诸如整体经济效益、质量、环保和社会等因素以及交易和交货条件等因素。

(3)创新与小型公司:该指令提出了促进创新型产品、服务或工程等发展的新步骤。为促进小型公司的参与,该指令鼓励政府部门将大型合同分割成较小的独立合同。

(4)防范措施:欧盟国家必须确保经营者及其分包商遵守欧盟和他们各自国家对于环境、社会和劳动等方面的要求,劳资间的集体协定以及任何相关的国际义务。

该指令加强了涉及异常低要求的投标者的法律条款,旨在保护工人的权利不受侵害。

(5)豁免:该指令并不要求欧盟国家政府将他们想自己提供的服务外包,同样也不影响欧盟国家国内的社会安全立法。该指令不涉及水、能源、交通运输、邮政服务等行业部门,这些行业部门受《欧盟 2014 年第 25 号指令》的制约。此外,诸如电子通讯、研发、国防、安全等领域也可排除在该指令外,视具体情况而定。

(二)其他相关的欧盟指令

除《欧盟 2014 年第 24 号指令》外,还应提到的是欧洲议会和欧洲理事会于 2014 年 2 月 26 日颁发的关于在水资源、能源、交通运输和邮政服务行业的经营实体进行采购的《欧盟 2014 年第 25 号指令》,并同时废止了《欧洲理事会 2004 年第 17 号指令》(OJ L 94, of 28.3.2014:243-374)。另外,还有欧洲议会和欧洲理事会于 2014 年 2 月 26 日颁发的关于特许权合同判定的《欧盟 2014 年第 23 号指令》(OJ L 94, 28.3.2014:1-64)。

(三)关于在水资源、能源、交通运输和邮政服务行业的经营实体进行采购的《欧盟 2014 年第 25 号指令》

该指令对水资源、能源、交通运输和邮政服务等行业的公司或个人为实施工程、供应产品、提供服务而进行的公共合同利用做出了规定。①

规定政府采购规则的一般性欧盟法律包含在《欧盟 2014 年第 25 号指令》之中。这些规则确定了要遵守的程序,并规定当国家机关通过政府采购邀请投标者参与竞标时,必须平等对待所有投标者,不得对任何投标者进行歧视。国家机关进行政府采购时的运作及决策方式必须透明。②

这些基本规则和原则适用于水资源、能源、交通运输和邮政行业,但《欧盟 2014 年第 25 号指令》还考虑到了在满足社会需求中起关键作用的这些行业的具体特点。

(1)级限③

根据《欧盟 2014 年第 25 号指令》的规定,当合同涉及的金额超过以下限值时,合同必须由国家权力部门、地区权力部门或地方权力部门、公用事业单位或享受特别权利或专属权利的实体来签订:

- 供应和服务合同与设计竞赛的价值总额为 414000 欧元;
- 工程合同的价值总额为 5186000 欧元;
- 社会服务及其他特定服务的服务合同的价值总额为 1000000 欧元。

每两年欧盟委员会要对这些级限进行一次评估,以确定是否应根据欧盟国际义务的变化对它们做出更改。

(2)涵盖的活动④

《欧盟 2014 年第 25 号指令》适用于:

- 为公众提供服务的燃气、供热、电力、水资源行业部门,以及与燃气、供热、电力、水资源的生产、运输或配送相关的行业;
- 铁路、有轨电车、巴士或缆车等公共交通;
- 机场、海港和内陆港口及用于空运、海运、运河运输的其他集散地;

---

① http://eur-lex.europa.eu/legal-content/EN/TXTHTML? uri＝URISERV:180203_1&from＝CS&isLegissum＝true,2016 年 3 月 29 日访问。

② http://eur-lex.europa.eu/legal-content/EN/LSU/? uri＝celex:32014L0025,2016 年 3 月 29 日访问。

③ 同上。

④ 同上。

· 邮政服务和其他提供类似公共服务诸如邮政物品的清理、分类、路线安排与派送的行业机构;

· 石油、天然气开采以及煤炭和其他固体燃料的勘探或开采。

(3) 豁免①

欧盟 2014 年第 25 号指令不适用于以下类型的合同:将物品租赁或转售给另外一家公司或组织的合同;非欧盟国家的工程合同或服务合同;其他政府采购或国际法律义务涵盖的合同;涉及国防、安全和研究领域的合同。

(四)关于特许权合同签订的《欧盟 2014 年第 23 号指令》②

《欧盟 2014 年第 23 号指令》对公共部门签约当局以及公用事业签约实体通过特许权方式进行的采购做出了规定。

一个或多个签约机关或签约实体为金钱利益以合同方式将工程施工或服务的提供和管理委托给一个或多个经营者,这种合同就是特许权合同。对于工程或服务的考虑包括:工程或服务的开发权,或者该开发权加上报酬。工程或服务的开发权意味着经济上的经营风险,尤其是可能无法收回投资的风险将被转移给特许权获得者。特许权授予的规定旨在制定清晰的法律框架。其目的还在于确保欧洲企业包括中小型企业能有效地参与到政府特许市场中,并为这些企业提供将来在主要公共服务领域投资的机会。《欧盟 2014 年第 23 号指令》是欧盟国家政府采购规则现代化的一系列法令的组成部分。此类改革将使公共权力部门优化政府采购。这些欧洲指令所覆盖的公共合同价值约为 4200 亿欧元,这些公共合同的内容是欧盟经济的关键驱动力。广义而言,本章节所说的签约当局指的是国家权力部门、地区权力部门(地方权力部门)或受公法管辖的机构,而签约实体指的是公用事业领域的当局或经营者,它们从事某项相关活动以及出于从事该项活动的目的而授予某种特许权(要了解签约当局和签约实体的详细定义,请参阅《欧盟 2014 年第 23 号指令》的第 6条和第 7 条)。《欧盟 2014 年第 23 号指令》适用于价值总额为 5,186,000 欧元或以上的特许权(详情请参阅第 8 条)。自 2013 年 6 月 30 日起,这个级限

---

① http://eur-lex.europa.eu/legal-content/EN/LSU/? uri＝celex:32014L0023,2016 年 3 月 29 日访问。

② 同上。

每两年要更改一次（更多详情参阅第 9 条）。①

五、资本市场联盟

资本市场联盟(CMU)是欧盟委员会用来调动欧洲资本的一个方案。资本市场联盟将把资本提供给所有公司包括中小企业以及需要资本来扩大和创造就业机会的基础设施建设项目。通过将储蓄和经济增长相连接,资本市场联盟将为储户和投资者提供新的机会。更深厚、更一体化的资本市场将降低融资成本并使金融系统更加有弹性。28 个欧盟成员国将从建立一个真正的单一金融市场中获益。②

(一)资本市场联盟内部的基础设施建设项目③

资本市场联盟的核心目标之一是为欧洲基础设施建设长期及可持续投融资提供适当的管理环境。欧洲需要大量新的可持续长期投资来保持和提高竞争力。通过诸如 3150 亿欧元投资计划之类的政府支持可以起到此类作用,但还需要采取进一步的措施来解锁长期的私人投资。根据建立资本市场联盟的《行动计划》的内容,欧盟委员会应该:

(1)迅速校订《偿付能力 II》估量办法以更好地反映基础设施投资的真实风险,其次是依据《资本要求条例》对介入基础设施建设的银行进行审查;

(2)作为欧盟委员会建立更好监管倡议的一部分,在欧洲议会自 2013 年开展的加强欧盟金融服务法律连贯性的工作的基础之上,对之前的监管改革所产生的累积影响进行评估,以确保监管的连贯性和一致性。

欧洲需要大量新的长期可持续投资以保持和提高竞争力,并向低碳、资源节约型经济转型。资本市场联盟将在投资决策和相关风险监管方面给投资者提供支持。④

---

① http://eur-lex.europa.eu/legal-content/EN/LSU/? uri＝celex:32014L0023,2016 年
3 月 29 日访问。

② http://ec.europa.eu/finance/capital-markets-union/index_en.htm,2016 年 3 月 29 日访问。

③ http://ec.europa.eu/finance/capital-markets-uniondocsbuilding-cmu-action-plan_en.pdf,2016 年 3 月 29 日访问。

④ 同上。

(二)通过监管框架改善投资环境

欧盟委员会解释说,监管框架是投资者做决策特别是做长期投资决策时考虑的一个重要因素。大型机构投资者是长期投资资金的提供者。保险公司、养老基金和新形成的债务基金能从基础设施较长期债务所产生的稳定收益中受益。部分银行与国家开发银行都是基础设施融资的积极参与者。[①]

直到最近,由于缺乏公认的投融资工具,跨境基础设施投资一直受到阻碍。《欧洲长期投资基金(ELTIF)条例》从 2015 年 12 月开始实施,该条例将为长期项目(诸如能源、交通和通信、工业服务设施、住房)建立新的跨境投融资工具。《欧洲长期投资基金条例》将跨境手段的优势与从较小投资者(当地的养老金计划、市政当局、企业养老金计划等)包括散户投资者那里获取长期资本投资的可能性进行结合。凭借《欧洲长期投资基金条例》,资产经理将有新的机会给投资者提供范围大得多的资产选择,包括基础设施项目,这在以前的监管框架内是不可能的事情。国家税收待遇对于各类欧洲长期投资基金项目的申请很重要,欧盟委员会敦促欧盟各成员国准许各类欧洲长期投资基金项目的获得类似于各国税收方案的税收待遇。[②]

一个至关重要的监管问题是缺乏清晰且经恰当核准的监管资本计算方法。由于这种缺乏,机构投资者会不愿意进行基础设施投资。欧盟委员会将提议对提供长期可预见现金流,且其风险可以被保险公司正确识别、管理和监控的基础设施投资进行定义。这个共同定义将会使得基础设施被视为受青睐的资产类型,同时使得在有正当理由时能对监管框架进行调整。[③]

为促进欧洲的基础设施投资以及可持续的长期投资,欧盟委员会正在提出校订版的《偿付能力 II》估量办法,以确保保险公司处于更好地反映基础设施和欧洲长期投资基金风险的监管体制之下。欧盟委员会将完成对《资本金要求条例》的复核,并在必要时对基础设施估量办法进行修改。[④]

由于经济危机的规模以及经济复苏的本质,欧盟经济中的基础设施投资存在一个很大的缺口。欧洲投资银行估计,目前至 2020 年间欧盟所需要的基

---

① http://ec. europa. eu/finance/capital-markets-uniondocsbuilding-cmu-action-plan_en. pdf,2016 年 3 月 29 日访问。

② 同上。

③ 同上。

④ 同上。

础设施投资累积总数可达 2 万亿欧元。

机构投资者和其他私人投资者可以成为基础设施投资的重要资金来源，因为基础设施投资可以提供稳定的收益且有良好的信用历史。有迹象表明这些投资者对于基础设施项目进行投资的兴趣越来越浓。那些雄心勃勃的长期改造项目往往需要公共干预才能启动。

基于《投资计划》，2015 年至 2017 年间，欧洲战略投资基金（EFSI）将在欧盟动员 3150 亿欧元的新增投资，其中 2400 亿欧元用于基础设施和创新项目投资。"欧洲投资项目门户"的敞开将使欧盟项目发起人能与潜在投资者建立联系并与之分享投资项目以及投资理念，同时"欧洲投资咨询中心"将为支持欧盟基础设施的各类投资提供指引和建议的专一入口。①

在可能的情况下，新的欧洲战略投资基金将与"欧洲结构和投资基金"（ESI 基金）一道，通过使用诸如投资平台或基金之类的创新金融手段使融资和风险分享的选择多样化。使用各种投资基金体系，包括进行公共集资的"欧洲长期投资基金"（ELTIFs）的形式或者"新欧洲战略投资基金"（EFSI）下的平台，可以使公共资源和私人资源联合起来并实现更好的风险收益预期。对于新欧洲战略投资基金来说，欧盟委员会和欧洲投资银行（EIB）将对合作投资体系提供关于要求方面的指引，以使其有资格得到欧洲战略投资基金的支持。而且，欧洲投资咨询中心将为希望探索如何使用此类体系的投资者提供技术协助。除此之外，欧盟委员会愿与私人投资者合作，支持私人资源和欧盟资源联合投资，以增进对基础设施投资的融资与可持续增长。②

（三）容克投资计划③

容克投资计划专注于消除投资障碍，为投资项目提供能见度和技术协助以及更好地利用新财力和现有财力。为实现这些目标，容克投资计划致力于以下三个领域：

（1）在 3 年内动员至少 3150 亿欧元的投资；

（2）支持对实体经济的投资；

---

① http://ec. europa. eu/finance/capital-markets-uniondocsbuilding-cmu-action-plan _ en. pdf，2016 年 3 月 29 日访问。

② 同上。

③ http://ec. europa. eu/priorities/jobs-growth-and-investment/investment-plan_en，2016 年 3 月 29 日访问。

（3）创建有利的投资环境。

欧洲战略投资基金是推动该投资计划的工具。欧洲战略投资基金旨在通过解决市场缺口和动员私人投资来消除目前的市场凋敝现象。该基金支持对诸如基础设施、教育、研究和创新等关键领域的战略性投资,同时也支持对于小企业的风险融资。[①] 在立法背景方面,欧洲战略投资基金的管理条例如下:欧洲议会和欧洲理事会于 2015 年 6 月 25 号颁发了关于欧洲战略投资基金、欧洲投资咨询中心以及欧洲投资项目门户的《欧盟 2015 年第 1017 号条例》,以及关于欧洲战略投资基金的《欧盟 2013 年第 1291 号修订条例》和《欧盟2013 年第 1316 号修订条例》。

欧盟委员会对该管理办法的目的做出如下解释。[②]

该管理办法旨在建立欧洲战略投资基金、欧盟担保基金、欧洲投资咨询中心以及欧洲投资项目门户,并明确提出了上述机构的运作条件。

欧洲战略投资基金通过欧盟担保基金为欧洲投资银行承担风险,同时对雇员人数达到 3000 名的公司的投融资提供支持,重点支持中小企业及中小型资本化公司。[③]

欧洲战略投资基金的管理由一个管理委员会、一名总经理、一名副总经理、一个投资委员会组成。欧洲战略投资基金的管理基于欧盟委员会和欧洲投资银行之间达成的协议。一般来说,欧洲战略投资基金所支持的项目比欧洲投资银行通常所支持的项目风险要高,它们旨在创造就业和实现经济可持续增长。要想有资格获得欧洲战略投资基金的支持,必须是在经济上和技术上可行的项目,并能最大限度地利用私家部门的资本,遵守欧盟政策,有助于解决经济凋敝或改善不大理想的投资局面。[④] 欧盟担保基金的作用是提供担保。欧盟担保基金可用于支持以下领域的项目:研究、开发和创新、能源、交通运输和环保等行业部门,雇员人数达到 3000 名的公司,信息和通信技术,人力资本,文化与卫生。欧盟担保基金可用于担保欧洲投资银行的贷款或其他形式的融资或信贷(包括有利于国家开发银行或机构、投资平台或基金的融资或信贷)。欧洲投资银行为欧洲投资基金提供的资金或担保也适合于担保项目。

---

① http://ec. europa. eu/priorities/jobs-growth-and-investment/investment-plan_en,2016年 3 月 29 日访问。

② http://eur-lex. europa. eu/legal-content/EN/LSU/? uri=uriserv:OJ. L_. 2015. 169. 01. 0001. 01.ENG,2016 年 3 月 29 日访问。

③ 同上。

④ 同上。

欧盟担保基金所提供的担保可能不超过 160 亿欧元。欧盟担保基金的资金来自：欧盟预算或其他诸如基金自身的投资收益之类的收入。①

　　欧洲投资咨询中心对识别、筹备和开发投资项目提供咨询服务。该中心是为欧洲战略投资基金相关领域，尤其是能源效率和交通基础设施领域提供技术协助的专一入口。欧盟每年出资 200 亿欧元作为该中心的运行成本，直至 2020 年。②"欧洲投资项目门户"是一个公众可以访问的便利数据库，包含现有欧盟境内投资项目及未来欧盟境内投资项目的详细信息。③

　　该管理办法自 2015 年 8 月 4 日起生效。

---

　　① http://eur-lex.europa.eu/legal-content/EN/LSU/? uri=uriserv.OJ.L_.2015.169.01.0001.01.ENG,2016 年 3 月 29 日访问。

　　② 同上。

　　③ 同上。

第六章　劳动管理

一、基本数据[①]

单一固定期限合同最大期限	36 个月
固定期限劳动合同包括续订合同的最大期限	108 个月
适用于个案研究中的工人最低工资	550.8 美元/月
通常工作天数	5 天/周
最多工作天数	6 天/周
每周最长工作时间	40 小时
每年最长加班时间	150 小时
最长加班（在员工同意的情况下）时间	416 小时
夜班奖金	10 %
周末休息日上班奖金	10 %
加班奖金	25 %
工人每年带薪休假天数	20 天

---

① http://www. doingbusiness. orgdataexploreeconomies/czech-republic/labor-market-regulation,2016 年 3 月 23 日访问。https://www. kpmg. com/CZ/cs/IssuesAndInsights/ArticlesPublications/Factsheets/Documents/KPMG-Investment-in-the-Czech-Republic-2015. pdf,2016 年 3 月 23 日访问。

续表

最长的试用期	3 个月
最短产假	196 天
失业保障最低期限	12 个月
员工是否可以创建或加入工会？	是
是否有劳动监察制度？	是
基于性别、出生年月和抚养孩子数量的退休年龄	60～65 岁

二、就业法

就业法由劳动法管辖。当来自其他欧盟成员国的雇员被雇主派往捷克共和国工作以作为跨国供应服务的一部分时，《捷克劳动法》的规定适用于诸如最长工作时间和最短休息时间、最短带薪年假、最低工资和加班费、职业保健与职业安全等基本方面。[①]

雇主必须与员工订立书面劳动合同。该合同必须至少明确工作类型、雇员开始工作的时间以及工作地点。固定期限劳动合同期限为三年，只能续签两次。签订的无限期或固定期限劳动合同的时间的终止可以通过协议、告知信、立即终止或在试用期终止等方式进行。固定期限劳动合同在合同期限届满之时即告终止。雇主和雇员的告知期限至少为两个月，雇员发出告知信时可以不说明理由。雇主解除劳动合同的依据必须是《劳动法》规定的某种原因，诸如雇主被清算或停止经营、雇主搬迁、编制变化或雇员严重违反纪律等。[②]

出于所列出的 123 种原因中的任何一种，使得雇主与雇员解除劳动合同时，雇主有义务支付雇员长达三个月的解雇费，具体数额视劳动关系的持续时间而定。特殊劳动关系的终止条件适用于残疾人、孕妇和照看年幼孩子的雇员。如果生效的话，具体的劳动合同终止条件、遣散费以及其他条件也可以包括在集体协议中。试用期的劳动合同可以由任何一方以任何理由或无须任何理由而终止。劳动合同的一种替代方式是机构就业。就业机构为客户提供人

[①] https://www.kpmg.com/CZ/cs/IssuesAndInsights/ArticlesPublications/Factsheets/Documents/KPMG-Investment-in-the-Czech-Republic-2015.pdf，2016 年 3 月 29 日访问。

[②] 同上。

力资源而不需要与雇员订立雇佣合同。该选项代价虽然更高,却在人力资源分配上具有更大的灵活性。[1]

三、从事相关活动(就业)所取得收入的个人所得税

在捷克共和国,个人所得税与企业所得税都是由"法案集"(Sb)中《586/1992号法案》即修订的《所得税法》进行规范的。[2] 承担个人所得税的纳税人有两类。

(1)捷克共和国国内纳税人:指在捷克共和国有居住地址或通常在捷克共和国居留(时长至少为有关历年中的183天,无论连续居留还是间歇居留)的国内纳税人;此类人有义务缴纳其从捷克共和国和国外所获得收入的收入所得税。

(2)非捷克共和国国内纳税人的纳税人:指非上述捷克共和国国内纳税人的自然人、外国留学生或出于医疗目的而居留在捷克共和国的病患者;此类人只缴税其在捷克共和国所获得收入的收入所得税。

《所得税法》规定了征收所得税的收入类型:相关活动收入(就业)、商业活动收入、资本财产性收入、租金(租赁)收入、其他收入。

"相关活动收入"被界定为:从当前或从前劳动关系、服务关系或会员关系,或者某种类似关系[纳税人(即雇员)在为缴税人(即雇主)工作的过程中必须遵守该雇主指令]中所获得的收入。对于在捷克共和国具有注册办公场所和驻地的雇主来说,其收取或支付的收入应为特种营业税(税率为15%)的一个独立税基,其前提条件是:同一雇主在一个日历月里所支付的总金额(总收入)不超过10000捷克克朗。

除了常见的免税之外,还有关于工作税和"垄断税"的一个长长的豁免清单。税赋豁免大多出于社会和经济原因,豁免条目包括:雇主用以改善其员工专业技能或新技术培训的花费;雇主给予雇员作为非货币奖励价值的食物所值;雇主给予雇员作为非货币奖励的软饮料所值;雇主从文化和社会公共需求

---

[1] https://www.kpmg.com/CZ/cs/IssuesAndInsights/ArticlesPublications/Factsheets/Documents/KPMG-Investment-in-the-Czech-Republic-2015.pdf,2016年3月29日访问。

[2] 关于捷克共和国的更多税法,参见M Radvan的《捷克税法》第三版(布尔诺:马萨里克大学出版社2010年版)。关于捷克共和国所得税征收的事例,请参见P Mrkývka的文章《捷克共和国所得税征收》,载于L Etel主编的书《中东欧部分国家所得税征收》(比亚韦斯托克出版社出版2006年第二版,第93—128页)。

基金中给予雇员的非货币福利所值;从事公共营运的雇主以免费或票价优惠的方式为其雇员或雇员家庭成员提供的个人交通便利所值;依据相关规定(此项豁免适用于每个雇员每年上达 2000 克朗的情况),从文化和社会需求基金中提供的非货币性礼物所值;依据特殊规定资金给武装部队成员和特种兵团成员的服装和食品用品,以及用于武装部队成员和特种兵团成员服役收入(薪水)损失的补贴等方面的货币所值;上达每月 3500 捷克克朗临时住宿所值;雇主基于某项专门规定(数额上达 100000 捷克克朗或者为了克服某种财务困境数额可上达 20000 捷克克朗)从文化和社会公共需求基金中为雇员提供的无息或低息贷款方面的特权资金所值;由于在国家宣布发生紧急状况的某一区域所出现的自然灾难、环境或工业事故,雇员出现了极其困难状况,雇主作为社会救助而给予雇员克服此类困难的上达 500000 捷克克朗收入;雇主给雇员国家养老基金账户所交的额外养老保险金,每位雇主所交金额可上达 24000 捷克克朗;依据特别法律规定,给予国家权力部门代表和若干国家权力部门以及法官等开支的实物补偿或以实物补偿所值的货币偿还;或者对临时病假期间工资或薪水的退还总额。

部分税基应被定义为"超额总工资",即从相关活动中所得的收入,或者被称为由于雇主依照特别规章必须支付的涉及国家就业政策的社会保障事业保险金以及一般健康保险费等款项方面所获得的货币收益。雇主对于"社会保障"的贡献是非常高的,占其总收入的 34%。难怪很多工人正在使用所谓的"斯沃思(Svarc)系统"——个人被正式指定为自雇者但实际上其活动与雇员没有区别。这样做的原因在于,自雇者有权扣除自己收入的 60% 用于各种开支,农业生产、林业和渔业养殖及手工业领域的自雇者甚至可以扣除自己收入的 80% 用于各种开支。

税率累进率为 15%,如果某人的收入超过平均工资的 48 倍,则适用 7% 的附加激励税率累进率。

可以通过减税来降低税额(总税额)。以下各项减免税每年都有效,但纳税人于一些特殊月份在预缴税款计算期间可以使用的只有这些减免税项(有一些免税项,比方说纳税人必须签署所谓的声明①)的十二分之一:

- 每个纳税人 24840 捷克克朗(所谓的基本税赋减免);
- 同一个家庭的纳税人配偶 24840 克朗(但在纳税期间,配偶的个人收入

---

① 在该声明中有雇主关于减税和税收优惠的信息,雇员可以仅对一个雇主签署该声明,如果该雇员不这样做,则无权获得减税和纳税优惠。

不得超过 38040 捷克克朗),如果其配偶持有 ZTP / P 卡,则其配偶的上述减免税收入限额可以加倍;①

- 每个伤残抚恤金(一级残疾和二级残疾)受益人 2520 捷克克朗;
- 每个伤残抚恤金受益人(三级残疾)5040 克朗;
- 每个 ZTP / P 卡持有人(带有导引人的严重残疾人)16140 克朗;
- 每个 26 岁及以下的学生或 28 岁及以下的博士生 4020 克朗。

如果纳税人有一个孩子上幼儿园的话,可以诉诸其他的减税项。

家里有孩子的纳税人有权使用所谓的儿童纳税优惠额。对于第一个孩子,父母一方一年内(或一个月减免纳税额的十二分之一)可以获得 13404 捷克克朗的纳税减免;对于第二个孩子,纳税减免额是 15804 捷克克朗;对于第三个孩子是 17004 捷克克朗。如果减免后的纳税额是零,那么纳税优惠要被分为两部分:纳税额减免为零的税和纳税津贴。如果纳税人在经济上表现活跃,应将纳税津贴交还本人。

(1) 预付税款和净工资的评估结构

总工资

＋用人单位支付的社会保障和医疗保险金(占工资总额的 34％)

税基(四舍五入到整百)

预缴总税款 I(税基的 15％,可能的 7％增幅)

－减税额(十二分之一)

预缴总税款 II≥0

－儿童税收优惠额

预付税款净额/纳税津贴

工资总额

－员工缴纳的社会和健康保险金额(工资总额的 11％)

－预缴税款/ ＋纳税津贴

净工资

(2) 评估收入来自相关活动的个人所得税结构

工资总额

＋由雇主支付的社会保障和医疗保险金(工资总额的 34％)②

税基

---

① 只有在纳税期限结束后这一数额方可用。
② 2011 年为 35％。

一纳税补贴

修改的税基(四舍五入到整百)

总纳税额 I(税基的 15%,可能的 7%增幅)

一纳税减免额

纳税总额 II≥0

一儿童纳税优惠额

净纳税额/纳税津贴

一/＋预缴税款/纳税津贴

支付后/超额支付

纳税人必须在纳税期限(日历年)届满后的 4 月 1 日前提交其纳税申报表。如果纳税申报表由税务顾问或律师准备和提交,那么纳税申报表应在纳税期限届满后的最近 6 个月内提交。前提条件是:4 月 1 日之前,必须提交代理人委托授权书。如果纳税人的收入来源于一个雇主或连续的几个雇主,那么该纳税人可以签署一项所谓的纳税申报表,雇主将为其编制年度预纳税申报表。

四、社会和健康保障金

捷克雇主、外国雇主或外国雇主在捷克的分公司,所有为捷克雇主工作的外国人或是在外国公司分支机构工资表名单中的外国人,都需要参与到捷克共和国社会保障制度之中。大多数捷克法律实体也必须向与工作相关的事故和疾病保险基金缴纳保险金。

社会保障金的最大年度考核的基数在 2015 年为平均工资的 48 倍。

表 5 社保缴费

	雇员(%)	雇主(%)	合计(%)
健康保险	4.5	9.0	13.5
社会保障	6.5	25.0	31.5
养老		21.5	
疾病		23.0	
失业		12.0	
总计	11.0	34.0	45.0

第七章　环境保护法

　　环境保护法是指在国际、欧盟和国家层面的法律领域内,旨在寻求解决人类通过使用资源而对环境造成的污染和对气候变化造成的危害。由于自然资源是经济的基础以及企业的区域化取决于空间规划与环境许可证等,现代环境保护法已成为商法的一个非常重要的组成部分。环保法的基本原则具有特别的重要性,是立法者和逐项决策者的工作指南。如今的大多数环境问题具有全球性和复杂性,因此经常会达成全球层面和区域层面的环保原则和准则。自然资源和土地的使用具有跨境效应,包括危险或污染物质、排放物等的跨境污染,同时化学品和其他危险品的国际贸易也日益增长。负面的环境影响意味着人类有必要通过有效的共同努力将全球环境和健康的风险降到最低限度。多边和单边机构正在参与公约、议定书、宣言和行动纲领等的编纂。捷克共和国履行国际法所赋予的义务,并且根据《捷克共和国宪法》第10条颁布的有关协议履行保护环境的义务,这些协议已经得到议会的正式批准。这些协议对于捷克共和国具有约束力,构成了捷克共和国法律秩序的一部分。如果某一协议条款与国内法律条款发生冲突,那么以该协议的条款为准。

　　捷克共和国的环境保护法不仅受到了捷克共和国的国际法义务的极大影响,同时也受到了欧盟法律的极大影响,因为捷克共和国自2004年5月1日以来已经成为欧盟的成员国。捷克环境保护法遵循的内容体现于欧盟立法,尤其是欧盟二级立法(条例和指令)对所有欧盟成员国具有约束力的法律原则中。环境保护在欧盟政策中扮演着非常重要的角色,这些欧盟政策对捷克共和国的环境保护法同样也具有重要影响。环境政策和立法规定条款的制定依据是《欧盟运作章程》第191~193条。欧盟的环境政策应当在保护和改善环境质量、保护人类健康、谨慎合理利用自然资源、采取国际层面的措施来应对区域性或全球性的环境问题,尤其是应对气候变化方面起到积极作用。

欧盟政策遵照的是预防原则以及预防性行动原则,追求的是高层次保护目标,即环境损害应优先从源头上加以纠正且污染者应当付出代价。

《欧盟运作章程》第 192 条第(2)款规定:在与欧洲议会、经济和社会委员会及地区委员会磋商之后,欧盟理事会依照特别立法程序一致行动,采用而且应当采用影响城乡规划的措施和水资源量化措施,直接或间接影响此类资源可用性的措施,以及影响土地利用的措施,废物管理措施除外。欧盟采取的保护措施不妨碍任何会员国维持或进一步采取更严格的保护措施。

环境保护的宪法法律依据在《宪法法案》("法案集"中编号为 1/1993)、《捷克共和国宪法》《基本权利和自由宪章》和《宪法法案》("法案集"中编号为 2/1993)中都可找到。《捷克共和国宪法》的"序言"中声称:自然财富和文化财富以及物质财富和精神财富都应该得到壮大。该宪法中第 7 条规定:捷克共和国本身应关注自然资源的谨慎利用和自然财富的保护。

《基本权利和自由宪章》中第 35 条第(1)款规定:每个人都有在良好环境中生活的权利。该宪章第 35 条第(2)款规定:每个人都有权获取关于生存环境和自然资源状况的及时而且完整的信息(在随后的关于信息获取的章节中会更多地谈到信息获取权)。该宪章第 35 条第(3)款规定:任何人在行使自己的权利时不得超出法律限度而危害或损害生存环境、自然资源、自然物种的财富、文化古迹。该宪章第 41 条规定,对于该宪章第 35 条所列各项权利的要求不得超出执行这些条款的法律限度。

该宪章第 1 条第(1)款规定,每个人都有权拥有自己的财产,每个人的个人财产所有权都具有同等的法律地位并享有同等的法律保护。该宪章第 11 条第 3 段规定,拥有所有权必然要承担责任和义务。所有权不得滥用,行使所有权不得危害到他人的权利或损害到受法律保护的公共利益。假如行使所有权时超出法律规定限度而对人类健康、自然和环境造成损害,则该所有权不可以行使。根据该宪章第 11 条第 4 段的规定,只有在为了公共利益并在法律规定的基础上,所有权方可被征收或受到其他强制限制,同时要对所有权受到限制者进行赔偿。遵照该宪章第 11 条第 5 段的规定,只能依据法律规定进行征税和收费。自然人和法人在捷克共和国纳税、缴费,以及因其在捷克共和国造成环境污染或部分环境污染和专项条例(比如水资源条例、废物处理条例、土地资源条例或空气资源条例)要求的自然资源的开发而支付其他款项。专项条例还规定了依照长期可持续发展原则进行环境保护或自然资源利用的法人和自然人可获得纳税减免、信贷和补贴的条件。

根据《环保法案》第17条的规定,每个人都对环境负有义务,每个人都要首先在污染源方面采取措施以防止对环境造成污染或减小自身的活动对于环境的不利影响。得知对环境存在威胁或破坏的每个人,都有义务在其权力范围内采取措施消除此类威胁或将后果降到最低程度,并随即将有关事实汇报给国家主管部门。如果采取这些措施会威胁到采取这些措施的人或其身边的人的生命和健康时,则不必承担采取此类措施的义务。

一、环境保护法

修订后的《环境保护法》("法案集"中编号为17/1992)界定了基本术语条款,确定了保护环境的基本原则,也确定了法人和自然人在捷克共和国保护和改善环境以及自然资源利用的过程中所应承担的义务。该法案遵循永久可持续发展原则,将发展作为保证当代人和后代人满足其基本需求的方式,同时不减少自然的多样性并保护生态系统的自然功能。

该法案第2章将"环境"定义为"对生物包括人类的生存提供自然条件的一切所有,而且是生物包括人类进一步发展的前提条件"。环境的主要成分是空气、水、岩石、土壤、生物、生态系统和能量。

环境保护包括:防止破坏或污染环境的活动,或者减少、消除污染和破坏环境的活动。环境保护还包括:对环境的各个部分、生物或特定生态系统及其相互之间关系的保护,以及将环境作为一个整体进行保护。环境污染是指通过人类活动引进与当地环境在性质和数量上不相干的物理、化学或生物成分。环境破坏是指通过超过了专项条例所确定限度的污染或其他类型的人类活动而使环境状态恶化。

捷克境内严禁超负荷,即人类活动不可超出可接受的负荷水平。环境污染的可接受程度是由专项条例(例如水法、空气保护法等)规定的限制值确定的。这些限制值是根据现有的认知水平确定的,旨在防止对人类健康、其他生物和环境的其他部分造成损害。限制值的确定必须考虑到污染物或污染活动的累积效应或协同效应。捷克环境保护法是深深根植于各种行政法案和行政法基本原则基础之上的。法定条例是基于行政法的方法和原则,诸如合法性、均衡性、公平性、非歧视性或良性决策原则而制定的。

二、信息获取

　　环境信息的获取是环境法的一个重要原则,也是参与决策和获得公正的一个重要原则。这些程序性权利保障公众参与权以及实体法规则的实施。

　　《关于环境事务的信息获取、公众参与和司法保障公约》(即"奥胡斯公约")是这方面最重要的区域性公约。为保护每个当代人和后代人生活在充分保障其健康和福祉的环境中的权利,该公约确保关于环境事务信息的获取、公众参与决策和司法保障的权利。《奥胡斯公约》不影响国家在环境事务方面提供比《奥胡斯公约》要求的在更宽的信息获取范围、更广泛的公众参与决策以及更大范围的司法保障方面采取措施或制定新的措施。

　　"环境信息"的定义是宽泛的,指关于诸如空气和大气、水、土壤、土地、景观和自然遗址、生物多样性及其组成(包括转基因生物)之类的环境要素和这些要素之间的相互作用,以及诸如物质、能量、噪声和辐射之类的因素和影响或可能影响环境要素的活动或措施(包括行政措施、环境协定、政策、法规、计划和程序)等的以书面、视觉、听觉、电子或其他载体形式呈现的信息。环境信息也被认为涉及人的健康和安全状况、人的生活条件、文化场所和建筑结构,因为这些都受到或可能受到环境要素状况的影响或通过这些环境要素受到影响。

　　《奥胡斯公约》规定:为了应对对环境信息披露的要求,政府部门应当以所要求的形式向公众提供这些有用信息,同时必须说明没有利益诉求,除非对政府部门来说以另外的形式提供信息是合理的或者信息已经以另外一种形式公布于众。政府部门应尽快提供环境信息,最迟要在请求提交后的一个月内提供。也有在请求后的两个月才提供环境信息的,但这种情况是一种例外。申请人应被告知有关延期事宜以及延期的正当理由。

　　如果环境信息的披露会对政府部门、国防、公安、司法过程的保密性,某人收到公正判决的能力,进行刑事或纪律性质调查的政府部门能力,受法律保护的商业和工业信息的机密、知识产权等产生负面影响,那么对披露环境信息的请求可能会被拒绝。拒绝的理由应当是此类信息披露受到限制。如果请求是书面形式或申请人提出要求,则拒绝请求应采用书面形式。对某个请求的拒绝,有关部门应当说明拒绝的理由,并提供关于复审程序的信息。如有人认为其对信息的请求(无论是部分或是全部)被忽略、被错误拒绝、未得到充分答复或被受理的方式不合法,那么他/她可以向法院或其他依法设立的独立公正机构提出审查诉求。

政府部门应拥有并适时更新与其职能密切相关的环境信息。环境信息应当提供给公众且使公众可以通过政府事务公开表、官方记录或卷宗等方式来有效获取。环境信息也应逐渐建立电子数据库,以电子形式提供给公众。一些此类电子数据库在捷克共和国正在运行,运行依据的是被修订的《公共综合污染登记法》("法案集"中编号为 25/2008)。捷克共和国每年还发布和传播自己国家的环境状况报告。①

在捷克共和国,环境信息获取不但受到《奥胡斯公约》的规范,而且也受到《环境保护法》的规范。根据《环境保护法》第 14 节的规定,个人有权了解环境状况和环境变化以及环境状况的原因和后果等方面的真实和准确的信息,有权了解正在准备进行并可能造成环境状况改变的活动,有权了解环境保护主管部门所采取的旨在预防环境破坏或对被破坏环境进行整治的措施。该法第18 节规定,每一个在其活动过程中污染、破坏环境或利用自然资源的人,都有义务自费进行相关监测活动并了解其活动对环境的潜在影响。经授权从事商业活动的法人和自然人,有义务提供其商业活动对环境所造成的(专项条例所规定条件下的)影响方面的信息。

环境信息获取由修订的《自由获取环境信息法案》("法案集"中编号为123/1998)和修订的《自由获取环境信息法案》("法案集"中编号为 6/1999)具体加以规范。根据《自由获取环境信息法案》第 9 节的规定,如果环境发布受到拒绝,那么政府部门应出具有关其拒绝环境信息发布的决定。如果环境信息请求是以匿名的形式或者申请人的请求不完整(尽管已经被及时要求完成,但申请人仍然没有完成其请求),那么政府部门无须出具其拒绝环境信息发布的决定。在此情况下,如果政府部门在规定的期限内没有提供信息也没有出具决定,那么政府部门拒绝发布信息的理由就应该得到理解。信息申请人可以向做出拒绝信息发布决定的部门的上级主管部门提出行政复议。

环境信息是可以获取的,通常也是免费的。然而,主管部门有权要求申请人进行补偿,补偿金额不得超过该主管部门在复印、获取技术资料载体和发送信息到申请人等方面花费的数额。根据《自由获取环境信息法案》("法案集"中编号为 6/1999)的规定,信息申请人可以要求主管部门提供不属于环境信

---

① http://www.mzp.cz/cz/zpravy_o_stavu_zivotniho_prostredi_publikace,2016 年 3 月25 日访问。

息定义范围的信息。

三、公众参与和司法保障

　　根据捷克共和国的法律,环境保护有不同的公众参与形式。例如,集会和结社的权利、参与公共事务管理的权利、请愿权、申诉权。还有一种权利是参与不具有行政程序(结果不是行政决定)性质的程序参与权利,即在行政诉讼、民事或刑事诉讼中出庭的权利,参与行政协议的权利或参与国家机构的权利。其中一些参与形式代表着基本的公民权利。可能参与的这些形式由不同的法律法规进一步落实。①

　　在环境决策程序的早期,有关部门应以充分、及时和有效的方式,通过公告或个别告知的形式,告知相关公众有关信息。公众参与程序应考虑对不同阶段的合理时间安排,以使得有关部门在环境决策过程中有充分的时间告知公众,而且公众有充分的时间准备进行有效参与。在所有选项公开而且公众可以有效参与的情况下,公众参与应该是越早越好的。就司法保障而言,具有充分利害关系或抱怨某项权利受到损害(这是捷克共和国行政程序法所要求的前提条件)的一些有关公众,有权向法院和/或其他合法的独立公正机构就任何决定、法案或疏漏的实体合法性以及程序合法性提起行政复议。

　　《环境保护法》第15节规定,每个人都可以以规定的方式与有关权力部门接洽并要求保障由该法和涉及环境问题的其他法律法规所规定的自身合法权益。

　　对自然进行保护可以依据修订的《自然与地貌保护法》("法案集"中编号为114/1992)中第70节的规定,由公民通过其公民协会、自愿性团体或与自然保护部门联系的组织进行直接参与。公民协会的当地附属组织单位,依其章程规定,其主要任务是保护自然,只要是一个合法实体,那么就有权要求国家行政机关提前通报其所有可能涉及由《自然和地貌保护法》保护的自然和风景保护利益的预期干预手段和所发起行政程序方面的信息。只要公民协会在这些诉讼发起之日起的8天内向发起行政程序的国家行政机关提交其参与通知,那么公民协会就有权参与行政程序。在这种情况下,公民协会的身份就是

<hr/>

① I JanČárová.环境法:国际条约和捷克国家条例选编:多媒体教材.布尔诺:马萨里克大学出版社,2011:32-33.

此类行政程序的参与者。

四、建筑法

经修订的针对城乡规划和建筑规范的《法案 183/2006（"法案集"中编号）》即《建筑法》有两个主要管辖领域：一是城乡规划；二是对建筑物和土地开发设置要求的建设管控，尤其是对建筑物及其改建、园林绿化设施、结构使用与拆除方面的许可，以及对建设的准备阶段和建设阶段有关人员的职责和义务等方面进行管控。

城乡规划的目标是为地区建设与可持续发展创造前提条件，包括创造在本区域的有利环境、经济发展以及社区居民团结等方面之间的协调。规划文件内容涉及发展原则、规划以及监管。其依据的是捷克共和国政府发布的在捷克共和国全境所施行的政策。任何一个层次的规划必须与更高层次的框架设置相一致。

城乡规划，通过使用旨在实现关乎地区发展的公共优先权与私人优先权之间和谐的地区有益综合利用和空间布局的持续以及复合解决办法的手段，确保地区可持续发展的先决条件。为此，城乡规划遵循社会和经济发展的基本规律。城乡规划主管部门依照与建筑法相一致的程序，对关乎地区变化的公共项目和私人项目、影响本地区发展的建设和其他活动等进行协调。城乡规划将保护和发展地区自然、文化和文明价值作为优先考虑事项，包括城市规划、建筑遗址和考古遗址等方面。城乡规划保护作为居民生活环境以及身份基础实质组成部分的自然景观。在这方面，城乡规划决定关于开发区经济利用的条件，并确保对无开发潜力的未开发地带和地区的保护。就地区发展潜力和开发区综合利用率而言，有发展潜力的地区数量是有限的。

开发区（城市地区）受到城乡规划的限制或依照建筑法的程序的限制。如果市政部门没有以这种方式限定开发区，那么开发区指的就是1966年9月1日限定的以及不动产注册图中所划定的自治市的开发部分。《建筑法》所界定的"建筑工地"指：经由地政局批准作为建筑用地的地块。原则上该地块要用围墙与住宅建筑及其附属建筑隔离开来。

为建筑物或设施选址、工程改建、改变建筑物对本区域利用造成的各种影响以及改变本区域用处和保护本区域内重大利益，只有获得建筑许可或批准才有可能，除非法律另有规定。"建筑许可"指对以下事项的决定：建筑物或设施的选址（对于建筑物选址的决定）、区域利用的更改、工程的改建、建筑物对区域利用之影响的改变、建筑工地的划分或合并，以及保护区的建设。

对于已颁发监管计划书的区域，在一定程度上，监管计划可以取代相应建筑许可证的作用，不再颁发建筑许可证。

建筑许可证是由有决定权的建设局基于建筑许可程序颁发的。建筑许可程序的参与者是所要求项目所在地的项目申请人与市政部门。与此同时，建筑许可程序的参与者还应有项目所在地的土地或建筑物所有者。除了建筑许可证的申请人可以参与建筑许可程序外，其他人——只要拥有该地块或建筑物的物权，对与该地块邻近的其他建筑物或地块具有所有权或其他物权，或者其建于该其他地块的建筑物会直接受到待建建筑物建筑许可的不利影响，或者是专项条例中明确说明的人员，都可以参与建筑许可程序。公寓楼租户、非住宅设施租户或土地租户等均无权参与建筑许可程序。

通过建筑许可证的方式，建设局对所提议的施工项目进行核准，并确立对区域利用和保护工作的条件要求以及确立对该项目进一步准备和建设工作的条件要求。如果申请人的程序不符合《建筑法》的要求，或者项目选址和建设可能会危及受《建筑法》或专项条例等保护的利益，那么建设局有权驳回发放建筑许可证的申请。

对于建筑物选址、区域利用变更、土地划分或合并等颁发的建筑许可证，自生效之日起，有效期为两年，除非建设局在认为理由正当的情况下决定延长建筑许可证的有效期。建筑许可一旦得到批准，建筑许可证可以在被授权者的请求下进行变更，变更条件是：建筑文件资料已经改变，或用于建筑许可证的其他材料已经改变，或区域内的条件发生了变化。在此情况下，现有建筑许可中的相关部分可以由新的内容来取代。建设局会对所请求的建筑许可变更范围进行慎重考虑。建设局无须发放新的建筑许可，可以基于该项目正式通知书颁发建筑许可同意书，其条件是：该项目位置处于开发区或具有开发潜力的区域内，不会对该区域内的状况造成实质性改变，而且该项目不会对公共和技术基础设施提出新的要求。

《建筑规范》第103节中列出了不要求建筑许可证的建筑物、景观地貌、设施以及维修工程等项目清单。《建筑规范》第104节中列出了可能要求正式通知书的简单建筑、景观美化、安装及维修工程等项目清单。建筑许可证对待建建筑物的要求不涉及其建造方式、用途或寿命。

建筑许可证是通过建筑许可证发放程序来颁发的。建筑许可证发放程序参与人包括：开发商、（需要改建工程或维护工程的）建筑物所有者（如其不是开发商的话）、待建建筑物所选定地址的地面所有者（如其不是开发商的话）、待建建筑物所选定地址的地面上建筑的所有者，以及对待建建筑物所选定地址的地面或该地面上涉及某个附属建筑物的建筑物拥有某项权利的对象。建筑许可证发放程序的参与者还可能包括：与待建建筑物所选定地址地面临近的地面的所有者或居住于邻近建筑物中的人（如果其权利会受到待建建筑物的不利影响的话）、对待建建筑物所选定地址地面的某附属建筑物的临近地面拥有某项权利的对象（如果其权利会受到待建建筑物的不利影响的话），以及专项条例中明确指定的人员。在建筑许可证的许可范围内，建设局确定建筑物建造的条件要求，如有必要也确定建筑物使用方面的条件要求。建筑许可证自生效之日起，如果建设工程未能在两年内开工，那么该建筑许可证也就过了有效期。在建筑许可证过期之前，建设局可以根据开发商递交的合理请求适当延长建筑许可证的有效期。基于开发商或其法定代表人所递交的申请，如果建设局认为该申请合理，那么就可以允许开发商在建筑物完工之前对在建建筑物进行变更。

对于具有单独用途的已完工的建筑物或该建筑物的一部分而言，如果其获得了建设局颁发的建筑许可证或正式通知书，或者是基于政府合同（即与某一政府部门缔结的、具有公共事业性质或公共服务性质的合同）建设的，或者获得了授权质检员发给的质检合格证书且该建筑物的确和质检合格证书中所言一致，那么该已完工的建筑物或该建筑物的一部分就可以在得到建设局通知或最终质检合格证书的情况下投入使用。在建筑物投入使用之前，开发商要确保已经对该建筑物进行了专项条例所规定的各种检测。建筑物的所有者在该建筑物的寿限之内有义务保留关于该建筑物的所有被核准的文件资料。

《建筑法》第103节所规定的建筑物之外的其他建筑物所有者，有义务将该建筑物拆迁的任何意图告知建设局。如果在拆迁意向告知书递交给建设局之后的30日内未接到建设局关于是否需要拆迁许可证的正式通知，那么该建筑物就可以被拆除。如果建设局通知开发商说只有得到许可证之后才能拆除该建筑物，那么建设局就会提出对所需具体资料的明确要求。只有在所需资料递交给建设局之后，建设局才会启动建筑物拆除程序。在与建筑物拆除程序的参与者以及有关当局磋商之后，建设局才会做出发放拆迁许可证的决定。

五、环境影响评估(EIA)

根据《环境保护法》第 17 节的规定:每个个人在利用某一区域或某种自然资源进行设计、建设或拆除建筑物的时候,均应依据《环境保护法》以及有关专项条例的规定,对此类活动可能造成的环境影响以及可能给该地区带来的负荷进行评估,之后方可从事此类活动。

环境影响评估(EIA)程序旨在对被提议的活动对环境可能造成的影响进行评估。捷克共和国的环境影响评估管理与欧盟法律相一致,依据的是“法案集”中编号为“100/2001”的关于环境影响的评估法案以及相关修正案,即修订的《环境影响评估法案》。环境影响评估程序适用于特定项目。《环境影响评估法案》“附件 1”中所载的各类建筑工程、活动和工艺被视为《环境影响评估法案》适用的项目。“类别 I”中的各类项目必须受到环境影响评估。“类别 II”中各类项目只要被列入某一筛选程序就要受到环境影响评估。“附件 1”中所列的各类项目之变化,不管是否被列入某种筛选程序,都要受到环境影响评估,其条件是:该项目的性能或程度会大大增加,或者在工艺、经营管理或工艺、经营管理的实用方式等方面存在重大变化。筛选程序中具体规定了某一项变化是否要接受评估。欲知更多需要接受环境影响评估的对象,详见《环境影响评估法案》第 4 节。

环境影响评估由对公共卫生的影响评估和对环境的影响评估组成,包括对专项条例界定的动植物、生态系统、土壤、地质环境、水资源、空气、气候和地貌、自然资源、有形财产和文化古迹等所造成的影响评估,以及对上述各项事物之间的各种相互作用以及各种关系所造成的影响评估。总之,环境影响评估应包括:对实施或不实施所提议建设计划可能造成的预期直接和间接环境影响进行确定、描述、评估和评定。

受到评估的建设项目的各种环境影响与在递交建设计划时受到影响区域的环境状况有关。在评估一个项目对环境的影响时,应评估该项目在准备、实施、经营和终结等各阶段对环境造成的各种影响,包括在相应清理结果以及所建设地区的净化或复原(如果专项条例明确规定了开发商净化或复原义务的话)方面的各种环境影响。正常经营和事故隐患都应当受到评估。项目评估还应包括对建议、措施的预期效果的评价,该评价旨在防范该项目实施过程中对环境造成的有害影响,从而预防、减少、缓解此类影响或将此类影响降到最低限度,进而增加该项目的实施对环境带来的有利影响。

建设项目环境影响评估程序有如下几个阶段:

- 公告;
- 筛选审查程序;
- 文件编制;
- 文件复审;
- 公开讨论;
- 环境影响评估报告。

基于所编制的文件或公告、文件复审、公开讨论以及所提出的各种观点,有关主管部门(国家环保局或者建设项目所在行政区授权的地方主管部门,视建设项目类别而定)签发招投标环境影响评估报告。《环境影响评估法案》附件 6 中详细列出了招投标环境影响评估报告的要件。招投标环境影响评估报告是发布专门条例所规定的决定或措施的一种基本权威文件。该评估报告的有效期自发行之日起为期 5 年。基于延期请求,该评估报告的有效性可能被延长 5 年,如果在项目的实施、受影响地界的状况、关乎所编制文件实质性内容的相关新知识和可用于建设项目的新工艺发展状况等方面没有出现实质性变化,那么还可以继续延期 5 年。

如果没有环境影响评估报告,那么在任何行政程序或其他程序中,发布要求所受理建设项目实施的决定或措施都是不可能的。

六、对大自然与景观的保护

捷克共和国对大自然与景观的保护由修订的《自然与景观保护法案》("法案集"中编号为 114/1992)具体规范。自然保护被理解为对野生动物、野生植物及其群落、矿物质、岩石、古生物发现和地质构造、生态系统和景观单元以及景观的外貌和可达性等方面的特别管护,由捷克共和国与自然人和法人具体实施。

所有动植物物种都受到保护,免受导致或可能导致物种生存威胁、退化、繁衍能力受损、物种灭绝或其所在生态系统被破坏等情况的各种类型的毁灭、损害、收集或捕捉。一旦有违反动植物保护法律规定的活动出现,大自然保护主管部门有权禁止或限制此类干扰活动。在农业、林业和建筑业工程以及水资源管控、运输和电力工程等工程实施过程中,自然人和法人的行为方式不得对植物造成过度损害,对动物造成损伤或造成动物死亡,也不得破坏动植物群落的生存环境,有关部门可以通过采取可行的技术或经济措施对此类非法行为进行防范。如果责任人自身不采取此类防范措施,那么大自然保护主管部门可以责令其采取或运用此类措施。

无论是濒危物种、稀有物种还是具有重要科学价值的或具有重要文化价值的动植物物种,都有可能被宣布成为受保护物种。根据其受威胁程度的不同,受保护物种可分为极度濒危物种、严重濒危物种和濒危物种三大类。对于受保护的植物来说,其所有地下部分和所有地上部分及其发展的各个阶段都受保护,其生活区也受到保护。禁止以收集、采摘、挖掘、损坏、损毁或其他方式干扰这些植物的发展。

对捷克共和国具有约束力的国际公约保护的濒危动植物的进出口,必须获得大自然保护主管部门的批准,可以例外的濒危野生动植物进出口受制于专门条例[比如《关于濒危野生动植物进出口条件及此类物种保护措施的法案》("法案集"中编号为 114/1997)和经修订的《自然与景观保护法案》("法案集"中编号为 114/1992)]。此外还有经修订的《关于野生动植物物种保护、贸易规范、其他保护措施以及若干法案修正的法案》("法案集"中编号为 100/2004),即《濒危物种贸易法案》)。

木材类物种必须得到保护,防止其受到损毁或破坏。对于木材类物种的看护尤其是管理与维护,是其所有者的责任和义务。如果木材类物种感染了流行病或其他严重疾病,那么大自然保护主管部门可以责令其所有者采取一定措施包括对受感染木材物种进行砍伐等对其进行治疗。木材类物种的砍伐通常需要获得大自然保护主管部门的许可。在对木材类物种的功能和美学意义进行慎重评估之后,基于重大原因可以发给相关组织砍伐许可证;用于种植和培育目的的木材类物种之砍伐,无须砍伐许可证。出于种植和培育的理由进行砍伐的,须提前 15 天上报大自然保护主管部门进行审核。如果此类砍伐与木材类物种保护的要求相冲突或超出专门授权的限度,那么大自然保护主管部门可能会阻止、限制或禁止对此类物种的砍伐。如果此类木材类物种明显危及人类的生命健康或者存在广泛损害威胁,那么对此类物种的砍伐无须事先获得砍伐许可证。此类砍伐必须在砍伐前 15 日之内上报给大自然保护主管部门。在授予木材类物种砍伐许可证时,大自然保护主管部门可能会责令砍伐申请人种植补偿性木材物种以弥补因此类木材类物种砍伐而造成的环境损害。大自然保护主管部门还可责令砍伐者对补偿种的植物护理一段时期。

《大自然与景观保护法》规定了对专门保护区网络的看护。被宣布为特别保护区的区域属于具有重要或独特自然、科学或审美等价值的区域。共有六大类专门保护区:国家公园、景观保护区、国家级自然保护区、自然保护区、国家自然遗迹保护区和自然遗迹保护区。对在不同类型保护区内所进行的活动分别由不同的专门规则和限制加以约束。最受保护的是国家公园。

有的区域也可能被宣布为临时保护区。大自然保护主管部门可以将重要动植物物种、重要矿物质、重要古生物发现等有临时发现和不可预知发现的区域宣布为临时保护区。出于诸如科学、研究或情报等重要目的,大自然保护主管部门也可以将某个区域宣布为临时保护区。一个临时保护区持续的时间可以是一个预定期或一个循环期(比如年复一年的筑巢期)。在临时保护区被宣布建立的情况下,大自然保护主管部门应限制对该地区的利用,因为在此期间对该区域的利用可能会对受保护对象造成破坏、损害或对受保护对象的发展造成干扰。如果临时保护区的条件对其所有者或承租者具有明显的不利影响,那么该所有者或承租者有权从临时保护区的大自然保护主管部门获得财务补偿。在决定赔偿金额时,该主管部门可能会要求当事人提交有关土地产出的文件或数据。

还有些区域受"自然计划 2000 年"(NATURA 2000)的保护。"自然计划 2000 年"由各个专门保护区和各个群落利益保护区组成。专门保护区是基于关于野生鸟类保护的《欧洲理事会指令 79/406/EEC》设立的。群落利益保护区是基于关于野生动植物自然栖息地的《欧洲理事会指令 92/43/EEC》设立的。专门保护规则适用于这些领域。

参观捷克共和国的景区一般是免费的。每个人都有权在捷克共和国、某一自治市或其他法人所拥有或租赁的土地上自由通行,但前提是:不能损害他人的财产或健康,也不能侵犯他人受保护的外显人格权利或其邻里的受保护权利。这样一来,每个人都必须尊重土地所有者或承租者的合法权利,遵守具有普遍约束力的各种条例。自由通行权并不适用于建设用地或建筑遗址、庭院、花园、果园、葡萄园、舞会广场和畜牧业指定用地。就耕地、草坪和牧区而言,在可能会对土壤、草的生长等造成损害的时间段里或在放牧期间,政府是不允许个人有自由通行权的。在某块土地被围墙或栅栏封闭从而限制自由通行权的情况下,该块土地所有者或承租者必须通过技术手段或其他手段于合适位置在该块土地上方架设自由通道。

第八章　与解决涉外实体争端相关的法律

一、概　述

　　捷克共和国的法院作为独立国家机关依据捷克共和国宪法行使司法权。除了立法权和行政权分离之外,司法独立也是民主法治国家的基本特征之一。捷克共和国的宪法法院已明确说明:"作为维护合宪性最高机构的宪法法院不能忽视如下事实:民主社会秉持的是三权分立原则,即行政权、立法权和司法权之间相互分离,该原则具有不可替代的作用;三权之间不会相互干涉对方事务,以合法的可预见方式相互干预除外〔《捷克宪法》第 2 条第(1)款和第(3)款〕。司法权作为解决争端和权利(私人纠纷中的私人权利及私人与国家和国家利益纠纷中的私人权利)(《捷克宪法》第 90 条)保护的权威,必须严格与行政权的干预相分离。"①

　　作为国家机关的独立法院,其活动依据的是确定的规则,并依据法律规范对具体案件进行裁决。捷克司法的具体特征可概括如下:

- 法院是国家机构;
- 法院负责审理具体案件、法律纠纷或其他待审案件;
- 法院根据既定规则(司法程序的法律规则)进行案件审理;
- 法院是独立的国家机构;
- 法院对案件的判决具有约束力和强制性;

---

① 2007 年 11 月 21 日《宪法法院裁决》,判例编号:IV. ÚS 34/06。

• 法院在判决案件时,如现行法律规则具有相关性则可采用现行法律规则。

自然人和法律实体均可诉诸法庭。在涉及基本人权的情况下,不管是捷克公民、外国公民还是依据捷克法律或其他法律成立的法人实体,其权利均受司法保护。受司法保护的权利不仅包括由捷克最高法律规范即《捷克宪法》和《基本权利和自由宪章》赋予的权利,也包括对捷克共和国具有约束力的国际公约(例如《公民权利和政治权利国际协定》第 14 条或《欧洲人权公约》第 6 条)所赋予的权利。

《欧洲人权公约》第 36 条规定了受到公正审判的基本人权,表述如下:"(1) 人人皆可以确定的方式在独立无偏见的法院行使其基本人权,人人皆可在确定的情形下在不同的机构行使其基本人权。"

宪法法院对此做出补充说明:"捷克共和国的宪政制度(《捷克宪法》第 81 条和第 82 条)确立司法制度只可由独立公正的法院执行即由独立公正的法官执行,且司法制度受公正审理的基本规则管辖。"这些规定可被理解为对司法权行使的制度性保障。法院必须无条件介入对个案所有相关方面的检查,坚持公平审判的基本原则,并尊重据其他法案所做出的强制性判决的不可逆性(译者注:不可逆性为认识到稍有疏忽就可能造成不可逆转后果的严重性)。"司法独立"被理解为:消除来自政府其他部门对法官自由意志的不当影响。司法公正意味着法官与案件各方当事人均无瓜葛,对当事各方平等对待,为其提供均等的机会。①

受到公正审判以及受司法保护的权利,即便是捷克共和国也无法剥夺。这是法治国家的特点之一,即法治国家尊重每个人的基本权利,不管其政治立场、宗教、肤色或性别如何。受司法保护的权利本质上是依赖法院提供最广泛的可能机会。一个人有权提起司法诉讼,国家有义务确保法庭审判以合法的方式进行。

涉及法院权力的有关法律已对捷克法院的权限和义务范围做出了规定。未能实行司法正义也就意味着司法不公。在一个返还案件中,宪法法院裁定:随着常设法院对法律的错误解释和错误应用,包括判例法的彻底转换,原告诉诸法院的权利受到严重侵害以至于在本质上侵犯了原告的该项权利。原告的确权诉讼依据的是一审法院和上诉法院均一致裁定为无效的购买协议。然而,特别上诉法院采用基于新的不同判例法的法律意见,判定原告无法通过确

---

① 2005 年 4 月 26 日《宪法法院裁决》,判例编号 Pl. ÚS 11/04。

认诉讼实施对其所有权的保护,但可以通过返还请求的方式进行。原告因此发现自己陷入了一个更加荒谬的恶性循环——其当初提出的返还理由就是购买的协议无效,但当时被管理部门驳回,因为根据以前的判例法规定,绝对无效不是返还的正当理由,这就是为什么原告后来转向确权诉讼。因此,判例法中的这种转换案例构成了司法不公。[①]

二、司法机构种类

捷克共和国有刑事审判与民事审判之分。民事审判(民事诉讼)保护具体实体(无论是捷克公民还是依照捷克法律成立的法人实体)的权利。捷克共和国除了有民事法庭外还有刑事法庭,负责对刑事案件进行定罪与量刑。在行政司法中,个人或组织可以对公共行政机构的行为进行复审(比如对建设局的决议进行复审)。行政法庭也可对法律赋予的案件进行裁定。

(一)宪法法院

宪法法院处在常设法院司法系统之外,对一般法律规范(法案和法令)以及具体决议的合宪性进行裁定。宪法法院职责如下(根据《捷克宪法》第 87 条第 1 段和第 2 段规定):[②]

• 如有成文法的条款违宪,则有权宣告该违宪成文法或违宪成文法条款无效;

• 如有其他法规或其某些具体条款违宪或违背某成文法的,则有权宣布该法规或其此类具体条款无效;

• 审理由自治区的代表对国家的非法侵犯所发起的宪法诉讼;

• 对国家机构间的管辖权争议、国家机构与自治区机构间的管辖权争议以及自治区机构间的管辖权争议进行裁决,除非成文法将此裁决权赋予其他机构;

• 审理自然人或法人因认为国家权力部门的终局决定或其他侵权行为损害了他们被宪法赋予的基本权利和基本自由而提起的宪法诉讼;

• 审理由某众议员或参议员当选的决议所引起的矫正诉讼;

---

① 2009 年 8 月 5 日《宪法法院裁决》,判例编号:I. ÚS 566/07。
② http://www.usoud.cz/en/competences/,2016 年 4 月 28 日访问。

• 对涉及某众议员或参议员丧失任职资格的怀疑,或基于宪法第 25 条现任众议员或参议员其他职位或活动与其任职的不相容性进行裁决;

• 审理由参议院依照宪法第 65 条第 2 段的规定对共和国总统提起的合宪性指控;

• 对共和国总统依照宪法第 66 条撤销众参两院的共同决议案的请求进行裁定;

• 对贯彻由对捷克共和国具有约束力的国际特别法庭所做出的决议,应采取的必要措施进行裁定,如果该决议无法以其他方式得到贯彻;

• 对解散某政党的决议或涉及某政党活动的其他决议是否符合宪法法案或其他法律规定进行裁定;

• 根据宪法第 10 条或第 49 条的规定,在某条约被正式批准之前,对该条约是否符合宪法的规定做出裁决。

基于 2002 年的实际全民公决结果,《关于捷克共和国加入欧盟之全民公决宪法法案》("法案集"中编号为 515/2002)赋予宪法法院的两项新增权力不再适用[宪法第 87 条第 1 段中 l 至 m 项规定的管辖权限已被《宪法修正案》("法案集"中编号为 71/2012)正式撤销],这两项新增权力是[①]:就共和国总统拒绝号召对捷克共和国加入欧盟进行全民公决的决定所采取的补救措施进行裁决;裁定捷克共和国加入欧盟的全民公决所采取的方式是否与《宪法法案》("法案集"中编号为 515/2002)和发布的贯彻该法案的法规相一致。

宪法法院规定:宪法诉讼是保护权利的一种手段,是对"非宪法"制度标准的补充。常设法院主要负责涉及自然人权利和法人实体权利保护方面的案件审理,只有在一般司法模式框架下无法达成解决方案时,自然人或法人才可以就权利受侵害的合宪性问题向宪法法院提起诉讼以寻求对受侵害权利的保护。《捷克宪法》第 4 款第 90 条和 95 条中规定:司法机构必须保护基本权利,在审理上诉案件过程中应该保护基本权利。因此,包括审理非常案件过程中的最高法院在内的所有法院,都必须鉴定当事人的基本权利,尤其是受到公正审判的权利是否受到过侵犯。该规则的运用没有例外,下级法院不得将此义务转嫁给宪法法院。[②]

上诉法院不但可以推翻一审法院的案件判决并将该案件发回重审,也可以对不同判决书中的不同法律意见做出解释和沟通,为当事各方提供对这些

---

① http://www.usoud.cz/en/competences/,2016 年 4 月 28 日访问。

② 2014 年 3 月 4 日《宪法法院意见》,判例编号:4Pl. ÚS-st. 38/14。

法律意见发表看法的机会。此举旨在使当事各方对其诉讼进行再评估以对各自的诉求进行调整,因为当事各方可能事先并没有审慎考虑过法院的法律意见。正因如此,宪法法院认为:对不同法律意见解释的缺失以及不为当事各方提供对不同法律意见做出反应的机会的这一做法侵犯了《基本权利与基本自由宪章》第 38 条第(2)款所规定的"发表不同法律意见的权利"。①

(二)司法制度

司法制度的结构在《法院与法官法案》("法案集"中编号为 6/2002)中有详细说明。捷克共和国的法院系统由 4 个级别的法院组成。最低一级的是选区法院,上一级的是地区法院,再上一级是高等法院。最高级别的是捷克共和国最高法院和最高行政法院,地点都在布尔诺。

这 4 个级别的捷克共和国法院分别是:

- 两个最高法院——一个负责一般事务,一个负责行政事务;
- 两个高等法院——一个在布拉格,一个在奥洛莫乌茨;
- 8 个选区法院;
- 86 个地区法院。

(三)一审和二审司法制度

我们将法院分为一审法院和二审法院。一审法院通常为选区法院,其上级法院是地区法院(二审法院),二审法院对针对选区法院判决所提起的上诉案件进行裁定。对某些特定案件(如过于复杂的案件),法律规定一审法院可以是地区法院;从程序上讲,地区法院从属于高等法院。在此情况下,高等法院对一审法院即地区法院判决提起的上诉案件进行裁定。因此捷克司法系统中的地区法院既可以是一审法院,也可以是二审法院,视具体法律规定判别。在民事审判中,如一审法院为地区法院,则高等法院永远是上诉法院。

(四)最高法院与最高行政法院

作为一种特殊补救手段,最高法院对针对地区法院和高等法院判决提起的上诉案件进行裁定;在此情况下,最高法院就成了上诉法院(即二审法院)。

根据《民事诉讼法》("法案集"中编号为 99/1963,简称 CCP)第 237 节的规定,允许对终止上诉诉讼的上诉法院所做出的裁决提起特别上诉,前提条件是:

---

① 2008 年 7 月 31 日《宪法法院裁决》,判例编号:I. ÚS 777/07。

该复审裁定依赖于对实体法或程序法的某问题的决议案且上诉法院此项裁定背离特别上诉法院的固定判例法，或者该法律问题从来没有定论或该法律问题由特别上诉法院做出过不同裁定，或者上诉法院要对该法律问题做出不同判定。

负责处理行政司法事务的捷克共和国最高司法机关为最高行政法院。涉及行政司法事务时，最高行政法院也负责对一审法院即地区法院判决所提起的撤销起诉案件进行裁定。

最高法院和最高行政法院的义务之一就是统一下级法院的判例法，旨在使法院本着公正审判权利的基本理念保持其判决的可预测性。

三、司法基本原则

捷克共和国司法基本原则主要形成于公正审判权利，具体表述为以下几项原则：

(1)"法院和法官的独立性和公正性"原则；

(2)"一个法庭一个法官"原则；

(3)包括法律援助权利在内的平等性和矛盾性原则；

(4)公开审理原则；

(5)言词预审和直接性原则；

(6)效率原则。

现简要介绍前三项原则：

(1)"法院和法官的独立性和公正性"原则：法官判决只能依据法律和宪法。法院机构的独立主要体现为与行政权和司法权的分离。法官由捷克共和国总统任命，实行任期终身制，但宪法法院的法官任期为 10 年。

(2)"一个法庭一个法官"原则：该原则是建立在民事诉讼法和刑事诉讼法所确立的法庭资格基础之上的。

(3)平等性和矛盾性原则：诉讼程序中的诉讼当事各方法律身份平等（即所谓的"武器平等"），即便诉讼当事一方是捷克共和国。在确保诉讼程序中诉讼各方当事人法律身份平等的框架内，各方当事人有权在民事或刑事审判出庭时使用各自的母语。如果诉讼当事人不会说捷克语，那么该当事人有权要求捷克当局为其提供免费翻译。如果诉讼当事人要求手语翻译，那么捷克当局同样需要免费为其提供手语翻译。庭审合法性的另一项保证是使诉讼当事人获得法律援助的权利或者是法院须向诉讼当事各方说明其各自权利及法庭一般义务。民事诉讼是建立在矛盾性理念基础之上的,即在法庭辩论框架内的任何事情都可以进行讨论或争论,诉讼当事各方有权就所有事实和证据进行表白(但不是针对所有法律问题,因为在捷克适用"法官知法"原则)。

捷克共和国的民事诉讼程序基本原则包括:

- 确认原则与正式原则;
- 协商原则与审查原则;
- 证据自由鉴定原则和证据合法性推定原则;
- 诉讼(仲裁次序)一致性原则与集中原则;
- 实质真实原则与司法判决形式真实、准确和公正原则。

民事诉讼一般属于争执诉讼即涉及当事各方之间的纠纷,因此遵从确认原则即由当事各方决定其是否需要诉讼(例如他们可以决定是否需要继续进行诉讼)。

协商原则表现为:在诉讼过程中,如果当事各方所提交的事实证据无法得到证明,那么就可以认为此类事实证据不存在。

审查原则只适用于特别诉讼框架内的特殊案件——当一个问题引起了法庭注意却没有任何人主张或争执的时候。在此情况下,法官有责任确保其正确裁决是建立在充分证据的基础之上的。为了保护较弱的当事一方或保护公众利益,常设法庭一般会在没有充分证据或没有证据的情况下考虑任何可能的证据以确保裁决的公正性(比如在涉及家庭生活案件的当事人法定身份或遗产时)。① 整个诉讼程序都要遵从事实证据的公开鉴定原则。在此原则基础上,法庭对事实证据进行逐项核实和鉴定(对比《民事诉讼法》第 132 节)。整个庭审过程应着眼于发现事实真相以期做出公正判决。

四、涉及国际因素的法律纠纷

有些案件涉及国际因素。如果有当事人是外国公民(比如外侨),或者法律事实与国外法律关系存在联系,或者法律关系的标的处于国外时,法律纠纷就涉及了国际因素。如果纠纷主体涉及两个国家比如捷克和中国,那么就有必要确定这种法律纠纷应当受哪个国家的法律管辖(即所谓的"适用法律")。《捷克共和国国际私法》("法案集"中编号为 91/2012)对解决此类国际法律纠

---

① 参见修订的《特别法庭诉讼程序法案》("法案集"中编号为 292/2013)。

纷做出了具体规定。

关于国际商业纠纷的管辖权问题,宪法法院已经清楚表明:仅基于对企业家的商业活动管辖权是不够的。同样有必要评估当事人的法律身份,查阅商务登记,评估潜在的著作权法问题,以及在处理外国公司法律事务时依据《国际私法法案》及《民事诉讼法》所包含的其他情况来确定管辖法律。[①]

然而捷克法律允许在某些特定情形下出于法律规则冲突的原因而不使用适用法律。在此情况下,法院可使用不涉及上述法律原则冲突的捷克法律或其他法律。这涉及所谓的必要适用标准的案件,以期该适用标准与法律规则冲突无关。除此以外,基于诉讼地法原则的解决方案的替换原则在捷克共和国私法中也适用。

捷克共和国私法认为诸如军事物资进出口之类的外贸领域规范标准、货币法或经济竞争保护法的具体条款、关于环境保护或工作场所的条例、不同的安全规章等也是必要的适用法律。另外,并不是所有的法律条款诸如雇员保护条款都被认为是必要的适用法律标准。

比如,捷克共和国最高法院已经明确规定:如果所遵循的当事方所选择的外国管辖法律无法因雇主单方面终止劳动合同而为雇员提供与捷克法律所规定的标准一致的雇员保护标准,那么此类偏差不构成对捷克法律制度基本原则的悖逆。[②]

国际私法需要考虑的还有所谓的"直接标准",即该标准本身业已界定了某一法律关系中各实体(如货物销售关系中的卖方和买方)的权利和义务,而与某个国家的法律体系无关。在捷克的法律环境中,这主要是《联合国国际货物销售合同公约》(CISG)。

以下的公约(部分),捷克共和国都是签约国:

• 《国际货物销售时限公约》,纽约,1974 年("法案集"中编号为 123/1988);

• 《国际货物销售时限公约附加协议》,维也纳,1980 年("法案集"中编号为 161/1991);

• 《联合国国际货物销售合同公约》,纽约,1980 年("法案集"中编号为 160/1991);

• 《联合国海上货物运输公约》,1978 年,汉堡("法案集"中编号为 193/

---

① 参见 2012 年 6 月 12 日的《宪法法院裁决》,判例编号:ÚS 2455/09 14。

② 参见 2008 年 12 月 8 日的《最高法院裁决》,判例编号:21 Cdo 4196/2007。

1996)。

通过法院或诉讼解决纠纷

国际贸易纠纷可通过常设法院解决或通过仲裁解决。解决涉及国际因素的纠纷的起诉状可提交给捷克共和国法院或国外的法院。常设法院要解决的基本问题是它是否有资格(管辖权)受理此类纠纷。欧盟通过颁布相关条例解决了管辖权问题(比如 2000 年 12 月 22 日关于民商事务中的管辖权以及判决书的认可与执行的《欧盟理事会 44/2001 号条例》)。《捷克国际私法法案》第 6 节条款规定:在捷克程序法条款规定了捷克共和国境内法院的当地管辖权而且不违背本法案或其他法规的情况下,捷克法院具有诉讼管辖权。然而,该规定只是笼统的规定,因为在涉外法律事务中,法院资格视具体的司法条例而定。

五、仲裁程序

国际商务仲裁是解决国际贸易纠纷的一种方式:裁定权力赋予(基于诉讼当事各方的一致认可)一家独立、无偏见的非国家机构——仲裁员。仲裁员以私人身份或者以常设仲裁庭成员的身份来履行职责。捷克共和国境内的常设仲裁庭包括:

• 捷克共和国商会暨捷克共和国农业协会附属仲裁庭是捷克境内唯一有普通管辖权的常设仲裁法庭;

• 证券交易所交易仲裁庭——只受理关于投资工具贸易的纠纷;

• 位于克拉德诺的捷克摩拉维亚商品交易所仲裁庭——只受理位于克拉德诺的捷克摩拉维亚商品交易所和赫拉德茨—克拉洛韦商品交易所出现的交易纠纷,以及产生于交易所之外的与在这两个交易所交易商品有关的纠纷。

仲裁程序的基本原则在《仲裁程序法案》("法案集"中编号为 216/1994)中有具体规定。常设仲裁庭通常有自己的仲裁规则。如果当事各方决定诉诸仲裁手段,那么捷克法律是允许对产生于执行判决的所有财产纠纷和偶然纠纷进行仲裁的。

捷克商会暨捷克农业协会成立于 1949 年,隶属于捷克斯洛伐克商会。捷克商会暨捷克农业协会仲裁庭于 1980 年更名为捷克斯洛伐克工商会仲裁庭,自 1995 年 1 月 1 日以来一直使用的是现在的名字。仲裁庭也可以通过在线方式进行仲裁(整个过程采用电子方式,持续时间大约为 35 天)。

如果当事人是消费者即纠纷属于消费合同纠纷,那么捷克的仲裁程序有相对严格的法律限制。此类法律限制旨在保护消费者免于企业滥用仲裁程序的伤害。

六、关于外国仲裁判决的执行

只要确保互惠原则,捷克共和国认可外国的仲裁判决。这种互惠原则不需要通过明确的国际条约来保证:只要该外国声明中的外国仲裁判决基于互惠条件具有强制执行力即可。对外国仲裁判决的认可或执行不需要通过任何特别决定的方式进行;允许外国仲裁本身就意味着对其仲裁判决的认可。

如果外国仲裁具有以下情形之一,则该仲裁判决不会得到认可也不会得到执行:

• 根据被仲裁国的法律,该外国仲裁判决不合法或不具备可执行性;

• 被仲裁国宣布该外国仲裁判决无效,或被仲裁国依据本国法律宣布该外国仲裁判决无效;

• 外国仲裁判决本身具有缺陷,这是捷克法院宣布仲裁判决无效的理由;

• 与公共秩序背道而驰。

捷克是《关于对外国仲裁判决认可与执行的纽约公约》的签约国。该公约于 1958 年 6 月 10 日在纽约联合国外交工作会议上通过。非《关于对外国仲裁判决认可与执行的纽约公约》签约国的国家做出的仲裁判决,只有在这些国家为捷克共和国提供同等待遇的情况下(即所谓的"对等原则"下),捷克共和国才运用该公约。

对于某外国机构给予的所有权认可诉讼/执行诉讼,捷克最高法院明确规定:(非国际性的)国家法院不得质疑当事各方之间的实体法关系,而仅仅可以质疑此类所有权的可强制执行性。执行外国判决(也包括外国仲裁判决)的法院无权审核此类判决的实质准确性或其他所有权的实质准确性,只要该法院受该判决内容的约束。负责对认可和执行某外国仲裁判决进行裁定的法院,不得采用该外国法律而应当采用本国法律进行裁定,最终要依据国际法律规范(此处指《关于对外国仲裁判决认可与执行的纽约公约》)进行裁定。[①]

译者:魏金金
香港城市大学法学博士

---

① 捷克共和国最高法院,判例编号:21 Cdo 1511/2000。